10년해도 안되는
영어회화 첫걸음
100일만에 끝장내기

10년해도 안되는
영어회화 첫걸음
100일만에 끝장내기

초판 1쇄 발행 2017년 7월 01일
초판 2쇄 발행 2018년 1월 20일

지 은 이 이문필
감　　수 정한석
펴 낸 이 고정호
펴 낸 곳 베이직북스

주　　소 서울시 마포구 양화로 156, 1508호(동교동 LG팰리스)
전　　화 02) 2678-0455
팩　　스 02) 2678-0454
이 메 일 basicbooks1@hanmail.net
홈페이지 www.basicbooks.co.kr

출판등록 제 2007-000241호
I S B N 979-11-85160-54-2 12740

* 가격은 뒤표지에 있습니다.
* 잘못된 책이나 파본은 교환하여 드립니다.

외국인에게 딴지를 걸고 싶은 기본표현에서 관용표현까지　베이직북스

10년해도 안되는
영어회화 첫걸음
100일만에 끝장내기

이문필 지음
정한석 감수

Preface

영어 공부는 중학교에서부터 본격적으로 시작하여 대학을 졸업할 때까지 약 10여년 동안 배우게 됩니다. 10여년간 어휘, 문법, 독해 등의 학습량은 상당하여 영어와 관련된 지식을 충분하게 갖추고 있어야 함에도 불구하고, 자신이 생각하는 간단한 영어회화 표현이나 말조차 입 밖으로 끄집어내는 사람이 그다지 많지 않습니다.

왜 그럴까요? 지나간 중·고교시절을 한번 생각해 보세요. 오로지 시험점수나 진학을 위한 방편으로 문법중심의 공부만을 해온 결과가 아닐는지요? 이로 인하여 여러분들이 영어를 싫어하게 되는 것은 어쩜 당연한 일인지도 모릅니다. 또 싫어하지 않더라도 포기하는 학생이 다반사인 것이 오늘의 현주소인 셈이지요.

한번쯤 필기시험에 대해서 생각해 봅시다. 열심히 단어를 암기하고, 또한 시험에 자주 나오는 문제 하나하나씩마다 밑줄을 긋고, 여러 번 반복해서 쓰면서 암기했을 때가 있었을 겁니다. 이것은 문법이나 독해에 국한된 학습법이므로 자연히 귀나 입을 통한 의사소통과는 전혀 무관하였다고 볼 수 있습니다.

아무리 문법을 알고 있더라도 의사소통의 도구로써 영어를 쓸 수가 없다면 영어를 배울 가치가 없다고 생각합니다. 학교 수업에서 간단한 것을 입으로 말하지 못하더라도, 그저 문법과 독해만 잘하면 우수하다고 평가받는 것은 도저히 이해할 수가 없습니다. 아직도 이런 공부법을 탈피하지 못하고 강의 현장의 곳곳에서 반복되고 있다는 점은 결국 외국어로서의 영어가 아닌 번역을 위한 학습단계를 벗어나지 못하고 있다는 반증이 아닐 수 없습니다.

지금부터라도 우리의 영어 학습이 구어(말하는 영어) 위주로 전개되어야 합니다. 문법 위주의 주입식 교육에서 탈피하지 않는 한, 10여년간 영어공부는 쓸모가 없게 되고 말 것이므로 아주 간단한 문장일지라도 표현 위주로 암기하고, 끊임 없이 반복학습을 통하여 입에서 술술술~ 흘러나올 때까지 소리 파일에 주목합시다

영어는 관용적인 표현에 의해 사용되어지므로 두 세 단어로 표현되었더라도 정확한 쓰임새를 모르면 아무리 암기하였다고 해도 전혀 써 먹을 수가 없습니다. 특히 영어 발음에 자신감이 없으므로 영어회화 첫걸음만 되풀이하게 됩니다. 독자 여러분께서 100일만 눈을 딱 감고 영어회화의 매력에 빠져 보길 바랍니다. 일단 이 책을 통하여 의지를 불태운 다음에 학원이든 중급용 교재에 도전해 봅시다.

아무쪼록 먼저 귀를 뚫는 것이 중요하므로 외국에서 제작된 영화나 시사 프로그램을 자주 듣고 보길 권합니다. 바쁘신 와중에도 감수에 참여해 주신 정한석 박사님께 이 자리를 빌어 고마움을 전하며, 물심양면으로 도움을 준 Gina Kim 교수님, 코멜 대표인 Harry, LanCom 손건 대표님, 그리고 이 책이 출간되도록 교정에 남다른 애정을 쏟아준 편집부 직원과 대표님께 감사의 말을 전하고 싶습니다.

바람이 솔솔 부는 무더운 여름날에
필자가

Contents

Part 1 영어회화에 강해지는 기본 표현
(반드시 알아야 할 상황별 표현)

01 만남과 작별에 관한 표현···14		1st
02 감사에 관한 표현···24		2nd
03 사과에 관한 표현···30		3rd
04 날씨에 관한 표현···38		4th
05 허가·허락에 관한 표현···46		5th
06 권유와 설득에 관한 표현···54		6th
07 충고에 관한 표현···62		7th
08 요청이나 부탁에 관한 표현···69		8th
09 거부나 거절에 관한 표현···76		9th
10 감탄에 관한 표현···82		10th
11 전화에 관한 표현···92		11th
12 길문기에 관한 표현···99		12th
13 쇼핑에 관한 표현···105		13th

Part 2 영어회화에 강해지는 마법동사
(반드시 알아야 할 동사 표현)

01 have 마법동사···116		14th
02 get 마법동사···124		15th
03 take 마법동사···132		16th
04 make 마법동사···139		17th
05 go 마법동사···146		18th
06 come 마법동사···153		19th

07 keep 마법동사···160	20th
08 leave 마법동사···166	21st
09 do 마법동사···173	22nd
10 see 마법동사···180	23rd
11 put 마법동사···187	24th
12 그밖의 마법동사···195	25th

Part 3 영어회화에 강해지는 관용구
(반드시 알아야 할 관용 표현)

01 here 관용구···208	26th
02 there 관용구···214	27th
03 that 관용구···221	28th
04 that's 관용구···227	29th
05 what 관용구···236	30th
06 what's 관용구···242	31st
07 how 관용구···247	32nd
08 don't 관용구···253	33rd
09 sure 관용구···262	34th
10 의문문 관련 관용구···268	35th
11 명령문 관련 관용구···273	36th
12 그밖의 유용한 관용구···277	37th

Part 4 표현력을 10배로 길러주는 빈출 표현
(반드시 알아야 할 핵심 문형)

01 I am ~(나는~입니다. / 나는~합니다.)···282	38th
02 I have ~(나는~를 가지고 있습니다.)···285	39th
03 This is ~.(이분은~입니다. / 이것은~입니다.)···287	40th
04 It's about time to ~(이제~할 시간입니다.)···288	41st

05	It's too ~(너무~합니다.)···289	42nd
06	It's a pleasure to ~(~하는 것이 기쁩니다.)···291	43rd
07	It's a wonder ~(~라니 놀랍군요.)···292	44th
08	No wonder ~(어쩐지~합니다. / 과연(~하군요.)···293	45th
09	I have something to ~(~하는 것(일)이 있습니다.)···294	46th
10	All you have to do is ~(당신은~하기만 하면 됩니다.)···296	47th
11	I'll surely ~(반드시~하겠습니다.)···297	48th
12	I'm supposed to do ~(~하기로 되어 있습니다.)···298	49th
13	That's the best way to ~(~하는 것이 가장 좋은 방법입니다.)···300	50th
14	I'm looking forward to ~(~을 학수고대합니다.)···301	51st
15	~ is just around the corner.(머지않아~이 다가옵니다.)···303	52nd
16	That looks ~(~인 것 같습니다.)···305	53rd
17	I can almost say ~(~라고 해도 과언이 아닙니다.)···306	54th
18	I understand how ~(얼마나~인지 알겠습니다.)···307	55th
19	I'm thinking of -ing[동사] …(~하려고 생각하고 있습니다.)···308	56th
20	I'm up for ~ anytime.(언제든지~할 수 있습니다.)···309	57th
21	No one ~(아무도~이 아닙니다.)···310	58th
22	I can hardly ~(거의~할 수 없습니다.)···312	59th
23	It's impossible for … to ~(~하는 것은 …한테는 불가능합니다.)···313	60th
24	I don't feel like -ing[동사] …(~하고 싶지 않습니다.)···314	61st
25	You don't have to ~(~할 필요는 없습니다.)···315	62nd
26	I don't have enough time to ~(~할 시간이 충분히 있습니다.)···316	63rd
27	Would you like to ~?(~하고 싶으세요?)···317	64th
28	Would you mind -ing[동사] ~?(~해 주실 수 없습니까?)···318	65th
29	How soon will ~?(어느 정도이면~합니까?)···319	66th
30	Won't you ~?(~하지 않겠어요?)···320	67th
31	What do you think about ~?(~에 대해서 어떻게 생각하세요?)···321	68th
32	What do you say to -ing …?(~하면 어떨까요?)···323	69th
33	Tell me more about ~(~에 대해 더 이야기해 줘요.)···324	70th
34	Don't tell me ~(설마~하지 않겠지요.)···325	71st

35	Try and see if you can ~(~을 할 수 있는지 없는지 해 봐라.) ··· 326	72nd
36	Let me ~(~시켜 주세요.) ··· 327	73rd
37	Let me know if(what, how) ~(~하는지 알려 주세요.) ··· 329	74th
38	Be careful not to ~(~하지 않도록 주의하세요.) ··· 331	75th
39	I've always wanted to ~(전에부터 ~하고 싶었습니다.) ··· 332	76th
40	It's been so long since I've ~(아주 오랫동안 ~하지 않았습니다.) ··· 333	77th
41	~ have(has) been -ing(~하고 있습니다.) ··· 334	78th
42	Have ever p.p ~?(~한 적이 있습니까?) ··· 335	79th
43	That's because ~(그것은 ~때문입니다.) ··· 336	80th
44	Even though ~(비록 ~이라도, 비록 ~일지라도) ··· 337	81st
45	Every time ~(~하면 항상) ··· 339	82nd
46	When it comes to ~(~할 경우가 되면, ~할 때면) ··· 340	83rd
47	~, though.(하지만 ~입니다.) ··· 341	84th
48	~, I tell you.(~이에요.) ··· 342	85th
49	Suppose ~(만약 ~한다면) ··· 343	86th
50	If I were you, I'd ~(내가 너였더라면 ~할 것입니다.) ··· 344	87th
51	I wonder if I can ~(~를 할 수 있을까?) ··· 345	88th
52	I would like you to ~(~해 주셨으면 합니다만.) ··· 347	89th
53	I'd rather ~(어느 쪽인가 하면 ~쪽이 좋다, 차라리 ~하는 편이 낫다) ··· 348	90th
54	I'd rather ··· than ~(~보다 ···이 더 좋다.) ··· 350	91st
55	It might be a good idea to ~(~하면 좋을 것 같습니다.) ··· 351	92nd
56	I am sure ~(난 ~할 거라고 확신해.) ··· 352	93rd
57	Be sure to ~(꼭 ~하세요.) ··· 354	94th
58	Do you mind if I ~?(제가 ~해도 괜찮을까요?) ··· 355	95th
59	If you don't mind, ~(괜찮으시다면 제가 ~를 하고 싶어요.) ··· 357	96th
60	Do you mean ~?(~이라는 말이에요?) ··· 358	97th
61	I didn't mean to ~(~하려고 그런 건 아니었어요.) ··· 359	98th
62	That's what I meant to ~(~하려던 것이 바로 그거에요.) ··· 360	99th

특별 부록 미국식 영어발음법 무조건 따라잡기 ··· 361　　　　　　100th

100일 완성 프로젝트 테이블

영어회화는 기본을 익혀 두고 말문만 트이면 어쨌든 의사소통이 가능해집니다. 베이직북스에서 제공하는 mp3파일을 이용하여 기본 표현은 듣고 따라하고, 다이얼로그는 바꿔 말하기 훈련을 통하여 대화를 익히면 일단 기초 수준의 〈주어 + 동사〉를 활용한 문장 표현이 머리에 떠오르게 됩니다. 이럴 때 다시 책을 이용하지 않고 소리파일만을 활용하면 귀가 저절로 뻥 뚫리는 걸 경험하게 됩니다. 무엇보다도 기본 표현 위주로 구성하였기 때문에 무조건 익혀두면 독자 여러분에게 자신감을 가져다 줄 겁니다.

여기에 제시된 99개의 단원과 특별부록이 여러분이 100일 만에 끝내야 하는 학습 목표입니다. 하루에 한 Unit을 끝낸다는 마음가짐만 가지면 충분히 영어회화가 가능할 것입니다. 통째로 외우고 자주 사용해 보는 것이 영어회화의 지름길임을 잊지 맙시다.

Part 1 상황별 표현	
1st week	Unit 01에서 ~ Unit 07까지
2nd week	Unit 08에서 ~ Unit 13까지

Part 2 마법 동사	
3rd week	Unit 01에서 ~ Unit 06까지
4th week	Unit 07에서 ~ Unit 12까지

Part 3 관용 표현	
5th week	Unit 01에서 ~ Unit 06까지
6th week	Unit 07에서 ~ Unit 12까지

Part 4 핵심 문형	
7th week	Unit 01에서 ~ Unit 07까지
8th week	Unit 08에서 ~ Unit 14까지
9th week	Unit 15에서 ~ Unit 21까지
10th week	Unit 22에서 ~ Unit 28까지
11th week	Unit 28에서 ~ Unit 35까지
12th week	Unit 36에서 ~ Unit 42까지
13th week	Unit 43에서 ~ Unit 49까지
14th week	Unit 50에서 ~ Unit 62까지

Part 1

영어회화에 강해지는 기본 표현

반드시 알아야 할 상황별 표현

영어회화 초보자들에게 가장 쉽게 접근할 수 있고, 또한 가장 이해하기 편리한 것이 상황별 영어회화 입니다. 그러나 최근에는 상황별 회화나 주제별 회화, 장면별 회화 등은 상황대처 능력이 떨어진다는 점 때문에 이를 보완하기 위하여 단문 표현 위주로 접근하고 있습니다.

본 장에서는 외국인을 만났을 때부터 자연스레 의사소통이 되기까지 상황별로 유용한 표현을 모았습니다. 각 Unit별로 꼭 필요한 문장을 싣고 문형마다 해당 문장이 들어가는 간단하고 유용한 대화만으로 구성했습니다.

자신의 생각이나 마음을 전달하거나 표현할 때 사람의 기분이나 상태에 따라 표현법도 달라지듯이 상황이나 여건에 따라서도 표현법이 달라지므로 무조건적으로 문장이나 표현을 암기할 것이 아니라 상황에 맞는 표현을 응용하거나 활용할 수 있는 능력을 기릅시다.

Greetings & Good-byes

만남과 작별에 관한 표현

인사를 나눌 때 초면 혹은 구면이냐?에 따라 쓰는 말이 달라지고 때(시간), 장소, 상황이나 나이에 따라 달라집니다. 또한 서로 인사를 나누거나 소개를 할 때 상대방의 이름이나 신분, 관계를 자연스럽게 덧붙여 주면 훨씬 친근감을 더해주기 때문에 쉽게 친해질 수 있게 됩니다.

초면인 경우에는 How're you? / How do you do? / Nice[Pleased, Glad] to meet you. 라고 간단히 말하고, 구면인 경우에는 How have you been? / How are you doing? / What's up? / What's new?로 말합니다.

아침 인사로는 Good morning!, 낮 인사로는 Good afternoon!, 저녁 인사로는 Good evening!하시면 되겠죠? 또한 헤어질 경우에는 Take care. / See you later. / Good-bye. / So long! / Take it easy. 등을 활용하면 됩니다.

일반적으로 상대방을 부르거나 친한 사이에 만났을 경우의 인사 표현은 Hi! / Hey! / Hello! 따위를 사용하며, 뒤에 이름(name) 혹은 애칭(pet name)이나 별명(nickname)을 붙여주면 친근감을 더 느낄 수 있습니다. 또한 How are you? / How are you doing? / How's it going? / How's your family? / How are you today? 따위를 사용해도 됩니다. 이에 대한 응답 표현은 거의 긍정적으로 표현을 하게 되는데 가령 I'm fine thank you, and you?라고도 표현하지만 자신의 기분이나 상태에 따라 다음과 같이 표현해 봅시다.

인사의 응답 표현법

기분이나 상황에 따라 달리 표현된다.

① 매우 좋을 경우

그 레 잇 환 타 스 틱 베 리 웰 프 리 티 굿
Great. / Fantastic. / Very well. / Pretty good.

② 단순히 좋다고 할 경우

화 인　　　올 롸 잇　　　오우케이　굿
Fine. / All right. / O.K. / Good.

③ 그저 그럴 경우

쏘 - 쏘　　　낫 투(쏘)　뱃
So-so. / Not too(so) bad.

④ 별로 좋지 않을 경우

오 플　　　테 러 블　　　베 리 뱃　　　미 져 러 블
Awful. / Terrible. / Very bad. / Miserable.

그 밖에도 근황이나 동향을 묻는 표현으로 How have you been? / What's going on? / What's up? / How's everything with you? / What's new? / Anything new? / What's happening? 따위가 있으며, 상대방에게 무슨 일이 있을 것 같으면 What's the matter with you? / What's the problem? / What's wrong with you? / What happened?라고 표현하면 됩니다.

또한 일반적으로 안면이 없거나 윗사람인 남자에게는 문미에 Good morning, sir.와 같이 표현하며, 여자에게는 Good morning, ma'am.과 같이 사용하면 되는데 편지와 같은 문어체에서의 인사말인 Dear, sir.라는 표현도 함께 알아두도록 합시다.

기본 회화 따라잡기

안녕하십니까? / 어떻게 지내셨나요?

하 - 아 유
■ How're you?

일반적으로 초면이라면 How do you do? / How are you doing now?와 마찬가지로 상대방에게 친근감을 부여하는 안부의 인사표현이다.

만나서 반갑습니다. *초면

나이스 투 미츄
■ Nice to meet you.

흔히 회화에서는 앞의 〈주어 + 동사〉인 I'm이나 It's를 생략하는 경우가 많다. 가령, (I'm) Glad to meet you. / (I'm) Pleased to meet you. / (I'm) Happy to meet you. / (It's) Nice to meet you! 따위는 소개를 주고받을 때 나누는 인사표현이다.

안녕하세요.

헬로우
■ Hello.

가장 간단하고 편리하게 사용하는 인사표현으로써 Hello는 전화상에서 "여보세요?"라는 뜻으로 쓰여지며, 친한 사이가 아니라도 친근감을 나타내기 위해 Hi there!라고 표현해도 무방하다. 구어에서는 Hello를 Hey! 혹은 Hi로 축약해서 표현하기도 한다.

그 동안 어떻게 지내셨어요?

하우 해브 유 빈
■ How have you been?

서로 만난 지가 시간적으로 경과되었음을 예상할 수 있는 표현으로써 서로 알고 지내는 사이에 안부를 묻는 일반적인 인사표현이다.

오랜만입니다.

롱 타임 노씨
■ Long time no see.

How have you been?(어떻게 지내십니까?)에 대한 응답으로 I haven't seen you for a long time. / It's been a long time. 따위와 함께 쓸 수 있다.

어떻게 지내십니까?

하우즈 에브리씽
■ How's everything?

How're you doing? / How's it going?과 유사한 표현으로써 가령, 사업의 진행여부를 묻는 경우에는 **How's your business?**, 가족의 안부를 물을 땐 **How's your family?**라고 표현하면 된다.

일은 잘 되어갑니까?

하우즈 유어 웍 고잉
■ How's your work going?

일이나 업무의 진행여부를 물어볼 때 쓰는 말로 How's your business? / How goes it? / How's it going? / How are you getting along?을 쓴다.

잘 지내십니까?

왓츠 고잉 온
■ What's going on?

평소 친분이 있는 사람에게 별고 없는지 안부의 인사를 건네는 표현법이다. What's up? / What's new? / What's happening? 따위도 유사한 표현으로 활용된다.

안녕. / 잘 가.

굿 바이
■ Good-bye.

작별을 할 때 Bye-bye. / Farewell. 따위와 더불어 가장 널리 사용된다. 또한 상대방(손님)에게 Come again.(또 오세요.)하면 다시 올 것을 요청하는 표현이 된다.

나중에 봅시다.

씨 유 레이러
■ See you later.

유사한 표현에는 **See you again. / Catch you later. / See you then. / See you around.** 따위가 있으며, 또한 See you.나 See ya.라고 간단하게 표현하기도 한다.

만나서 반가웠어요.

나이스 미링 유
■ Nice meeting you.

앞에 (It was)가 생략된 작별할 때의 표현으로써 Nice to meet you. / Nice talking to you.라고도 표현한다.

잘 지내. / 몸 조심해.

테 익 케 어
■ Take care.

작별을 고할 때 쓸 수 있는 표현으로 Bye-bye. / Good-bye. / So long. / Be careful. / Take it easy. 등처럼 사용하면 된다. 이 표현은 Take care of yourself.라는 표현과 똑같은 표현이다.

행운을 빌어.

굿 럭
■ Good luck.

앞에 I wish you가 생략된 표현으로써 유사하게 쓰일 수 있는 표현에는 Have a nice day. / Have a good time. / Have a nice weekend. 등의 표현이 존재한다. 또한 즐거운 여행이 되길 기원할 경우에는 Have a nice trip. / Bon voyage!라고도 표현한다.

서로 연락하자.

키 핀 터 치
■ Keep in touch.

전화나 편지로 서로 연락을 취하자는 당부의 인사표현으로 앞쪽에 Let's가 생략되었다고 보면 된다. 가령 I'll miss you.(그리울 거야.) / Call me later.(전화 줘.) / I'll be back.(또 올게.) 등과 같은 표현도 매우 유용하게 사용할 수 있을 것이다.

갑니다. / 갈게요.

아 임 리 빙
■ I'm leaving.

회사나 학교에서부터 집에 돌아올 때 **I'm home. / I'm coming.**(다녀왔습니다.)하고 인사를 하는 것처럼 손님이 파티에서나 모임에서 떠날 때 Please excuse my going first.(먼저 실례합니다.) / I'm off now.(이제 갑니다.) / I'm leaving.(저 갑니다.)이라는 말을 쓴다. 유사한 표현으로 It's time to go.(갈 시간이야.) / I have to go.(이제 가야해.) 등과 같은 표현도 유용하게 활용할 수 있다.

기본회화패턴 1

Nice to meet you.
만나서 반갑습니다.

서로 알고 친한 사이에 만난 경우는 Hello! 혹은 Hi!라고 하는 반면, 초면인 경우의 사람에게는 Nice to meet you. / Glad to meet you. / Pleased to meet you.라고 합니다. 상대방이 How do you do?라고 하면 같이 How do you do?라고 대답해도 되지만 Glad to meet you. 또는 Nice to meet you.라고 대답해도 무방하며 오히려 더 영어답습니다. 발음할 때 Nice to meet you.는 [나이스(터) 미츄]라고 들리므로 유의해야만 합니다.

A : Lisa, this is my friend, Mr. Kim. Mr. Kim, this is my English teacher, Lisa.
B : How do you do, Mr. Kim.
C : **Nice to meet you**, Mrs. Lisa.

> A : 리사, 이쪽은 제 친구인 김입니다. 이분은 우리 영어 선생님인 리사야.
> B : 안녕하세요, 미스터 김.
> C : 만나서 반갑습니다, 리사 선생님.

기본회화패턴 2

Hi, there.
안녕.

Good morning. / Good afternoon. / Good evening.과 달리 Hi!는 언제든지 사용할 수 있는 관용적인 인사 표현입니다. 이 경우의 there는 주의를 끌기 위해 쓰이는 말입니다. "어이, 잘 있었나?"라는 식의 가벼운 뉘앙스의 표현이므로 첫 대면인 사람이나 격식을 차려야 할 경우에는 사용하지 않는 것이 좋습니다.

A : Hi, Kim.
B : **Hi there.** Where are you guys going?
A : We're going to the park.

> A : 안녕! 김.
> B : 안녕, 모두들 어디에 가니?
> A : 공원에 가는 중이야.

기본회화패턴 3

Long time no see.
오랜만입니다.

오랜만에 만났을 경우에는 영어로 How have you been? / I haven't seen you for a long time. / I haven't seen you for ages.(오랫동안 뵙지 못했군요.) 등과 같이 표현합니다. 또한 I'm glad to see you again.에서처럼 again만 덧붙여도 유사하게 활용할 수 있으며, Long time no see.는 가볍게 쓸 수 있는 표현입니다.

A : Hi, Peter. **Long time no see.**
B : Hi, Kim. How have you been?
A : Not so bad. How about you?
B : Pretty good!

> A : 안녕, 피터. 오랜만이야.
> B : 안녕, 김. 잘 있었니?
> A : 잘 지내. 너는?
> B : 아주 좋아!

기본회화패턴 4

How's everything?
만사가 잘 되어 갑니까?

How's everything?은 "잘 되어 갑니까?" 혹은 "잘 지내십니까?"라고 상대방의 일이나 사업의 진행여부를 묻는 가장 흔한 안부의 인사표현입니다. everything은 '모두, 만사'의 뜻으로, 상대의 모습이나 상황을 막연히 넓게 묻는 질문입니다. How are you doing?과 함께 쓰도록 합시다.

A : **How's everything?**
B : It's going pretty well. How are you getting along these days?
A : Same as usual.

    A : 어떻게 지내십니까?
    B : 매우 좋습니다. 요즘 당신은 어떻게 지내십니까?
    A : 여전합니다.
    * (The) Same as usual. (평소와 다름없습니다. / 여느 때와 똑같습니다.)

기본회화패턴 5

How's your work going?
일은 잘 되어갑니까?

How's ~ going? 은 「~의 상태는 어떻습니까?, ~은 잘 되어 갑니까?」라는 뜻입니다. 예를 들면 학업의 진행여부를 묻고 싶으면 How's your study getting on?, 건강 상태는 How's your condition of health getting on?, 결혼생활은 How's your married life?라고 묻습니다. 발음 getting on[게링 온]에 유의합시다.

A : **How's your work going?**
B : It couldn't be better.
A : Good for you.
B : Thank you.

    A : 일의 진행은 어떻습니까?
    B : 아주 좋습니다.
    A : 그거 다행이군요.
    B : 고맙습니다.

* It couldn't be better. 더 이상 좋을 수가 없네요. / 최고입니다.(최상급의 표현)
* Good for you. 상대에게 무슨 좋은 말을 들었을 때 맞장구치는 표현입니다.

기본회화패턴 6

See you later.
나중에 봐요.

작별을 할 경우에는 안녕을 나타낼 경우에는 Bye-bye. / So long. / Take care. / Drive safely. 등으로 표현하며, 다음을 기약할 경우에는 See you again. / See you around. / See you tomorrow. / See you then. / See you next time. 등을 사용합니다.

A : I really have to go now. It's getting late.
B : Suit yourself. **See you later.**
A : O.K. See ya.

A : 이제 가봐야겠어요. 시간이 늦었어요.
B : 좋을대로 하세요. 그럼 다음에 봐요.
A : 그럼, 안녕.

알아두면 유용한 영어회화를 위한 정보

▶ 애칭(pet name)

영문의 이름(full name)은 대개 first name(given name; 이름), middle name, last name(surname, family name; 성)으로 구분되는데 흔히 middle name은 단축하여 첫글자의 initial만 사용하는 경향이 있다. 가령 George B. Shaw는 George Bernard Shaw이며, John F. Kennedy는 John Fitzgerald Kennedy이다.

따라서 주로 앞에 불려지는 이름을 애칭으로 부르게 되며, 결코 성(姓)과 혼동해서는 안 된다. 서양에서는 통상적으로 우리의 이름도 Chan-ho, Park이라고 부르며, 또한 그렇게 쓴다는 점에 유의 하자. 그래야 헷갈리지 않게 된다.

남자

앤디 앤드류	밥 바비 롸 벗	데이비 데이빗	딕 리챠드
Andy(Andrew)	Bob/Bobbie(Robert)	Davy(David)	Dick(Richard)

에드 테드 에드워드	잭 존	짐 지미 제임스	마이크 미키 마이클
Ed/Ted(Edward)	Jack(John)	Jim/Jimmy(James)	Mike/Mickey(Michael)

스티브 스테판	탐 토미 토마스	빌 윌리엄
Steve(Stephen)	Tom/Tommy(Thomas)	Bill(William)

여자

캐시 캐써린	크리스 크리스틴	베티 엘리자베스	재키 재클린
Cathy(Catherine)	Chris(Christine)	Betty(Elizabeth)	Jackie(Jacqueline)

쥴리아 쥬리 쥬리엣	캐시 캐쓸린	매기 마아그릿	셀리 쎄라	쑤지 수잔
Julia/Julie(Juliet)	Kathy(Katherine)	Maggie(Margaret)	Sally(Sarah)	Susie(Susan)

호칭에 관한 표현법
- 웨이터를 부를 때 : Waiter?
- 잠깐 기다려 달라고 할 때 : Hold up, 이름. / Wait up! / Just a moment!
- 불특정한 사람을 부를 때 : Sir, ~(경칭)
- 모르는 낯선 이를 부를 때 : There! / Hello! / Hey! / Excuse me!
- 남자를 부를 때 : Mr.(Mister; 남성)
- 여자를 부를 때 : Ms.(통칭) / Mrs.(Mistress; 기혼여성) / Miss(미혼여성)

Thanks

감사의 관한 표현

'감사하다' 동사는 thank와 appreciate가 있습니다. 일반적으로 Thank you very much.를 흔하게 사용하며, 빈출 패턴문형에는 Thank you for + 명사구.(~에 대해 감사드립니다.)이나 I appreciate ~.(~에 대해 고맙습니다.)의 문장에 구체적인 내용을 덧붙여주면 됩니다.

상대방의 배려나 도움에 대하여 가볍게 감사의 표현을 할 땐 Thanks.와 Thanks a lot.을 쓰면 되고 이에 대한 응답으로는 "천만에, 괜찮아."의 뜻으로 사용되는 표현에는 Not at all. / You're welcome. / That's all right. / That's OK.따위가 사용되며, 그밖에도 No problem. / Don't mention it. / Never mind. / No big deal. / My pleasure. / No sweat. 등도 활용됩니다.

감사의 표현법

Thank you for ~의 패턴 문형입니다.

- Thank you for calling.(전화해 주셔서 감사합니다.)
- Thank you for compliment.(칭찬해 주셔서 감사합니다.)
- Thank you for coming to see me.(만나러 와 주셔서 감사합니다.)
- Thank you for your trouble.(수고해 주셔서 감사합니다.)
- Thank you for your kindness.(친절하게 대해 주셔서 감사합니다.)
- Thank you for helping me.(저를 도와 주셔서 감사합니다.)
- Thank you for inviting me.(저를 초대해 주셔서 감사합니다.)

기본회화 따라잡기

정말로 감사드립니다.

땡 큐 베 리 머 취
■ **Thank you very much.**

유의해야 할 점은 감사에 대한 응답 표현과 사과에 대한 응답표현은 비슷하게 활용된다는 사실이다. 상대방이 Thank you.나 I'm sorry. 라는 표현을 하였을 경우에 Don't worry about it.(염려 마세요.) / Forget it.(잊어버리세요.) / Never mind.(개의치 마세요.)라는 표현을 사용하면 된다.

매우 고맙습니다.

땡스 어 랏
■ **Thanks a lot.**

구어에서는 Thank you. 대신에 Thanks.를 사용하며, 또한 Thanks a million.이라는 표현을 즐겨 사용한다. 가령, Thanks for saying so.(그렇게 말해 줘서 고마워.) / Thanks for telling me.(나한테 알려 줘서 고마워.) / Thanks for waiting for me.(기다려줘서 고마워.) 등 처럼 표현할 수도 있다.

걱정해 줘서 고마워요.

땡큐 훠 유어 컨써언
■ **Thank you for your concern.**

Thank you for ~.는 일반적으로 감사를 나타낼 때 가장 널리 사용되는 패턴 문형이다. 가령 친절(kindness), 칭찬(compliment), 충고(advice), 도움(helping), 초대(inviting), 방문(visiting), 수고로움(trouble) 따위에 감사표현으로 활용된다.

정말로 고맙습니다.

아이 어프레쉬에이릿 베리 머취
■ **I appreciate it very much.**

격식을 차린 표현인 I'm very thankful to you. / I'm very grateful to you. / I'm much obliged to you. 등으로 대용해도 무방하다.

신세를 졌군요. / 폐를 끼쳤군요.

아이 오- 유 원
■ **I owe you one.**

유사한 표현에는 I'm much obliged. / I'm in your debt. 등으로 대체해도 무방하다.

친절에 감사드립니다.

잇츠 베리 카인도뷰
■ It's very kind of you.

상대방의 친절이나 배려에 고마움을 피력할 때 그냥 Thank you.나 Thanks.라고만 하지 말고 It's very good of you. / It's so nice of you. / How kind of you! 등의 표현도 덧붙여 보자.

너무 친절하시군요.

유어 쏘 카인드
■ You're so kind.

I appreciate your kindness.(신경써주셔서 고맙습니다.)라는 뜻으로 Thank you for your concern.이라고 해도 같은 뜻으로 사용할 수 있으며, 이에 대한 응답으로 Don't mention it. / It was nothing. / No sweat. / No big deal. 등과 같이 표현할 수 있어야 한다.

그렇게 말씀해 주시다니 기쁩니다.

잇츠 베리 나이쓰뷰 투쎄이 쏘
■ It's very nice of you to say so.

유사한 표현으로 It's handsome of you to say so.라고 표현해도 무방하다.

기본회화패턴 1

Thanks a million.
정말 고마워.

Thank you.보다도 "아주 많이 고맙다, 무척 고맙다"라고 말하고 싶을 때는 Thank you so much.나 Thank you very much.라고 하면 되는데 더 강조하고 싶을 경우에는 Thanks a million.이라고 하면 됩니다. 이 경우의 million은 「많이」라는 뜻입니다.

A : Have you seen a report on the desk?
B : Yes. I submitted it with mine.
A : **Thanks a million.** I didn't have time to go out and submit it.

　A : 그 책상 위에 있는 리포트 못보았니?
　B : 응, 내 것과 함께 리포트 제출했는데.
　A : 정말 고마워. 숙제를 제출하러 갈 시간이 없었거든.

기본회화패턴 2

Thank you for your concern.
걱정해 줘서 고마워요.

concern은 「걱정, 염려, 관심」이라는 의미입니다. Thank you for your concern.을 직역하면 「당신의 걱정에 대하여 고맙다」가 됩니다. 상대가 걱정해주거나 배려해 줄 때 걱정과 관심에 대해 고마워하는 표현입니다. 또한 충고(advice), 지적(pointing), 경고(warning) 등에 관한 감사를 표현할 때에도 Thank you for ~라는 문형을 사용합니다.

A : You look pale. What's eating you?
B : I have a fever.
A : You should go see a doctor.
B : I will. **Thank you for your concern.**

> A : 안색이 안 좋은데. 무슨 일 있니?
> B : 열이 있어.
> A : 의사에게 진찰을 받아보는 게 좋겠는데.
> B : 그렇게 할게. 걱정해 줘서 고마워.

* What's eating you?하면 상대방에게 근심이나 걱정거리를 말하는데 유사한 표현으로 What's wrong?이라고 해도 무방하다.

기본회화패턴 3

I appreciate it very much.
정말로 고맙습니다.

똑같은 감사 표현이더라도 appreciate에는 우리말에서 표현하는 「고맙습니다」라는 의미가 들어 있습니다. 따라서 격식을 차려야 할 경우에 쓰이는 표현입니다. 이밖에도 I appreciate what you have done.(당신이 해주신 일에 감사드립니다.) / I'd appreciate it if you would kindly call on me tomorrow.(내일 왕림해주시면 감사하겠습니다.) 등과 같은 표현도 널리 활용됩니다.

A : Happy birthday! This is for you.
B : Oh, thanks a lot. That's a pretty purse!
A : Do you like it?
B : I've wanted one just like this. **I appreciate it very much.**

A : 생일 축하해요! 이건 당신 선물입니다.
B : 어머, 고마워요. 무척 예쁜 지갑이네요.
A : 마음에 드세요?
B : 마침 이런 것을 갖고 싶었어요. 정말 고맙습니다.

감사의 관련 표현

선물을 받았을 때
- May I open it?(선물 고마워. 열어봐도 돼?)
- Is this really for me?(저한테 주는 겁니까?)
- What a nice surprise!(어머 놀랍군요!)
- This is just what I've always wanted.(전부터 갖고 싶었던 건데.)
- You shouldn't have done that.(그렇게 안하셔도 되는데.)
- I have no words to thank you.(뭐라고 감사해야 할지.)

선물을 줄 때
- Here's something for you.(자, 선물 받으세요.)
- I'm very glad you like it.(마음에 드신다니 기뻐요.)
- Here's a little present for you.(이거 너무 약소합니다.)
- It's something to show my gratitude.(저의 조그만 성의입니다.)

친절에 감사할 때
- It's very kind of you.(친절하게 해주셔서 고맙습니다.)
- You've been very kind.(너무 친절하시군요.)
- How kind of you!(참으로 친절하시군요!)
- I appreciate your kindness.(신경 써주셔서 감사합니다.)
- It was a great help.(많은 도움이 되었습니다.)
- It's awfully good of you to meet me here.(마중 나와 주셔서 고맙습니다.)

Apologies

사과에 관한 표현

서양인들은 생활 속에서 Thanks. / Excuse me. / I'm sorry. / Please!!를 입에 달고 삽니다. 한국 사람들은 꼭 잘못을 했거나 부득이하게 용서를 구할 경우에만 "실례합니다, 죄송합니다."라는 표현을 사용하는 데 반해서 그렇습니다. I'm sorry.라는 말을 할 때 앞에 습관적으로 덧붙여 사용하는 말에는 Oops!(오, 저런!) / Whoops! / Oh, dear! 등이 있습니다.

직접적으로 표현할 때는 I'm sorry about it.라는 말을 먼저 말하지만 우회적으로 말하고자 할 때는 Please ~. / Let me apologize ~. / I'm afraid ~. 등과 같은 패턴을 사용합니다. 물론 이에 대한 적절한 응답(괜찮습니다.)인 That's all right. / Never mind. / Don't worry about it. / It's no big deal. 등도 익혀 두어야만 합니다.

서양인들은 일상적인 생활 속에서 우리가 알고 있는 Excuse me.나 I'm sorry.는 매우 사용 빈도가 높으며, Please!!! 또한 입버릇처럼 사용하곤 합니다만 우리는 어떻습니까? 꼭 잘못을 했거나 부득이하게 용서를 구할 경우에만 사용하므로 "실례합니다, 죄송합니다."라는 표현을 사용하는데 인색한 경향이 있는 듯합니다.

- 길을 걷다가 어깨가 조금 부딪쳤을 때
- 다른 사람에게 말을 걸 때
- 지하철에서 발을 밟았을 경우
- 상대에게 먼저 양해를 구할 때
- 좁은 길을 지나갈 때 따위

위에서와 같이 스스럼없이 의사 표현을 함으로써 보다 인간관계가 친숙해짐을 알 수 있습니다. 특히 상대방이 먼저 말하기 전에 자신이 용서를 구할 수 있는 자세가 필요한 것입니다. 가령 excuse, sorry, pardon, forgive 따위의 단어에 이러한 어기가 내포되어 있으므로 사용할 때 유의해서 사용하도록 합시다.

직접적으로 표현할 때는 I'm sorry.라는 말을 먼저 말하지만 보다 우회적으로 표현하는 문형에는 Please ~. / Let me apologize ~. / I'm afraid ~. 등과 같은 패턴 문형도 있으므로 사용하는데 습관화합시다.

일반적으로는 I'm sorry for ~. / I'm sorry to ~. / I'm sorry about ~. 따위의 문형을 널리 활용합니다. 특히 I'm sorry for you.(정말 안됐습니다.) / I'm sorry about it.(그건 유감입니다.) / I'm sorry for everything.(여러 가지로 미안합니다.) / I'm sorry to hear that.(그 소식을 들으니 안됐군요.) 따위는 상대방에게 대한 배려가 내재된 표현이므로 사과의 표현은 정중함을 잃지 않도록 해야 할 것입니다.

관용적으로 상대방의 부탁이나 요구에 대해 거절할 때 유감의 의사표현으로 I'd rather not.(안되겠는데요.) / I'm afraid I can't accept that.(유감스럽지만 그건 받아들일 수 없어요.) / I'm sorry, but I can't right now.(미안하지만 지금은 안 되겠는데요.) 따위의 표현이 활용됩니다.

일반적으로 I hope ~는 바람직한 것에 활용하는 반면에 I'm afraid ~의 문형은 그야말로 서구적인 뉘앙스가 풍만한 문형으로써 다소 확신이나 믿음을 갖지 못한 것에 사용하는 경향이 있다.

폐를 끼쳐 드려 미안합니다.

아 임 쏘 리 아 이 트 라 블 드 유
■ I'm sorry I troubled you.

달리 표현하면 I'm sorry to have troubled you. / I'm sorry to trouble you.라고 표현해도 무방하다. 만약 타인의 대화에 끼어들었을 때 I'm sorry I interrupting you.라고 표현할 수도 있다.

제 부주의로 정말 죄송하게 되었습니다.

아 임 쏘 리 아 이 워 즈 쏘 케 어 리 스
■ I'm sorry I was so careless.

상대방에게 자신의 무례함에 대해 용서를 구할 때 I'm sorry I was rude. / Please forgive my rudeness.라고 표현할 수도 있다.

늦은 것을 사과드립니다.

아 이 어 팔 라 이 져 훠 더 딜 레 이
■ I apologize for the delay.

일의 납기나 약속시간에 지체되었을 경우에 I'm sorry.나 Forgive me. 대신에 사용할 수 있는 표현으로써 다소 사무적인 사죄에 활용된다. 달리 표현하면 Please accept my apologies for the delay.(늦은 것에 대해 제 사과를 받아주세요.)라고 표현할 수도 있겠다.

부디 용서해 주십시오.

플 리 즈 훠 기 브 미
■ Please forgive me.

사과나 사죄를 할 경우에 Excuse me. / Pardon me. / Forgive me.라는 표현을 즐겨 사용한다. 정중하게 사과할 경우에는 I beg your pardon. / Please forgive my rudeness.라고 하면 된다.

기다리게 해서 미안합니다. / 늦어서 죄송합니다.

아 임 쏘 리 아 임 래 잇
■ I'm sorry I'm late.

약속 시간에 지체되었을 경우에 미리 Sorry to have kept you waiting. / I'm sorry to be late.라는 표현으로 사과를 건넬 수 있어야만 한다.

오랫동안 기다리게 해서 미안합니다.

아임 쏘리 투 해브 켑츄 웨이링
■ I'm sorry to have kept you waiting.

흔히 I'm sorry, I'm late. / Excuse me for being late. / I'm sorry to have you waiting so long. / I'm sorry for making you wait. 따위로 대용하기도 한다.

제 잘못입니다.

잇 츠 마이 폴 트
■ It's my fault.

자신의 실수를 인정할 때 즉석에서 바로 Oops. My mistake.(오, 이런 제가 실수를 했군요.) / I made a mistake. 등과 같은 표현을 건네면 상대방은 용서해 줄 수도 있을 것이다. 여기서 동사는 과거형을 사용하여 It was my fault.라고 표현하며, 또한 That's my fault.(그건 내 잘못이야.)라는 표현도 마찬가지이다.

고의가 아니었습니다.

아이 디든 미닛
■ I didn't mean it.

사람의 마음은 상대방의 고의성 유무에 따라 달라지는 법이니까 무조건 I'm sorry.(죄송합니다.) / I made a mistake.(저의 실수입니다.)라는 말부터 건네도록 하자.

말씀 중에 실례해도 될까요?

메 아이 인 터 럽 츄
■ May I interrupt you?

흔히 Listen!이나 Wait! 등으로도 사용해도 무방하지만 Excuse my interrupting you ….(말씀 도중에 실례합니다만~.)처럼 공손하게 표현하는 게 상례이다.

기본회화패턴 1

I'm sorry to trouble you.
폐를 끼쳐서 미안합니다.

trouble은 「(상대방에게) 수고나 귀찮게 하다」라는 의미입니다. 상대에게 폐를 끼쳤을 때 할 수 있는 흔한 표현입니다. 회의 중에 재채기나 기침을 하거나, 발을 밟거나 하는 경우 가볍게 말하고 싶을 때는 Excuse me.라고 합니다. 평소에 I am sorry to trouble you.이라는 표현을 많이 들어보았을 겁니다.

A : **I'm sorry to trouble you.**
B : You drank too much last night.
A : I'm afraid I don't remember anything at all.
B : I took you home by taxi.
A : Is that right?

  A : 폐를 끼쳐서 미안했습니다.
  B : 당신은 어젯밤에 과음을 했어요.
  A : 죄송하지만, 아무 것도 생각이 나질 않습니다.
  B : 택시로 당신 집까지 바래다주었어요.
  A : 정말이세요?

기본회화패턴 2

I'm sorry I was so careless.
제 부주의로 정말 죄송하게 되었습니다.

careless는 「부주의한, 경솔한, 멍청한」이라는 형용사적 표현입니다. I'm sorry.(송구하다, 미안하다)를 붙여서 "부주의해서 죄송합니다."라는 뜻이 됩니다. 본의 아닌 실수·실례 등을 사과할 때 I beg your pardon.이라는 표현을 사용하는데 끝을 내려 발음하면 됩니다.

A : I'm awfully sorry. I didn't mean it.
B : That's all right.
A : **I'm sorry I was so careless.**
B : It's no big deal.

    A : 정말로 죄송합니다. 고의가 아니었어요.
    B : 괜찮습니다.
    A : 저의 부주의로 정말로 미안하게 되었습니다.
    B : 별것 아닌데요, 뭘.

* It's를 생략하여 No big deal.(조금도 대단한 것이 아닙니다, 별것 아닙니다.)라는 뜻으로 구어에서 많이 표현된다.

기본회화패턴 3

Please forgive me.
부디 용서해 주십시오.

모두 자신의 잘못을 인정하고 용서를 청하는 표현입니다. forgive는 「(사람·죄 등을) 용서하다」라는 의미입니다. forgive가 의미하는 「용서」란 「중대한 과실이나 큰 죄를 용서해서 복수할 마음이 없는」이라는 뜻이므로, 몹시 상대에게 혹독한 짓을 했을 때 사죄의 표현입니다. 가령, Pardon me.라고 표현해도 무방합니다.

A : **Please forgive me.**
B : Well, I don't know.
A : I'll never do it again.
B : Do you swear?

    A : 부디 용서해 주십시오.
    B : 글쎄, 어떻게 하지?

A : 두 번 다시 그런 짓은 하지 않겠습니다.
B : 맹세할 수 있어요?

* Do you swear?라는 표현은 단순히 질문의 개념이 아니라 상대방에게 다짐을 받아두고자 할 때 활용되는 표현인 You bet?(정말이야?)과 유사한 표현이다.

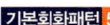

I'm sorry I'm late.
기다리게 해서(늦어서) 미안합니다.

이 표현은 I'm sorry I was late.라고 말하지 않도록 주의하세요. 지각하는 것은 현재의 상태이므로 be동사는 현재형을 씁니다. I'm sorry to be late.라고도 말합니다. 직설적으로 I apologize for being late.으로 표현해도 무방합니다.

A : **I'm sorry I'm late.**
B : Never mind. Shall we go?

A : 기다리게 해서 미안해요.
B : 괜찮습니다. 어서 가시죠?

I'm sorry to have kept you waiting.
오랫동안 기다리게 해서 미안합니다.

영어에서는 문장이 길면 길수록 정중한 표현이 되는 경향이 있다고 합니다. 친한 사이라면, Sorry to have kept you waiting.이라고 말합니다. 다소 완곡하게 표현하면 I'm sorry to be late again.이나 Sorry, I'm late.이라고 합니다.

A : **I'm sorry to have kept you waiting.**
B : What's wrong?
A : There was a traffic jam.

A : 오랫동안 기다리게 해서 미안합니다.
B : 무슨 일 있었어요?
A : 차가 너무 막혔어요.

* traffic jam 교통체증, 교통정체(= stuck in traffic)
* I'm sorry to have kept you waiting. (기다리게 해서 미안합니다.)

I'm sorry.와 Excuse me.의 차이

① I'm sorry.의 어법
- 자신의 말이나 행동에 대해 사과의 뜻을 피력할 때 : I'm sorry for being late.
- 상대방의 요구나 부탁을 거절할 때 : I'm sorry, but I'm very busy now.
- 유감의 뜻을 나타낼 때 : I'm sorry to hear that.(그것 참 안됐군요.)

② Excuse me.의 어법
- 상대방의 발을 밟거나 어깨를 부딪쳤을 때 : Excuse me. It's my fault.
- 공공장소에서 가벼운 잘못을 하였을 때 : Excuse me. Pardon me.
- 일반적인 부탁이나 요구를 할 때 : Excuse me. Can you show me the way to post-office?

Weather

날씨에 관한 표현

흔히 막연한 시간, 날씨, 날짜, 거리, 명암 따위를 나타내는 표현에는 상투적으로 비인칭을 나타내는 it을 주어로 사용하여 나타내게 되며, 주로 일상생활에서 날씨를 화제로 시작하여 대화를 나누는 것이 상례입니다. 비인칭의 용법으로 쓰이고 있는 it은 단수뿐이며, 이때 it은 우리말로 새기지 않는 것이라고 생각하면 쉽게 이해가 될 것입니다.

날씨와 관련된 표현은 주로 ① 계절(season), ② 온도(temperature), ③ 시간(time)에 따라 다른데 다양한 날씨 표현을 알아보도록 합시다. 날씨를 묻는 표현에는 **How's the weather? / How does the weather look?** 따위가 있으며, 날씨의 상태를 나타내는 표현에는 hot(덥다), cold(춥다), windy(바람이 불다), clear(맑다), sunny(화창하다), foggy(안개가 끼다), chilly(쌀쌀하다), gloomy(흐리다), windy(바람이 불다), humid(눅눅하다), drizzling(이슬비가 오다), snowing(눈이 오다), freezing(몹시 춥다) 따위가 활용됩니다.

지금 현재의 날씨를 묻는 표현에는 How is the weather today ~?는 (오늘 ~의 날씨는 어때?)이며, 특정한 지역의 일반적인 날씨의 경향을 묻는 표현은 What is the weather like ~?는 (~의 날씨는 어때?)라고 하면 됩니다. 현재의 날씨는 3인칭 단수 현재형(is)을 사용하고, 어제의 날씨는 과거를 나타내는 조동사 was를 쓰며, 미래의 날씨는 미래를 나타내는 조동사 will을 사용합니다.

Q : What's the weather like today?
(오늘 날씨 어때요?)

A : It looks like it's going to rain.
(비가 올 것 같아요.)

일반적으로 날씨에 관한 표현을 할 때에는 It's nice day.(좋은 날씨군요.)라고 서술적으로 표현하기도 하지만 부가 의문문을 사용하여 "It's nice day, isn't it?(좋은 날씨군요, 그렇죠?)"처럼 부가 의문형으로 나타내기도 합니다. 응답을 할 경우 기후를 나타낼 때는 sunny, cloudy, raining, snowing 따위로 표현하며, 기온을 나타낼 때는 hot, warm, cool, cold 따위를 사용합니다.

비인칭 it의 표현법

흔히 막연한 시간, 날씨, 날짜, 거리, 명암 따위를 나타내는 표현에는 상투적으로 비인칭을 나타내는 it을 주어로 사용하여 나타내는데 it의 시제는 단수뿐이며, 이때 it은 우리말로 굳이 해석하지 않습니다.

· 시간 : It's 7 o'clock.
· 날씨 : It's very cold.
· 날짜 : It's April 5th.
· 거리 : It's a long way to my house from here.
· 명암 : It's dark.

기후(climate)와 날씨(weather)는 밤·낮이나 계절에 따라 표현법이 달라지므로 유의하자.

날씨가 좋군요.

It's nice weather, isn't it?
잇츠 나이스 웨더 이즌잇

간단하게 It's a fine day today. / It's nice today. / It's beautiful today. 등과 같이 표현할 수도 있다.

오늘 날씨는 어떻습니까?

How's the weather today?
하우즈 더 웨더 투데이

유사한 표현으로 What's the weather like?가 사용되며, 내일의 날씨를 묻는 경우에는 What's the forecast for tomorrow?라고 표현하면 된다.

태풍이 지나갔어.

The typhoon is gone.
더 타이푼 이즈 곤

blizzard(눈보라), thunder(천둥), flood(홍수), storm(폭풍) 등과 같은 기상용어도 알아두자.

날씨가 푹푹 쪄요.

It's boiling hot.
잇츠 보일링 핫

몹시 더울 경우에는 sizzling이나 scorching을 사용해도 무방하며, 추울 경우에는 very cold와 freezing, chilly라는 용어를 사용하면 된다. boiling처럼 현재분사형도 좋지만 몹시 덥거나 추울 땐 부사어인 severely, heavily, awfully, terribly, deadly 등을 사용할 수도 있다.

날이 어두워졌어요.

It's getting dark.
잇츠 게링 다크

시간이 흘러 이미 밤이 되어 어두컴컴하다는 뜻이다.

오늘은 흐리군요.

It's cloudy today.
잇츠 클라우디 투데이

warm(따뜻하다), mild(온화하다), clear(맑다), gloomy(우중충하다) 등과 같이 표현을 할 수도 있다.

오늘밤은 눈이 내릴 것 같습니다.

잇 츠 라 이 클 리 투 스 노 우 투 나 잇
■ It's likely to snow tonight.

It will rain today. / It's going to rain. / It's supposed to rain. 등과 유사하게 활용할 수 있다.

날씨 관련 표현

부가의문문 표현
- It's a sunny day, isn't it?(화창한 날씨지, 그렇죠?)
- It's a cloudy day, isn't it?(흐린 날씨지, 그렇죠?)
- It's a rainy day, isn't it?(비오는 날씨지, 그렇죠?)
- It's a stormy day, isn't it?(폭풍우치는 날씨지, 그렇죠?)
- It's a snowy day, isn't it?(눈오는 날씨지, 그렇죠?)
- It's a windy day, isn't it?(바람부는 날씨지, 그렇죠?)

일반적인 표현
- It's sunny.(화창한 날씨입니다.)
- It's windy.(바람부는 날씨입니다.)
- It's rainy.(비오는 날씨입니다.)
- It's snowy.(눈오는 날씨입니다.)
- It's very mild.(매우 온화한 날씨입니다.)
- It's very hot.(매우 더운 날씨입니다.)
- It's little cloudy.(구름 낀 날씨입니다.)
- It's drizzling.(이슬비 오는 날씨입니다.)

기본회화패턴 1

It's nice weather today.
날씨가 좋군요.

「날씨를 나타내는 it」으로 문장을 시작하여 다양한 날씨 표현을 해봅시다. 가령 문장 끝에 It's nice weather, isn't it?(부가 의문문)처럼 활용하면 상대의 동의를 구하거나 다짐을 재확인할 때 사용됩니다.

A : **It's nice weather today.**
B : Sure thing.
A : I feel refreshed.
B : Me, too.

> A : 오늘 날씨가 좋군요.
> B : 정말 그렇군요.
> A : 기분이 상쾌합니다.
> B : 저도 그렇습니다.

* feel refreshed 상쾌한 기분이 들다

기본회화패턴 2

It's boiling hot.
날씨가 푹푹 쪄요.

It's hot.(덥습니다.)와 It's cold.(춥습니다.)의 두 가지 기본 문형부터 먼저 암기하세요. 여기에 어떻게 더운지 아니면 추운지를 덧붙여 봅시다. 추위에 관한 표현으로는 It's freezing cold.「얼어붙을 듯한 추위」나 It's biting cold.「살을 에는 듯한 추위」라는 업그레이드된 표현도 익혀봅시다.

A : **It's boiling hot.**
B : You said it. What shall we do today?
A : We're thinking about going to a swimming pool.
B : That's a good idea.

  A : 날씨가 푹푹 찌는군.
  B : 그러게 말이야. 오늘은 무얼 할 거니?
  A : 수영장에 갈 생각이야.
  B : 그거 좋겠군.

* You said it.은 「그러게 말이야. / 정말이야. / 정말 그렇군요.」라는 뜻의 구어체 표현으로 상대방의 견해에 동조할 때 널리 활용된다.

기본회화패턴 3

It's cloudy today.
오늘은 흐리군요.

날씨를 나타내는 표현입니다. cloudy를 sunny「해가 비추는, 활짝 개인」, rainy「비가 내리는」, snowy「눈이 내리는」, windy「바람이 세찬」 등으로 바꾸어 오늘의 날씨를 말해 봅시다.

A : **It's cloudy today.**
B : Yes. Do you think it's going to rain in the afternoon?
A : It might.
B : You'd better take an umbrella with you.

  A : 오늘은 흐리네.
  B : 그래. 오후부터 비가 내릴 것 같지?
  A : 그럴지도 모르겠어.
  B : 우산을 갖고 가는 게 좋겠어.

기본회화패턴 4

It's getting dark.
어두워졌습니다.

It's getting ~은 「~이 되어가다」라는 의미입니다. get 동사는 「상태가 변화하다」라는 의미가 있습니다. 진행형을 써서 밝고 어두움?춥고 따뜻해짐을 나타낼 수 있습니다. It's getting light.는 「밝아졌습니다」, It's getting warm.은 「따뜻해졌습니다」라는 상태를 나타냅니다. getting[게링]의 발음에 유의하세요.

A : **It's getting dark.**
B : I can't see the tennis balls.
A : Shall we stop playing?
B : Yes, let's.

　　A : 점점 어두워지는군.
　　B : 테니스 공이 안 보여.
　　A : 경기를 끝낼까?
　　B : 그렇게 하지.

　　* Shall we ~? (~할까요?)라고 상대에게 제안할 때 쓰이는 표현법이다.

기본회화패턴 5

It's likely to snow tonight.
오늘밤은 눈이 내릴 것 같습니다.

be likely to는 「~할 것 같다, ~할 듯하다」의 뜻입니다. 어떤 가능성을 두고 말하는 사람의 주관적인 판단을 나타냅니다. 이것과 비슷한 표현에 be going to(~할 것 같다)도 있는데, 좀더 객관적으로 뭔가 일어날 것 같은 징후가 이미 있는 상황에서 쓰입니다.

A : It's terribly cold today.
B : Yes, it is.
A : **It's likely to snow tonight.**
B : I doubt it.

　　A : 오늘은 엄청 춥군.
　　B : 그렇군.
　　A : 오늘밤은 눈이 내릴지도 모르겠어.
　　B : 설마.

　　* I doubt it. 직역하면 「나는 그것이 의심쩍다」인데 "설마, 그럴 리가!"라는 뜻으로 활용된다.

기본회화패턴 6

The typhoon is gone.
태풍이 지나갔어.

"Gone with the wind"는 「바람과 함께 사라지다」의 뜻으로, 영화 제목에 쓰이고 있는 gone(과거분사형)의 기본 표현은 「가버려서 이제 여기에는 존재하지 않다」라는 의미입니다. 「지나갔다, 없어졌다, 죽었다, 다 썼다」 등의 의미로 쓰입니다.

A : The typhoon last night was huge, wasn't it!
B : It sure was.
A : I was scared all night.
B : **I'm glad it's gone.**

> A : 어젯밤 태풍은 대단했어!
> B : 그래 맞아.
> A : 밤새 무서웠어.
> B : 태풍이 지나가서 다행이야.

* be scared of ~을 무섭게 생각하다

Permissions

허가 · 허락에 관한 표현

상대방에게 허가나 동의를 구할 경우에 조동사 can, may를 써서 Can I ~? 혹은 May I ~?의 문장을 만듭니다. 그 외에도 I'd like to ~. / Let me ~. / I wonder ~. / Would you mind if I ~?로 허가를 바라는 문장을 만들 수 있습니다. 상대에게 잠시 실례를 하고자 할 경우에 사용하는 May I be excused?(실례해도 될까요? / 화장실에 다녀와도 되겠습니까?)라는 표현은 양해를 구하는 표현법이 되는 셈입니다.

간접적으로 '~하고 싶다'고 할 때는 I'd like to ~.를 씁니다. 보다 정중하게 허가를 구하는 표현은 조동사의 과거형인 could, would를 쓰거나, please를 붙이고, Do you mind if ~?와 같은 문장 패턴을 사용하기도 합니다.

허가나 동의를 나타내는 질문에 대한 응답 표현에는 Sure. / Okay. / Of course. / Why not? / I think so. / Go ahead. / Be my guest. 따위가 있습니다. 물론 상황에 따라 그 의미는 약간 다르게 사용됩니다.

- 자리를 바꾸거나 앉을 때,
- 물건을 빌리거나 사용하고자 할 때,
- 기계의 작동을 켜고 끌 때,
- 어떤 것에 대해 승인이나 허락을 받고자 할 때,
- 상대방과 관련된 행위를 할 때

일상적인 만남에 있어서 초면일 때 인사를 나누는 예법은 How do you do?가 가장 무난하나 그밖에 Nice to meet you.라는 표현도 널리 활용됩니다. 이러한 일상적인 인사를 나눈 뒤에는 상대방에게 자신을 소개할 경우에는 May I introduce myself? / Let me introduce myself.라는 문형을 사용하며, 자신의 이름을 밝히고자 할 경우에는 My name is ~.

/ This is ~. / I am ~. 등과 같이 표현하면 됩니다. 그러나 동행한 사람을 소개시켜 줄 때는 Let me introduce you to ~. / I want you to meet ~. / I'd like you to meet ~. 따위와 같은 문형을 사용합니다.

허가의 표현은 May I ~? / Let me ~? / Do you mind if I ~? 등의 패턴이 가장 많이 활용된다.

기본회화 따라잡기

부탁을 해도 될까요?

메 아이 애스커 훼이버 오뷰
■ **May I ask a favor of you?**

상대방에게 Can you help me? / May I ask you something? 등 처럼 물어볼 수도 있다. 그러나 점원이 손님에게 May I help you? / What can I do for you? 등과 같이 "무엇을 도와드릴까요?"라고 표현할 때와 구분할 줄 알아야 한다.

질문 좀 해도 됩니까?

메 아이 애스큐 썸 퀘스쳔
■ **May I ask you some questions?**

구어에서는 May I ask you a question?에서 you를 생략하여 표현하기도 한다.

그걸 해 줄 수 있어요?

캔 아이 애스큐 투 두 잇
■ **Can I ask you to do it?**

Could you write a job recommendation on my behalf?(취업 추천서 좀 써 주시겠어요?)처럼 직설적으로 표현하는 방법도 있지만 이렇게 간접적으로 공손함을 나타낼 때 사용하는 어법이다.

당신에게 맡겨도 되겠습니까?

캔 아이 리비럽 투 유
■ **Can I leave it up to you?**

I'll leave it up to you.(그것을 네게 맡기마.) / It's up to you whether to go or not.(가고 안가고는 네 맘에 달려 있어.) / The final choice is up to you.(마지막 선택은 네 손에 달려 있어.) 등과 같이 up to you의 용법이 활용될 수 있다.

전화를 빌려도 되겠습니까?

메 아이 유즈 유어 폰
■ **May I use your phone?**

May I borrow your phone?라고 표현해도 될 것 같지만 실제로는 어법에 어긋난다.

당신 차를 빌려도 되겠습니까?

이즈 잇 올 롸잇 이퐈이 바로우 유어 카
■ Is it all right if I borrow your car?

Is it all right if I ~라는 문형은 상대방에게 허락이나 승낙을 구할 때 사용하는 표현인데 가능성을 염두에 둔 뉘앙스가 담긴 표현법이다.

허가해 주시겠어요?

메 아이 해브 퍼미션
■ May I have permission?

상대방에게 조건이나 제한 사항에 관하여 허가를 할 때 You have my permission to do it.(당신은 그것을 해도 좋습니다.)처럼 활용하면 된다.

여기 앉아도 됩니까?

메 아이 씻 히어
■ May I sit here?

Is this seat taken?(자리 비었습니까?)도 동일한 표현이다. 가령, "전화 좀 사용해도 됩니까?"라는 표현으로 Could I please use this telephone?은 Do you mind if I use your phone?과 동일한 표현이다.

허가나 부탁 관련 표현

- Can I borrow your pencil?(펜 좀 빌려줄래요?)
- Is it OK if I leave early?(일찍 출발해도 괜찮습니까?)
- Do you mind if I turn on the heat?(히터를 켜도 괜찮겠습니까?)
- May I come in?(들어가도 됩니까?)

기본회화패턴 1

May I ask a favor of you?
부탁이 있는데요.

May I ask a favor of you?는 정중한 부탁의 전형적인 표현입니다. ask a favor of는 「~에 무언가를 부탁하다, 부탁드리다」라는 의미입니다. 동료나 손아랫사람에게는 좀더 스스럼없는 Can I ask a favor?(부탁을 드려도 될까요?), 좀더 정중히 말할 때는 Could you do me a favor?(부탁을 들어 주시겠습니까?)를 사용해도 좋습니다.

A : **May I ask a favor of you?**
B : What is it?
A : Can you take the wheel?
B : My pleasure.

A : 부탁이 있는데요.
B : 뭔데?
A : 대신 운전 좀 해주지 않겠어요?
B : 좋아.

∗ My pleasure.는 No problem. / You bet. / Sure thing. 등으로 대용해도 무방하다.

기본회화패턴 2

Can I ask you to do it?
그렇게 해 줄 수 있어요?

Can I ask you to ~?는 「당신에게 ~을 부탁할 수 있습니까?」라는 의미입니다. Can I ~? (~할 수 있습니까?)는 May I ~? (~해도 괜찮겠습니까?)는 스스럼없는 사이에서 사용합니다.

A : Will you make 100 more copies?
B : Oh, I see.
A : **Can I ask you to do it by 12 o'clock?**
B : Sure, you can.

   A : 100장 더 복사해 줄래요?
   B : 알겠습니다.
   A : 12시까지 해줄 수 있겠어요?
   B : 물론, 됩니다.

기본회화패턴 3

Can I leave it up to you?
당신에게 맡겨도 되겠습니까?

상대에게 판단이나 일을 맡기고 싶을 때 쓰이는 표현입니다. leave ~ up to you는 「당신에게 ~을 맡기다」라는 의미입니다. 전화상에서 상대방에게 Can I leave a message?라고 하면 "전언을 남겨도 될까요?"라는 표현이 됩니다.

A : How about having dinner at that new French restaurant?
B : I think we need to make a reservation.
A : **Can I leave it up to you?**
B : Of course.

   A : 저 새로 생긴 프랑스 식당에서 저녁식사하는 건 어때?
   B : 예약이 필요할 건데.
   A : 당신에게 맡겨도 되겠지?
   B : 물론.

기본회화패턴 4

May I use your phone?
전화를 빌려도 되겠습니까?

May I ~? (해도 괜찮겠습니까?)는 여러 가지 상황이나 상대에 따라서 정중하게 허가를 구하는 표현입니다. 대답은 Yes, you may.「네, 좋습니다」, No, you may not.「아니오, 안 됩니다.」고 해도 되지만 허락을 할 경우에는 Sure. / Certainly.라고 대답하고, 거절할 때 I'm sorry.라고 한 다음 그 이유를 말하는 것이 일반적입니다.

A : **May I use your phone?**
B : Sure. Go ahead.
A : Thanks.

  A : 전화를 빌려도 되겠습니까?
  B : 좋아요. 자 쓰세요.
  A : 고마워요.

* use a phone 전화를 빌릴 때는 그 자리에서 사용하므로 동사는 use를 사용한다. 그러나 borrow는 "빌려가지고 가다"라는 의미가 있으므로, 이 경우는 borrow를 쓰지 않는다.

기본회화패턴 5

Is it all right if I borrow your car?
당신 차를 빌려도 되겠습니까?

Is it all right if I ~? (혹시 제가 ~해도 되겠습니까?)는 매우 정중한 표현입니다. all right 대신에 okay를 사용해도 좋습니다. 조동사의 과거형인 would를 써서 Would it be all right if I ~?라고 말하면 더욱 정중한 느낌을 줍니다.

A : **Is it all right if I borrow your car?**
B : I'm sorry, Jimmie. I'm using it all day today.
A : Just for an hour. Please.
B : I wish I could, but no.

  A : 네 차를 빌려도 되겠니?
  B : 미안, 제인. 오늘은 하루 종일 써야해.
  A : 1시간만 부탁해.
  B : 그렇게 하면 좋겠지만, 안 돼.

기본회화패턴 6

May I have permission?
허가해 주시겠어요?

permission은 「허가, 승인」이라는 의미입니다. May I have permission to~ ? (~하도록 허가를 해 주실 수 있어요?)는 공공 기관이나 학교 등에서 자신보다 위의 입장에 있는 사람에게 허가를 구할 때 쓰는 표현입니다.

A : Mr. Kim, I'm not feeling well. **May I have permission to leave?**
B : Yes, you may.

> A : 김 선생님, 몸이 안 좋은데, 조퇴를 허락해 주시겠어요?
> B : 물론, 그렇게 해요.

Persuasion

권유와 설득에 관한 표현

보통 상대방에게 무엇을 권유하거나 제안할 때 우리식 표현은 "~합시다, ~하실까요?"라고 표현할 수 있겠으나 영어에서는 자신의 바람이 내포된 문장 표현을 나타내기 때문에 청유형으로 나타내는 경우가 많습니다.

가령 Let's(Let us의 준말) ~. / How about ~? / Why don't you ~? / Do you want to ~? / Don't you ~? / Would you like to ~? 따위와 같은 문장패턴이 널리 활용되고 있는데 약간 뉘앙스 차이는 있습니다.

1) 제안의 형태 : Shall I ~? / May I ~?
2) 권유의 형태 : Would you like to ~? / Won't you ~? / Would you care for ~?
3) 청유의 형태 : Let's ~. / Shall we ~? / You'd better ~.
4) 여부의 형태 : What about ~? / How about ~? / Why don't you ~?

제안 · 권유에 대한 응답은 OK. / All right. / Please do. / That's a good idea. / That sounds good. 따위로 긍정적인 경우가 대부분입니다. 가령 거절할 경우에는 No, thank you. / Thank you, but I'd rather not. / I don't feel like it. / I'd love to, but ~. 등으로 예의를 갖추어 사양해야 합니다.

Let's의 표현법

여기서 Let's는 Let us의 줄인 말이며, 대개 「Let's + 동사 ~.」의 형태를 취하여 "~해 주세요, ~합시다"라는 어기를 담고 있습니다. 문장의 끝부분에 ~, shall we?(부가의문문)라고 덧붙이면 훨씬 말투가 부드러워지며, 억압적인 요청이 배제됩니다.

커피 한 잔 마시겠어요?

우쥬 라이커 커럽 커피
■ Would you like a cup of coffee?

Would you like ~?은 [우쥴라이]이라는 발음에 유의해야 한다.

저건 어때요?

하우 어바웃 댓
■ How about that?

구어체에서 주로 쓰이는 How about ~?은 Why don't you ~?라는 표현과 유사한 뉘앙스를 풍기는 표현이다. 한 잔하자고 상대방에게 제의를 할 때 How about a drink?라고 하면 된다.

시간 있으세요?

두 유 해브 타임
■ Do you have time?

Do you have the time?은 "몇 시 입니까?"라는 표현이며, Are you free now?라는 개념으로 사용되었음에 유의하자.

한 잔 할까요?

렛츠 해버 드링크 쉘위
■ Let's have a drink, shall we?

업무나 일을 종결할 때 사용할 수 있는 표현으로 Let's call it a day.(퇴근합시다.)라고 하면 된다.

그럼, 이렇게 합시다.

아일 텔 유 왓
■ I'll tell you what.

상대방에게 제안을 할 때의 표현인데 가령, Let me tell you what it means.(무슨 뜻인지 말씀해 드려도 될까요?)처럼 사용해도 무방하다.

다시 생각해 보시죠.
(검토해 보시죠.)

씽커 잇 오버
■ Think it over.

어떤 결정을 내릴 경우에 다시 신중하게 검토해 달라고 요청하는 표현으로 Think about it again.이라는 표현으로 대용된다.

서로 협상을 합시다.
(계약합시다. / 결정합시다.)

렛 츠 메 이 커 디 일
■ Let's make a deal.

어떤 조건을 내걸며 매듭을 짓고자 할 때 사용할 수 있는 표현이다. 또한 계약을 할 경우에도 사용된다.

당신 맘대로 하세요.

잇 츠 업 투 유
■ It's up to you.

어떤 결정을 내릴 때 상대방에게 모든 권한을 건네는 상황에서 It depends on you. / It's all up to you.라는 표현을 사용한다.

한번 도전해 보는 게 어때?

와 이 돈 츄 추 라 이 잇
■ Why don't you try it?

try it은 "시도하다, 도전하다"의 뜻으로써 상대방에게 격려를 할 때 사용되는 표현으로 Go for it.과 유사하게 활용되며, make it은 "약속을 정하다, 결정을 하다, 성공하다"라는 뜻으로 사용할 수 있다.

Let's의 관용 표현법

■ go 동사와 함께 표현하는 경우
Let's go!(자, 갑시다.!)
Let's go to page 150.(150페이지로 들어갑시다.)
Let's go out for driving.(드라이브하러 갑시다.)
Let's go out for a date.(데이트하러 나갑시다.)
Let's go shopping.(쇼핑하러 갑시다.)
Let's go to see a movie together.(함께 영화 보러 갑시다.)

■ have 동사와 함께 표현하는 경우
Let's have a drink.(술 한잔 합시다.)
Let's have a talk in my room.(내 방에서 이야기합시다.)
Let's have a rehearsal.(연습 한번 해봅시다.)
Let's have a conversation.(이야기 좀 합시다.)

■ take 동사와 함께 표현하는 경우
Let's take a break.(좀 쉽시다.)
Let's take a little walk.(잠깐 산책이나 하러 갑시다.)
Let's take a trip next month.(다음달에 여행을 갑시다.)
Let's take exception.(이의를 제기합시다.)

■ get 동사와 함께 표현하는 경우
Let's get something to eat.(먹을 것 좀 삽시다.)
Let's get together for lunch.(점심 식사를 함께 합시다.)
Let's get out and walk for a while.(잠시 산책 좀 합시다.)
Let's get to the point.(본론으로 들어갑시다.)

■ make 동사와 함께 표현하는 경우
Let's make things better.(더 좋은 제품을 만듭시다.)
Let's make something to eat.(먹을 것 좀 만듭시다.)
Let's make it for five.(5시로 합시다.)
Let's make it for October 4.(10월 4일로 정합시다.)

기본회화패턴 1

Would you like a cup of coffee?
커피 한잔 마시겠어요?

Would you like + 명사(구)?, 「~은 어떻습니까?」는 남에게 뭔가를 권유할 때 쓰이는 관용 표현입니다. 음식이나 음료를 권할 때 자주 쓰입니다. Would you like something to eat[drink]?라고 말하면, 「뭔가 먹을 것(마실 것)은 어떠십니까?」라는 뜻입니다.

A : Oh, I'm tired. Shall we take a break?
B : That's a good idea.
A : **Would you like a cup of coffee?**
B : Thanks. That will do.

> A : 아, 피곤해. 좀 쉽시다.
> B : 좋은 생각이야.
> A : 커피 한잔하는 게 어때?
> B : 고마워. 그거면 돼.

기본회화패턴 2

How about that?
저건 어때요?

How about ~? (~은 어때요?)는 상대의 제안이나 권유, 의사나 의향을 묻는 표현입니다. that을 this로 바꾸면 「이건 어때요?」, you로 하면 「당신은 어때요?」라는 뜻이 됩니다.

A : Let me see the suits in the show window.
B : Just a moment. Here you are.
A : I'm afraid I don't like this very much.
B : **How about that one?**

    A : 쇼윈도에 있는 옷 좀 보여 주세요.
    B : 잠시 기다리십시오. 자, 여기 있습니다.
    A : 미안해요. 별로 마음에 들지 않아요.
    B : 저것은 어떠십니까?

기본회화패턴 3

Do you have time?
시간 있으세요?

이 표현에서는 time 앞에 the를 붙이지 않도록 주의하세요. Do you have the time?이라고 말하면 「몇 시입니까?」라고 시간을 묻는 표현이 되어 버립니다. 그밖에 free(한가한)라는 말을 써서 Are you free?라고 하는 표현도 있습니다만, 그다지 정중한 표현이 아닙니다.

A : Do you have time tomorrow night?
B : I don't have any particular plans.
A : How about having dinner with me after work?
B : Sure.

    A : 내일 밤, 시간 있으세요?
    B : 별다른 일은 없는데요.
    A : 일이 끝난 후에 저녁을 함께 하지 않겠어요?
    B : 좋지요.

기본회화패턴 4

Let's have a drink, shall we?
한 잔 할까요?

Let's ~, shall we?는 「~할까요?, ~하실까요?」라고 상대에게 권유할 때 사용합니다. Let's have a talk. (이야기 좀 할까요?)라고 외워 둡시다. ~에 들어가는 drink, smoke, talk는 명사(구)입니다. 각기 「마실 것 한 잔」, 「담배 한 대」, 「이야기(수다)」라는 뜻입니다.

A : **Let's have a drink, shall we?**
B : Why not?
A : I'll treat you tonight.
B : How nice!

> A : 한 잔 할까요?
> B : 좋아요.
> A : 오늘밤은 내가 낼게요.
> B : 어머, 기뻐라.

* Why not? 「왜, 안 됩니까?」 즉, 「좋다」라는 의미이며, I'll treat you.(내가 쏠게.)는 It's on me. / I'll pay for dinner.와 동일한 표현이다.

기본회화패턴 5

I'll tell you what.
그럼, 이렇게 합시다.

이것은 다음에 말하려고 하는 것에 대해서 주의를 끌기 위해 쓰는 표현입니다. 정중하게 말하면 I'll tell you what I'll do.입니다. 상대방에게 강제로 따르기를 강요할 때 Do it this way.(이렇게 하세요.)라고 표현하면 됩니다.

A : I'm tired of playing video games.
B : What shall we do next?
A : Let me see …. **I'll tell you what.** Let's listen to some music.
B : Wow! You have lots of jazz CDs.
A : Yes. I'm crazy about jazz.

> A : 비디오 게임도 질렸어.
> B : 다음은 무엇을 하지?

A : 글쎄, 그럼 이렇게 하지. 음악을 듣자.
B : 와! 넌 재즈 CD를 많이 가지고 있구나.
A : 응, 난 재즈에 푹 빠졌어.

* be crazy about ~에 열광하다

상대방의 견해를 묻는 표현법

■ Why don't you ~?의 문형

Why don't you go to a movie?(영화 보러 가지 않을래요?)
Why don't you make friends with him?(그와 친구하지 않을래요?)
Why don't you ask her to dance with you?(그녀한테 춤을 청하지 않을래요?)
Why don't you wipe up the spilled coffee?(엎질러진 커피를 닦아주실래요?)
Why don't you take a break?(좀 쉴까요?)
Why don't you take this afternoon off?(오후에 조퇴해도 될까요?)

■ Shall we ~?의 문형

Shall we go out for lunch?(점심 식사하러 갈까요?)
Shall we go out for a walk?(산보하러 갈까요?)
Shall we talk about it?(그것에 관하여 이야기 좀 할까요?)
Shall we drop by my house?(저희 집에 잠깐 들러 주실래요?)

■ ~ shall we make it?의 문형

What place shall we make it?(어느 곳으로 정할까요?)
What time shall we make it?(몇 시로 정할까요?)
What theater shall we make it?(어느 극장으로 정할까요?)
What day shall we make it?(어느 날로 정할까요?)
What color shall we make it?(어떤 색으로 할까요?)
What size shall we make it?(어떤 싸이즈로 할까요?)

■ 기타 문형

Where shall we go this summer?(이번 여름에 어디로 가실까요?)
When shall we go shopping?(언제 우리 쇼핑 가실래요?)
What shall we do today?(오늘 우리 무얼 할까요?)
What shall we have for dinner?(저녁 식사로 무얼 드실래요?)

Advice

충고에 관한 표현

일반적으로 Let's ~. / Why don't you ~? / How about ~? 는 강한 권유 또는 충고의 느낌이 강하게 작용합니다. '충고'의 뜻을 나타내는 동사는 advise, recommend, suggest 등이 있습니다. I hope ~. / I'd accept ~. / I would like to ~.를 쓰면 간접적으로 권유를 나타내는 문장 패턴이며, 직접적으로 표현할 경우에는 You should ~ / You ought to ~ / You had better ~ 따위가 활용됩니다. 또한 아랫사람이나 서로 친한 사이라면 조동사 should, must, ought to 등을 써서 충고를 할 수도 있습니다. 보다 공손하고 정중한 표현은 Would you like to ~?를 쓰면 무난합니다.

상대방에게 충고를 요청할 경우에는 I'd like your advice.(저에게 충고 좀 부탁합니다.)라는 표현을 사용하며, 상대방의 충고에 감사의 인사를 할 경우에는 Thank you for your advice.(당신의 충고에 감사드립니다.)라고 표현하면 됩니다.

또한 상대방에게 어떤 말이나 행동을 가볍게 저지하고자 할 경우에는 You can't do that.(그러시면 안 됩니다.)라고 표현하기도 하지만 강하게 충고나 명령할 경우에는 You must go now.(지금 가야합니다.)처럼 사용하기도 합니다. 또한 Do it yourself. (자네가 직접 하게.) / Help yourself. (마음껏 드세요.) / Suit yourself. (좋을 대로하세요.) 따위처럼 「일반 동사 + 재귀대명사」문형을 사용하여 나타내면 훨씬 어감이 강하게 전달될 것입니다.

please 용법

please라는 말을 문두(Please + 명령문!)나 문미(명령문 + please!)에 덧붙여 부드러운 명령 표현으로 즐겨 사용하기도 합니다만 이러한 표현은 의뢰나 부탁의 어기가 더 강하다고 보는 것이 타당할 듯싶습니다.

조심하는 게 좋겠네요.

유 드 베러 비 케어플
■ You'd better be careful.

had better(~하는 편이 낫다, ~하는 편이 좋다)의 대용으로 조동사 should를 사용해도 무방하다.

그렇게 비관적으로 생각하지 않는 게 좋겠어요.

유 드 베러 낫 비 쏘 페시미스틱
■ You'd better not be so pessimistic.

You had better not ~ (~하지 않는 편이 좋겠어요.)라는 문형으로 might as well의 강한 부정형이라고 이해하면 쉽게 이해될 듯하다.

당신은 더 자주 부모를 찾아뵈어야 합니다.

유 슛 비짓 유어 패런츠 모어 오픈
■ You should visit your parents more often.

미국에서는 shall의 과거라기보다 must나 ought처럼 독립된 조동사로 본다. ought to, must보다 뜻이 약하며, 종종 의무보다는 권고를 나타낼 때 사용된다.

확인했습니까?
(확인해 보셨나요?)

디 쥬 메익 슈어
■ Did you make sure?

make sure는 "확인하다, 반드시 ~하다"라는 뜻으로 사용된다.

그것을 네 아버지와 의논해보는 게 어떠니?

와이 돈츄 토크 잇 오버 위쥬어 파더
■ Why don't you talk it over with your father?

권유나 제안을 할 때 비교적 공손한 표현으로 Why don't you ~? 를 활용하는데 How about ~?으로 대용해도 무리가 없을 것이다.

참견하지 마.

마인드 유어 온 비지니스
■ **Mind your own business.**

남의 일에 간섭할 때 충고할 수 있는 표현으로 It's none of your concern. / That's none of your business. 등이 주로 활용된다.

성급하게 굴지 마. / 서둘지 마.

이지 더즈 잇
■ **Easy does it!**

가령 Calm down.(침착해.) / Be quiet.(조용 좀 해.)처럼 명령문을 활용하면 어감이 강해진다.

잠깐만 기다려! / 그만해.

홀드 잇
■ **Hold it!**

상대방의 말을 저지하는 표현으로 Stop it. / Cut it out. / Knock it off. 등을 사용한다.

서둘러.

허리 업
■ **Hurry up!**

앞에서 언급한 Easy does it.이라는 표현과 반대되는 표현으로 Get a move on. / Make it snappy. / Step on it.라고 독촉하는 표현이다.

자업자득이야. / 꼴 좋다.

유 애스크더 훠 잇
■ **You asked for it.**

상대방의 행동을 비난할 때의 유사한 표현으로 You deserves it.도 활용된다.

입 조심해. / 말 조심해.

와치 유어 텅
■ **Watch your tongue.**

Watch your step.(발 조심해.) / Watch out for cars.(차 조심해.) / Beware of pickpockets.(소매치기 조심.-게시용어-) / Be alert to con artists.(사기꾼을 조심하시오.) 등과 같은 주의나 충고 표현도 알아두자.

나이 값 좀 해라.

액츄어 에이지
■ **Act your age.**

Be a man.(남자답게 행동해.)

기본회화패턴 1

You'd better be careful.
조심하는 게 좋겠네요.

had better (~하는 게 좋다)는 딱딱하고 고압적인 느낌으로 친구나 아랫사람에게만 씁니다. 윗사람에게 충고할 때는 How about ~? (~은 어떻겠습니까?)이나 It would be better for you to ~. (~하는 게 좋을지도 모르겠습니다) 등의 표현을 사용하는 게 좋습니다. 동료나 아랫사람에게 대해서도 상대의 관계나 상황, 뉘앙스에 유의합니다.

A : Are you seeing Tom?
B : Yes I am.
A : **You'd better be careful with him.** He's a complete liar.
B : How do you know that?

> A : 탐과 만나고 있니?
> B : 그래.
> A : 그를 조심하는 게 좋겠어. 거짓말쟁이라서 말이야.
> B : 어떻게 알아?

기본회화패턴 2

You'd better not be so pessimistic.
그렇게 비관적으로 생각하지 않는 게 좋겠어요.

had better ~의 부정형은 had better not ~ 「~하지 않는 게 좋다」가 됩니다. You'd better not ~. 에서 not의 위치가 바뀌지 않도록 주의하세요.

A : You seem to be depressed these days. What's happened?
B : I flunked the exam again. I'll never graduate.
A : **You'd better not be so pessimistic.**

    A : 요즘 침울해 보이는데, 무슨 일 있니?
    B : 또 시험을 못 봤어. 졸업하기 힘들 것 같아.
    A : 그렇게 비관적으로 생각하지 않는 게 좋겠어.

기본회화패턴 3

You should visit your parents more often.
당신은 더욱 자주 부모님을 찾아뵈어야 합니다.

충고의 표현에는 You should ~. (당신은 ~해야 합니다.)라는 당연이나 필연의 표현도 있습니다. 이것은 듣는 사람에게 부담을 지우는 듯 강한 표현이므로 주의하세요. should에 강세를 두어 말하면 더욱 뉘앙스가 강해집니다.

A : Mom calls me every day!
B : When was the last time you saw her?
A : More than a year ago.
B : **You should visit your parents more often.**

    A : 어머니는 매일 전화를 주시지!
    B : 마지막으로 어머니를 만난 것은 언제지?
    A : 1년 이상 되었어.
    B : 너는 더욱 자주 부모님을 찾아뵈어야 해.

기본회화패턴 4

Did you make sure?
확인했습니까?

make sure는 「확실히 확인하다, 재확인하다」라는 의미입니다. make ~ sure 또는 뒤에 구가 이어질 때는 make sure (that) ~의 형태로 사용합니다. 재차 확인할 때 Did you make it sure?라고 물어봅니다.

A : Did you get a message from John?
B : Yes. We are supposed to meet at 10 tomorrow.
A : **Did you make sure?**
B : Not yet. I'll call him back later.

> A : 존에게 메시지는 받았습니까?
> B : 예, 내일 10시에 만나기로 되어 있습니다.
> A : 분명히 확인했습니까?
> B : 아직 하지 않았습니다. 나중에 전화를 해서 확인하려고 합니다.

Why don't you talk it over with your teacher?
그것을 네 선생님과 의논해보는 게 어떠냐?

Why don't you ~? (~하면 어때요?)는 상대에게 제안할 때 씁니다. 주어는 I 또는 We로 하고 Why don't I ~? (제가 하는 것은 어떻습니까?) 라는 문형은 Why don't I tell him? (내가 그에게 말하는 것은 어때요?), Why don't we ~? (우리들이 ~하지 않을래요?)라는 문형은 Why don't we eat out? (밖에서 식사를 하는 게 어때요?)라는 형태로 많이 쓰입니다. talk over는 「서로 이야기하다, 의논하다」는 뜻입니다.

A : Congratulations! I heard you've been accepted at two universities.
B : Thank you. But I can't decide which one I should go to.
A : **Why don't you talk it over with your teacher?**

> A : 축하해요! 두 개 대학에 합격하다니.
> B : 고마워요. 하지만 어디를 가야 할지 결심이 서지 않습니다.

A : 그것을 당신 선생님과 의논해 보는 게 어때요?

* I heard ~ (~이라고 하더군요, ~라고 들었다)

Making Requests

요청이나 부탁에 관한 표현

상대방에게 부탁이나 요청을 할 때 어느 정도의 예의를 갖추는 것이 필요합니다. 특히 서양인들은 개인적인 성향이 강하기 때문에 타인에게 베푸는 것도 신중하지만 의지하려는 경향도 적고, 또한 타인에게 피해를 끼치는 행위 자체를 피하려고 합니다.

『Please + 명령문』, 『명령문 + please』라는 표현을 유독 많이 사용합니다. 뿐만 아니라 평소 대화할 때 조동사(can, will, may)를 즐겨 사용합니다. 정중하게 요청할 때 지금까지 보아온 것처럼 조동사의 과거형을 써서 Could you ~? / Would you ~?처럼 표현하기도 하며, Do you mind~?와 같은 문장도 사용합니다. 이럴 경우의 could와 would에는 "가능하다면, 만약 할 수 있다면" 따위의 가정의 뜻이 내포되어 있다고 생각하면 이해하기 쉬울 것입니다. 특히 유의해야 할 표현으로 Won't you ~, please?라는 문장은 상대방에게 허락을 요청하는 표현인데 "꼭 부탁합니다."의 의미가 강합니다.

부탁의 응답 표현법

상대방의 부탁에 수락할 경우의 응답표현입니다.

① Certainly.
② Of course. / Sure thing.
③ Sure. / Okay. / O.K.
④ Go ahead.
⑤ No sweat.
⑥ Be my guest.
⑦ I'd love to. / I'll be glad to. / With pleasure.

물론 거부할 때의 표현으로는 I'm sorry, but I can't.라는 표현이 가장 널리 쓰입니다.

정중하게 요청이나 부탁을 할 때 하는 표현으로 May I ask a favor of you? / Will you do me a favor? / I have a favor to ask you. / I want to ask you a favor. 등이 있는데 이러한 표현은 쇼핑을 할 때 매장 직원이 보통 하는 말은 May I help you? 혹은 What can I do for you?와 구별해야 합니다.

남자에게는 Morning, Sir.과 같이 표현하며, 여자에게는 Good morning, ma'am과 같이 사용하면 되는데 편지와 같은 문어체에서의 인사말인 Dear, Sir.라는 표현도 함께 알아두도록 합시다.

기본회화 따라잡기

집까지 차로 데려다 주지 않을래요?

캔 유 드라이브 미 홈
■ Can you drive me home?

여기서 drive는 "차로 태워다 주다"의 뜻으로 쓰였으며, 부탁의 어기가 강하게 내포된 표현이다. Would you take me to ~?(~까지 데려다 줄래요?)라는 표현도 마찬가지이다.

오늘밤에는 설거지를 해 줄 수 있겠니?

쿠쥬 두 더 디쉬즈 투나잇
■ Could you do the dishes tonight?

do the dish (접시를 씻다, 설거지를 하다)

좀 도와주실래요?

우쥬 헬프 미
■ Would you help me?

도움을 요청할 때 May I ask you a favor? / Would you give me a hand? / Do you mind if I ask you a favor? 등과 같이 표현한다.

여기서 담배를 피워도 되겠습니까?

두 유 마인 이퐈이 스모크 히어
■ Do you mind if I smoke here?

Do you mind if I ~?의 문형은 우리말의 "~해도 괜찮겠습니까?" 정도의 뉘앙스가 담겨 있다고 보면 된다.

이번 토요일에는 출근할 수 있습니까?

두 유 씽 유 쿠드 웍 디스 세러데이
■ Do you think you could work this Saturday?

Do you think ~? 는 문장속에서 삽입구의 형태로도 활용되곤 한다.

전화 좀 빌릴 수 있을까요?

메 아이 유즈 유어폰
■ May I use your phone?

이럴 경우에는 borrow라는 동사를 대용해도 될 것 같지만 안 된다는 사실을 명심해야만 한다.

부탁 관련 표현

요청 · 부탁 관련 표현법
- Coffee, please.(커피 좀 주세요.)
- Please give me that magazine.(잡지 좀 주실래요?)
- May I be excused?(실례합니다만? / 죄송합니다만?)
- Will you pass me the salt?(소금 좀 건네주시겠어요?)

구어에서 활용되는 표현
- Come on! : 어서 빨리 해! / 이리 와!
- Come in! : 들어오시오! *Come in, won't you?
- Look out! : 조심해. *Watch out!
- Be quiet! : 조용히 해!
- Be my guest. : 사양하지 마시고 드십시오.
   *먼저 하세요.(After you.)
- Forget it! : 괜찮아. / 염려 마. *Never mind!
- Go on! : 계속해! *Go ahead.
- Hurry up! : 서둘러! *Step on it.
- Take it easy! : 차분하게 해! / 진정해! *Calm down.
- Sleep well! : 잘 자! *Take care.
- Please forgive me. : 용서해 주세요. *Pardon me.

기본회화패턴 1

Can you drive me home?
집까지 차로 데려다 주지 않을래요?

Can you ~?는 「~해 주지 않을래?, ~할 수 있니?」라는 느낌의 스스럼없는 구어적인 표현입니다. 친구나 친한 사이에 많이 사용합니다. 문미에 please를 붙여서 Can you ~, please?라고 하면 조금 정중한 표현이 됩니다.

A : I'll give you a ride.
B : Thanks. **Can you drive me home?**
A : No problem.

> A : 차를 태워 줄게.
> B : 고마워. 집까지 데려다 줄 수 있니?
> A : 그럼.

* give ~ a ride (~을 태워 주다)
* drive ~ home (차로 ~을 데려다주다)

기본회화패턴 2

Could you do the dishes tonight?
오늘밤에는 네가 설거지를 해 줄 수 있겠니?

Could you ~?는 「~할 수 있을까」라고 조심스럽게 묻는 표현입니다. Can you ~?보다도 정중하고 조심스러운 느낌이 있습니다. do the dishes 는 「설거지를 하다」라는 뜻입니다. 동사 do를 사용해서 do the laundry 「세탁을 하다」, do lunch 「점심을 먹다」등 다양하게 표현할 수 있습니다.

A : I'm so tired.
B : You look exhausted.
A : **Could you do the dishes tonight?**
B : Okay. No problem.

A : 무척 피곤한데.
B : 녹초가 된 것 같아.
A : 오늘밤에 설거지 좀 해줄 수 있겠니?
B : 네, 그럴게요.

* exhausted 녹초가 된, 몹시 피곤한

기본회화패턴 3

Would you help me?
거들어 주지 않을래요?

Would you ~?는 Will you ~?의 정중한 표현입니다. 상대의 의사 (will)에 맡기는 것이므로 Would you ~?(~해 주시겠어요?)는 매우 정중한 표현입니다. 구체적으로 도와주고 싶을 때는 Would you help me with my work?(저의 일 좀 거들어 주지 않을래요?)처럼 전치사 with를 사용합니다.

A : **Would you help me?**
B : Yes, of course.
A : I want to move my desk in that corner. It's so heavy.
B : Don't worry. I'm a strong man like Hercules.

A : 좀 도와줄래요?
B : 예, 좋아요.
A : 내 책상을 저 구석으로 옮기고 싶은데, 너무 무거워요.
B : 걱정 말아요. 내가 헤라클레스처럼 힘이 세니까요.

기본회화패턴 4

Do you mind if I smoke here?
여기서 담배를 피워도 되겠습니까?

Do you mind ~?(~해도 상관없습니까?)는 상대의 의사를 묻는 표현입니다. Do you mind -ing ~? 또는 Do you mind if I ~?의 형태로 쓰입니다. 대답이 「상관없다」이면 No. / Not at all. 이 되고, 아니면 I'm sorry I do.가 되며, 보통 의문문에서는 Yes, No가 반대로 표현되는 것에 주의합시다.

A : **Do you mind if I smoke here?**
B : No, not at all.

  A : 여기서 담배를 피워도 되겠습니까?
  B : 네, 피우세요.

기본회화패턴 5

Do you think you could work this Saturday?
이번 토요일에는 출근할 수 있겠습니까?

Do you think you could ~?를 직역하면 「당신은 ~할 수 있다고 생각합니까?」가 됩니다. 매우 완곡하게 격식을 차려서 하는 부탁 표현입니다. 부탁하기 곤란한 일을 말할 때 사용합니다.

A : **Do you think you could work this Saturday?**
B : I'd like to, but I can't. I have my sister's wedding.
A : How about staying late tonight?
B : That'll be fine.

  A : 이번 토요일에 출근할 수 있겠어요?
  B : 그렇게 하고 싶은데 안 되겠습니다. 여동생 결혼식이 있어서요.
  A : 오늘밤 잔업을 하면 어떻겠어요?
  B : 그건 괜찮습니다.

Rejections

거부나 거절에 관한 표현

상대방의 부탁이나 요청을 거절할 경우에는 조동사의 부정형을 활용하여 될 수 있는 대로 정중하게 표현할 필요가 있습니다. 문장 앞에 I'm sorry ~ / I'm afraid ~로 시작하여 정중하게 거절하는 게 좋습니다.

이러한 제안?권유에 대하여 받아들이는 태도가 매우 중요한데 그 응답 표현으로 OK. / All right. / Please do. / That's a good idea. / That sounds good. 따위로 긍정적인 경우가 대부분인데 거절할 경우에는 No, thank you. / Thank you, but I'd rather not. / I don't feel like it. / I'd love to, but ~. 따위로 어느 정도 예의를 갖추어 사양해야 합니다. 그러나 완강하게 거절할 경우에는 No way! / Never! / Certainly not! 따위와 같은 표현을 사용합니다.

상대방의 부탁이나 제안에 대하여 만약 거절할 경우에는 I am sorry, but I can't.이나 I'm sorry I'd rather not이라는 문형을 활용하면 됩니다. 가령, 어떤 사람과 약속을 정할 경우에 선약이 있어서 안 될 때 I can't make it.(전 안돼요.)라고 표현하면 되며, 또한 곤란한 입장에 처했을 경우에는 It's a troublesome question. / It's a difficult problem.(그건 좀 곤란한 문제입니다.)라고 표현할 수도 있습니다.

일반적으로 자기 자신이 곤경에 처해 있음을 나타내는 표현으로는 I'm in a jam. / I'm in a trouble. / I'm really in stuck.(난 곤경에 처해 있어요.)라는 표현을 널리 사용하는 경향이 있습니다.

거절의 정중한 표현법

거절할 경우에는 No, thank you. / Thank you, but I'd rather not. / I don't feel like it. / I'd love to, but ~. 따위로 어느 정도 예의를 갖추어 사양해야 합니다.

도움이 되지 못해서 미안합니다.

아 임 쏘 리 아 이 캔 헬 프 유
■ **I'm sorry, I can't help you.**

서양인들은 예의범절 측면에서 보면 동양인에 비하면 너두도 사무적이기 때문에 인간미가 없다고 생각할 경우가 많은데 실제로 I'm sorry. / Excuse me. / Thank you. 등과 같은 표현이 생활화 되어 있음을 볼 수 있을 것이다.

미안하지만, 그건 확실하지 않습니다.

아 임 쏘 리 아 임 낫 슈 어
■ **I'm sorry, I'm not sure.**

Are you sure ~?라는 질문에 대한 응답으로 다소 애매한 상황에서 I don't know.라는 뜻을 나타낸다.

유감스럽지만 할 수 없습니다.
할 수 있으면 좋겠지만.

아 임 소 리 아 이 캔 아 이 위 쉬 아 이 쿠 드
■ **I'm sorry, I can't I wish I could.**

상대방이 허가나 허락을 요청할 경우에 완곡하게 거절하는 요령으로 사용된다.

동의하기 힘들 것 같습니다.

아 임 어 후 레 이 드 아 이 캔 어 그 리 위 쥬
■ **I'm afraid I can't agree with you.**

앞에서의 sorry나 afraid와 같은 낱말에는 유감의 뉘앙스가 담긴 어투이므로 유의하길 바란다.

고마워요. 그렇게 하고 싶은데,
할 수 없습니다.

땡 큐 아 이 드 라 투 버 라 이 캔
■ **Thank you. I'd like to, but I can't.**

상대방에게 거절할 경우에는 I'm afraid나 I'd like to 와 같은 문형이 관용적으로 활용된다.

미안하지만 그렇게는 안 될 것 같아요.

아임 어후레이드 아이 캔 두 댓
- **I'm afraid I can't do that.**

  상대방의 제안에 거절할 경우에는 I'm afraid not.(죄송합니다.)라고 표현해도 무방하다.

안됩니다. 그건 너무 무리한 요구입니다.

노 아이 캔- 유어 애스킹 투 머치
- **No, I can't. You're asking too much.**

  상대방의 무리한 요구에 대하여 거절하는 표현으로 That's out of the question.(말도 안 돼! / 어림없어!)이라는 표현이 널리 활용된다.

이젠 어쩔 도리가 없군요.

잇 캔 비 헬프드 나우
- **It can't be helped now.**

  There's nothing we can do now.라는 표현으로도 대체할 수 있다.

기본회화패턴 1

I'm sorry I can't help you.
도움이 되지 못해서 미안합니다.

요청이나 부탁을 거절할 때는 No, I can't.(안 됩니다. 할 수 없습니다.)라고 직접적으로 말하면 상대방이 당황하기 쉽다. I'm sorry.로 「유감스럽지만, 미안합니다만」라고 먼저 시작해야 상대방을 배려하는 부드러운 거절의 표현이 된다.

A : Could you help me input the data?
B : **I'm sorry I can't help you now.** I have a meeting at three.
A : That's all right. I'll ask Lisa.

  A : 데이터 입력을 거들어 줄 수 있겠어요?
  B : 죄송하지만, 지금은 해 드릴 수 없습니다. 3시에 회의가 있습니다.
  A : 괜찮아요. 리사에게 부탁해 볼게요.

기본회화패턴 2

I'm sorry, I'm not sure.
미안하지만, 그건 확실하지 않습니다.

I'm sorry I'm not sure.는 「미안하지만, 그 것에 대해서는 확신이 없습니다」라는 의미입니다. 무언가를 듣고도 알 수 없거나, 대답에 자신이 없을 때 쓰는 표현입니다. sure는 「확실하고 자신이 있다」라는 의미입니다. 이 경우도 문장 첫머리에 I'm sorry.라고 유감을 나타내면 좋겠지요.

A : Is Charles from Canada?
B : **I'm sorry, I'm not sure.**
A : Will you ask him for me?
B : Okay.

　　A : 찰스는 캐나다 출신입니까?
　　B : 잘 모르겠습니다.
　　A : 그에게 물어봐 주실래요?
　　B : 알겠습니다.

기본회화패턴 3

I'm sorry, I can't. I wish I could.
유감스럽지만 할 수 없습니다.
할 수 있으면 좋겠지만.

「~을 할 수 있습니까?」라고 상대가 물으면 I'm sorry I can't, (할 수 없어요.)라고 대답한 후에 가능한 희망을 나타내는 I wish I could. (할 수 있으면 좋겠지만.)이라는 표현을 덧붙여 봅시다. 「할 수 없는 것은 나에게 있어서도 매우 유감이다」라는 뉘앙스를 풍깁니다.

A : I hear Mr. Kim speaks good Chinese. Can you speak Chinese, too?
B : **I'm sorry, I can't. I wish I could.**

　　A : 김은 중국어를 잘하는 것 같아요. 당신도 중국어를 할 수 있어요?
　　B : 유감스럽지만, 하지 못합니다. 할 수 있으면 좋겠는데.

기본회화패턴 4

I'm afraid I can't agree with you.
동의하기 힘들 것 같습니다.

상대의 요청이나 부탁 등을 거절할 때 I'm sorry 대신에 I'm afraid ~ (~미안하지만, 유감스럽지만)도 많이 문장의 첫머리에 쓰입니다. I'm afraid ~는 상대에게 어렵게 거절하는 말을 할 때 씁니다.

A : That new French restaurant is really good.
B : **I'm afraid I can't agree with you.**
A : How come?
B : Because their food is too expensive.

    A : 저기 새로 생긴 프랑스 식당은 무척 좋던데.
    B : 미안하지만, 난 그렇게 생각하지 않아.
    A : 왜?
    B : 저 가게 요리는 너무 비싸서 말이야.

    * How come?(= Why?) 어째서, 왜?

기본회화패턴 5

Thank you. I'd like to, but I can't.
고마워요. 그렇게 하고 싶은데, 할 수 없습니다.

완곡하게 거절하고 싶을 때 쓰는 표현입니다. 먼저 Thank you. 「고마워요.」라고 말한 후, I'd like to, but~ (그렇게 하고 싶지만)이란 호의적 긍정적인 표현을 덧붙여서 부드럽게 거절하면 됩니다.

A : How about going to a concert with me tomorrow?
B : **Thank you. I'd like to, but I can't.**
A : Why not?
B : We are having a birthday party for Mom.

    A : 내일 나와 함께 콘서트에 안 갈래?
    B : 고마워. 그렇게 하고 싶은데, 안 돼.
    A : 왜 갈 수 없니?
    B : 내일 어머니 생일 파티가 있어.

Exclamations

감탄에 관한 표현

Oh!는 놀라울 때, 고통스러울 때, 애석할 때, 딱할 때, 믿어지지 않을 때 등의 경우에 사용하는 감탄사로서 우리말의 『오!』, 『이런!』, 『아이구!』, 『저런!』, 『설마!』 따위의 표현에 해당합니다. Oh, no! / Oh, yeah! / Oh, my God! / Oh, dear! / Oh, really!등과 같은 표현은 비교적 익숙합니다. 이밖에 놀라움을 나타내는 감탄사로서 Oops!(야단났군!) / Eek!(앗!, 아이쿠!) / Ouch!(아얏!, 아파!) / Uh-oh!(아차!, 이런!) / Whew!(아휴!) / Yuck!(윽!) 등이 있습니다.

또한 다소 부정적인 표현에 활용되는 Oh, no!(싫어!) / Oh, God!(제기랄!) / Oh, hell!(빌어먹을!) / Oh, my gosh!(빌어먹을!) / God damn!(하느님 맙소사!) / Oh, how awful!(지긋지긋해!) 따위처럼 감탄사를 이용하여 표현하는 방법도 있습니다.

일반적으로 감탄사는 Wow! / Good grief! / Yipes! / Well, ~! 등이 있으며 좋지 않은 상태의 놀라움을 나타낼 경우에는 How do you like that!(어쩜, 이럴 수가!) / What do you think of that!(어쩜, 그럴 수가!) 등과 같이 표현하기도 합니다.

상대방에게 위로를 건네는 표현으로는 That's a pity.(불쌍하게 됐군요!) / That's too bad.(그것 참 안됐군요!) / That's unfortunate.(그것 운이 없군요!) 등을 씁니다.

동정이나 위로의 표현법

동정의 표현 다음에는 반드시 위로, 격려의 말을 건네주는 태도를 갖는 것이 필요합니다. 가령, Cheer up!(기운 내!) / Come on!(힘내!) / Never mind!(걱정 마세요!) / Don't be nervous!(염려 마세요!) / Take it easy.(마음 편하게 가지세요!) 등과 같이 표현하면 됩니다.

믿을 수 없어!

인크래디블
■ Incredible!

I can't believe it.처럼 믿기 어려운 상황에서 사용되는 감탄표현으로 예상 밖의 결과에 대하여 나타내는 어법이다. 가령, Don't you think his acting was incredible?(그의 연기력은 놀랍지 않습니까?)라고 표현할 수도 있을 것이다.

아이고! 큰일이다!

오 마이 고쉬
■ Oh, my gosh!

gosh는 God의 완곡한 표현이므로 Oh, my God!과 동일한 표현이며, "이런", "아뿔사" 정도의 어감을 나타낸다. 서양인들은 감탄을 할 때 주로 신(God)을 찾는데 비해 동양인들은 부모나 조상을 찾는 습관에서 유래된 관용표현법이다.

저런! 아이구머니나!

지
■ Gee!

gee는 Jesus를 완곡하게 단축한 표현으로써 "아이구머니나, 저런, 아이 깜짝이야" 등의 뜻으로 사용된다.

행운이야!

하우 럭키
■ How lucky!

전혀 예상하지 않았던 결과가 초래되었을 때 혹은 수고로움 없이 횡재한 느낌이 강할 때 사용할 수 있는 어투이다. 마치 신도 자기편인 양 의기양양한 표정을 지으며 How lucky!라고 외치면 된다.

잘 했어!

웰 던
■ Well done!

칭찬을 할 때 (You did a) Good job!이라는 표현을 즐겨 사용한다.

얼마나 멋져요!

하우 나이스
■ How nice!

대부분의 감탄 표현은 부정적인 상황에서 긍정적인 상황 전개시에 활용되는 표현인 반면에 이러한 표현은 앞에서 제시한 How lucky! 와 마찬가지로 당연한 결과에 대하여 감탄사를 표출하는 어법이다.

그것 참 안 됐군요.

댓츠 투 벳
■ That's too bad!

유사한 표현으로 That's a shame.으로 대용해도 무방하다.

그건 있을 수 없어요!

댓츠 임파써블
■ That's impossible!

유사한 표현에는 That cannot be the case.가 활용되며, 정반대의 표현으로는 It may well be so. / That is not impossible.는 "그럴지도 모릅니다."라는 뜻으로 사용된다.

유감스럽군요!
(정말 애석하군요!)

와러 피티
■ What a pity!

유감이나 동정을 나타낼 때 Poor thing! / What a shame! / That's awful! 등과 같은 표현이 유용하게 활용된다.

그래요?

리얼리
■ Really?

반문의 어기가 담겨 있는 표현이지만 감탄을 할 경우에도 Are you serious? / Do you swear? / You're kidding? / You bet? 등과 같은 표현을 사용한다.

설마, 농담이죠?

유 머숫 비 키딩
■ You must be kidding?

상대방의 말이 믿기지 않을 때 다소 반문의 어기으로 활용되며, 유사한 표현으로 You must be joking? / You don't mean it, do you? 등도 사용되고 있다.

질문의 방법 및 표현법

1. 부가 의문문형
평서문의 뒤에 의문문의 생략형을 부가하는 용법으로 보통 긍정문에는 부정 의문문의 생략형을 덧붙이고, 부정문에는 긍정 의문문의 생략형을 덧붙여 준다. 단, 확인이나 다짐을 나타낼 경우에는 내림조로 하며, 상대방에게 질문을 하는 경우라면 올림조로 한다.
 ex) You're tired, aren't you?
    Then you won't help me, will you?

2. 일반 의문문형
문두에 주로 조동사나 be동사를 이용한 의문문의 형태를 의미하며, 문미에 의문부호(?)를 덧붙여 준다.
 ex) May I help you?
    Is there anything I can do for you?

3. 의문사가 있는 의문문형
단지 문두에 의문사(5W1H)가 위치할 뿐 의문문과 동일한 형태를 취한다.
 ex) What do you think of my hair style?
    How would you like your coffee?

4. 회화에서의 의문문형
회화에서는 간약형을 자주 사용하며, 평서문도 문미에 억양을 올려줌으로써 의문의 어감을 취하는 경우도 있다.
 ex) Your name, please(↗)?
    You know how to use this machine(↗)?

5. 선택 의문문형
특히 기호를 나타내는 것으로서 둘 이상의 것 중에 어떤 것을 선택할 것이냐?를 ~, A(↗) or B(↘)?형태로 나타낸다.
 ex) Which would you prefer, beer or wine?
    Did you order tea or coffee?

6. 간접 의문문형
평서문이지만 문두에 I wonder ~. / Let me know ~. 따위의 문형을 이용하여 간접적으로 의문의 뜻을 피력하는 방법이 있다.
 ex) I wonder if it'll rain tomorrow.
    Let me know when you'll arrive in Seoul.

기본회화패턴 1

Incredible!
믿을 수 없어!

incredible는 「믿을 수 없는, 믿기 불가능한」라는 뜻입니다. 「대단하다!, 믿을 수 없다!」라는 심정을 나타낸 표현입니다. 「당치도 않는」 또는 「터무니없는」의 형용사로도 쓰입니다.

A : How was the movie?
B : **Incredible!**
A : How incredible?
B : You should see it for yourself.

A : 영화는 어땠어?
B : 대단했어!
A : 어떻게 대단했니?
B : 네가 직접 보렴.

* How was ~? ~은 어땠습니까?

기본회화패턴 2

Oh, my Gosh!
아이고! 큰일이다!

생각보다 시험 성적이 나쁘거나 뜻밖의 선물을 받았을 때 우리는 「엣!, 어머나!」 하고 말하지요. Oh, my Gosh!는 좋은 일, 나쁜 일 양쪽 모두 놀랐을 때 쓰는 말입니다.

A : **Oh my Gosh!** I forgot my purse somewhere!
B : Do you have any idea where you left it?
A : Probably in the coffee shop.

> A : 아이고! 지갑을 놓고 왔어.
> B : 어디에 놓고 왔는지 아니?
> A : 아마 커피숍일 거야.

기본회화패턴 3

Gee!
저런! 아이구머니나!

이것도 Gosh!와 마찬가지로 긍정·부정 모든 상황에서 쓸 수 있는 놀랐을 때 하는 말입니다. 또 Gee! This is not what I ordered.(저런! 이건 내가 주문한 것이 아닙니다.)처럼 불평을 나타내는 경우도 있습니다. 이것도 적당히 사용하시길 바랍니다.

A : **Gee!** It's raining outside.
B : That means we can't play baseball.
A : Right.

> A : 저런! 밖에 비가 내리잖아.
> B : 야구는 할 수 없겠는데.
> A : 그래.

기본회화패턴 4

How lucky!
행운이야!

How lucky!는 「얼마나 행운인가!」라는 의미입니다. 상대의 능력이나 노력에 관계없이 무언가 좋은 일이 일어났거나 성공을 거둔 경우에도 씁니다.

A : I won second prize in the lottery.
B : How many tickets did you buy?
A : Just one.
B : **How lucky!**

  A : 복권이 2등에 당첨되었어.
  B : 몇 장 샀는데?
  A : 단 한 장이야.
  B : 땡잡았구나!

기본회화패턴 5

Well done!
잘 했어!

무언가를 잘 이루어 낸 상대에 대해 말하는 칭찬의 표현입니다. 정식으로는 You've done it well.이라고 말합니다. 유사한 표현으로 You did a good job.이라는 표현도 Good job.으로 널리 사용된다.

A : Look! I got an A on my paper.
B : **Well done!**
A : My teacher praised me in front of the class.
B : I'm proud of you.

  A : 봐! 리포트로 A를 받았어.
  B : 잘 했구나!
  A : 반 전체 앞에서 선생님이 칭찬해 주셨어.
  B : 좋겠구나.

  * I'm proud of you. (나는 당신을 자랑스럽게 생각합니다.)가 직역인데, "훌륭해, 좋겠어"라는 느낌으로 사용되는 칭찬 표현이다.

기본회화패턴 6

How nice!
얼마나 멋져요!

감탄문 〈How + 형용사·부사〉입니다. nice 자리에 wonderful 「멋지다」, terrible 「심하다」 등 다른 형용사로 바꾸어 쓸 수 있습니다.

A : What do you think of my new jacket?
B : **How nice!** I like the design. It looks nice on you.
A : Thank you.

> A : 이 새 재킷 어때?
> B : 무척 멋진데! 디자인이 좋아. 너에게 잘 어울려.
> A : 고마워.

기본회화패턴 7

Poor thing!
가엾기도 해라!

동정의 마음을 나타내는 표현입니다. 여기서 poor는 「가난한」의 뜻이 아니라 「가련한, 불행한」의 뜻입니다.

A : I feel dizzy.
B : Did you check your temperature?
A : Yes. It was 38 degrees.
B : **Poor thing!** Go back to bed and get some sleep.

> A : 나, 어지러워.
> B : 체온은 쟀니?
> A : 응, 38도였어.
> B : 딱해라! 침대로 가서 조금 자거라.

기본회화패턴 8

That's impossible!
그건 있을 수 없어요!

impossible은 「있을 수 없는, 불가능한」이라는 뜻입니다.

A : Have you heard they broke up?
B : **That's impossible!**
A : No, it isn't.
B : I don't understand why.

> A : 둘이 헤어졌다는 것 들었니?
> B : 그럴 리가 없어!
> A : 그게 사실이야.
> B : 이유를 모르겠는데.

* break up (부부, 연인 등이) 헤어지다

기본회화패턴 9

What a pity!
유감이군!

「유감스럽게도」의 뜻으로 동정의 마음을 나타내는 감탄 표현입니다. pity는 「유감스런 일, 애석한 일」이라는 의미입니다. 일반적으로 유감스러움을 나타낼 경우에 That's too bad.라고 표현하는데 What a disappointment!(실망이군요.) / What a shame!(유감이군요.) 등과 같은 표현도 무방합니다.

A : I have bad news.
B : What's that?
A : I failed the entrance exam.
B : **What a pity!** I know you studied very hard.

> A : 나쁜 소식이 있어.
> B : 뭔데?
> A : 입학시험에 실패했어.
> B : 유감이군. 무척 열심히 공부했는데.

기본회화패턴 10

What a shame!
어쩌지! / 어머나!

shame은 「수치, 면목 없음」이라는 뜻입니다. 이 표현은 상대에 대해서 "당신은 부끄러운 사람이군"이라고 말하는 것이 아닙니다. 상대를 곤란에 빠뜨린 요인이나 상황에 대해 안타까워하는 감탄 표현입니다.

A : My daughter's nursery school will be closed soon.
B : How come?
A : Their budget was cut.
B : **What a shame!**

> A : 딸이 다니는 보육원이 닫는대요.
> B : 왜요?
> A : 예산이 삭감되어서요.
> B : 어머나!

On The Telephone

전화에 관한 표현

전화상에서 주고받는 말은 서로 얼굴을 마주보고 대화하는 것과 좀 다릅니다. 특히 모르는 사람과 대화를 나눌 경우에는 일정한 예의와 격식을 갖추어야 한다는 뜻입니다. 일반적으로 서로 인사를 나누고, 또한 신분을 확인하고 난 다음에 용무나 용건을 얘기하게 됩니다. 무엇보다 전화를 거는 사람(caller)과 전화를 받는 사람(receiver)의 입장이 다르므로 표현법도 그에 상응하도록 익혀야만 할 것입니다.

전화상에서 Hello?(여보세요?) / Speaking.(말씀하세요.) / Wait a minute.(잠깐만요.) / Please!(부탁드립니다.) / Pardon?(뭐라고요?) 따위를 가장 많이 사용하는데 상황에 따라 적절하게 활용하면 유용한 표현으로 사용할 수 있습니다. 흔히 누구 좀 바꿔달라고 요청할 때 May I speak to ~, please? / Can I talk to ~? 등을 사용합니다.

전화상에서 영어로 대화하는 것은 대단히 어렵습니다. 그것은 커피숍에서 이야기하는 경우와 달라서 상대방의 얼굴이 보이지 않고 배경도 없으며, 전화상으로는 상대방의 발음이 명확하지 않은 경우도 있기 때문입니다. 그러나 어렵다고 해서 주저하면 아무리 해도 능숙해지지 않습니다. 전화영어의 핵심은 배짱으로 상대방의 말을 이해하지 못하면 주저하지 말고 Pardon?이라든가 Would you speak a little more slowly?라고 말해서 이해할 수 있도록 말하게 하는 것이 필요합니다.

유용한 관련 표현법

전화를 주고받을 때의 표현입니다.

(1) May I use your phone? (전화를 써도 됩니까?)
(2) Mr. Kim, Telephone. (김 선생님, 전화요.)
  * Mr. Kim wants you on the phone. / Mr. Kim, you have a call. / You are wanted on the phone. 따위의 표현을 친한 사이에 사용할 수 있는 표현법이다.
(3) Hold the line, please. (끊지 마시고 기다려 주세요.)
  * Hang on, please. / Hold on, please. / Wait a minute, please.
(4) Would you speak a little louder? (좀 더 크게 말씀해 주시겠어요?)

＊ Would you speak up, please? / Would you speak a little slower?
(5) I can't catch what you are saying. (전화가 감이 멀게 들립니다.)
　　　＊ I can't make out what you're saying.(무슨 말인지 못알아듣겠습니다.)
(6) The line's busy. (통화중입니다.)
　　　＊ The line is engaged. (영국식 표현법)
(7) I think I'll phone again. (다시 전화하겠습니다.)
　　　＊ I'll call you back later. / Let me call you back later, OK?

전화번호 표현하는 법

- 874-0010(eight seven four, double zero one zero)
- 394-9003(three nine four, nine double zero three)
  ＊ 숫자 0은 o[ou]나 zero라고 표현하며, naught라고도 표현함에 유의해야 한다.

Just a moment!(잠깐만요.)
이라는 표현은 Just a second / Wait a minute.
이라는 표현도 많이 활용된다.

누구십니까?

■ Who's calling, please?
후즈 콜링 플리즈

다소 격식을 차리지 않는 상황에서 Who is it?이라고도 표현하는데 이럴 경우에는 전혀 모르는 사이일 경우에만 국한해야 한다. 물론 이 경우에도 무턱대고 Who's calling?이나 Who's speaking?을 사용하는 것이 아니라 상대방에서 누구 좀 바꿔 달라고 할 때 바꿔주며 Yes, he is.(예, 있습니다.)한 후에 사용할 수 있다.

제니퍼입니다.

■ This is Jennifer speaking.
디씨즈 제니퍼 스피킹

이 말을 한 다음 그냥 용무를 물을 때 Go ahead.(말씀하시죠.)라고 표현하며, 전화 바꿔달라는 사람이 당사자인 경우에는 This is he(she) speaking. / Yes, speaking.라고 하면 "전데요."라는 의미이다.

전화 잘못 거셨습니다.

■ You have the wrong number.
유 해브 더 롱 넘버

You've got the wrong number.라고 표현하기도 한다.

에드워드를 부탁드립니다.

■ May I speak to Edward, please?
메 아이 스피크 투 에드워드, 플리즈

Is + 사람이름 + there, please? / May I talk to + 사람이름? / I'd like to speak to 사람이름. / Please connect me with + 사람이름. 따위로 부탁을 해도 무방하다.

누구를 찾으십니까?

■ Who would you like to speak to?
후 우쥴라익 투 스피크 투

구어에서는 speak 대신에 talk를 사용해도 되며, Who are you calling? / Who do you want to talk to?라는 표현으로도 대용할 수 있다.

전언을 부탁드릴 수 있습니까?

쿠다 이 리버 메세지
■ Could I leave a message?

이 표현은 상대방에게 전언을 부탁하는 표현인 반면에 자신이 용건을 남기려고 할 때의 May I take a message? / Is there any message? / Do you have any message?라고 표현하면 된다.

내선 101번을 부탁합니다.

깁 미 익스텐션 원 제로 원 플리즈
■ Give me extension 101, please.

교환이 May I help you?(무엇을 도와드릴까요?)라고 물으면 이처럼 요구사항을 피력하면 된다. 그리고 통화중일 때 The line is busy.(통화중입니다.)라는 표현을 사용한다. 물론 자리를 비웠을 경우에는 He's not in.이라고 말할 수 있다.

나중에 전화 주세요.

콜 미 레이러
■ Call me later.

상대방에게 Give me a call.이라고 다짐을 받아놓는 형태이다. 만약 길거리에서 전화 약속을 할 경우엔 Let's keep in touch.(서로 연락합시다.)라고 하면 된다.

전화주셔서 감사합니다.

땡스 훠 콜링
■ Thanks for calling.

전화를 끊을 때의 인사표현이다. 물론 Let's keep in touch.(서로 연락합시다.)라고 말할 수도 있겠다.

용건이 무엇입니까?

왓츠 온 유어 마인드
■ What's on your mind?

완곡하게 May I help you? / What can I do for you?라고도 물을 수 있는데 이 표현은 다소 직설적으로 묻는 표현법이다.

기본회화패턴 1

This is Tom speaking.
톰입니다.

전화로 개인의 이름을 말할 때는 I am ~이 아니라 This is ~ speaking. 을 씁니다. 또 This is를 생략하고 그냥 Tom speaking. 이라고 말해도 상관없습니다.

A : Good morning. Can I talk to Mary?
B : Who's calling, please?
A : **This is Tom speaking.**

> A : 안녕하세요? 메리는 있습니까?
> B : 누구십니까?
> A : 저는 톰입니다.

기본회화패턴 2

May I speak to John, please?
죤을 부탁드립니다.

바꿔 주기를 부탁할 때는 May I speak to ~, please? (~와 이야기를 해도 되겠습니까?)라고 말합니다. I'd like speak to~, please. (~와 이야기하고 싶습니다만.)도 같은 의미입니다. 모두 정중한 느낌의 표현입니다.

A : Hello. This is Jina. **May I speak to John, please?**
B : Yes. Just a moment.

    A : 여보세요. 저는 지나입니다. 죤을 바꿔주시겠어요?
    B : 네, 잠시 기다려 주십시오.

* Just a moment.는 상대에게 기다려 달라고 할 때 쓰이는 관용적인 표현이다. Hold the line, please. (끊지 말고 기다려 주십시오.)도 외워 둡시다.

기본회화패턴 3

Who would you like to speak to?
누구를 찾으십니까?

문법적으로는 whom이 옳지만, 회화에서는 who를 쓰는 것이 일반적입니다. Would you like to ~?는 (~하고 싶습니까?)라는 의미입니다. 문미에 to는 빠뜨리기 쉬우므로 주의합시다.

A : **Who would you like to speak to?**
B : Ms. Collins, please.
A : I'm sorry, but she is away on business.

    A : 누구를 찾으십니까?
    B : 콜린즈 씨를 부탁드립니다.
    A : 미안합니다. 출장 중입니다.

기본회화패턴 4

Could I leave a message?
메시지를 남겨주시겠습니다?

당사자가 전화를 받지 못했다거나 부재중일 때 메시지를 부탁하기 위한 표현입니다. leave a message는 「메시지를 남기다」라는 의미입니다.

A : I'm sorry, but Tom is not here now.
B : **Could I leave a message?**
A : Sure.
B : Please tell him I called.

    A : 미안합니다. 지금 탐은 외출 중입니다.
    B : 메시지를 남겨주시겠습니까?
    A : 좋습니다.
    B : 저한테 전화가 왔었다고 전해 주십시오.

기본회화패턴 5

Give me extension 101, please.
내선 101번을 부탁합니다.

호텔이나 회사 등에서 내선 번호를 말하고 바꿔 달라고 할 때 쓰는 표현입니다. 직역하면 "내선 101번을 저에게 연결해주세요."가 됩니다. 더욱 정중히 말하고 싶을 때는 〈Could you give me + 전화번호?〉라고 말합니다.

A : Operator.
B : **Give me extension 101, please.**
A : I'm sorry the line is busy.
B : OK. I'll call back again later.

    A : 교환입니다.
    B : 내선 101번을 부탁합니다.
    A : 죄송합니다만, 통화중입니다.
    B : 알겠습니다. 나중에 다시 걸겠습니다.

* The line is busy. (전화 회선이 바쁘다.) 즉 "통화 중"의 뜻이다.
* call back (다시 걸다)

Directions

길묻기에 관한 표현

여행을 할 때 가장 어려운 점이 방향 감각을 잃어버린다는 점인데 이럴 때 낯선 곳에 가면 무조건 관광안내소(information)를 잘 이용해야만 합니다. 타인에게 길을 물을 땐 "잠깐 실례합니다."라는 표현인 Excuse me?/ Pardon me?를 먼저 말한 다음에 Could you show me the way to ~?(~로 가는 길 좀 가르쳐주세요?) / How can I get to ~ from here?(여기서 ~까지 어떻게 갑니까?)라는 패턴문형을 활용하여 길묻기를 하면 되는데 추가적으로 현재 자신이 있는 곳의 위치를 물을 때 사용하는 Where am I?(여기가 어딥니까?)라는 표현도 알아둡시다.

어떤 특정한 곳을 가르키며 Could you show me how to get there?(그 곳엔 어떻게 갈 수 있죠?)라고 물어올 수도 있는데 이럴 때는 교통수단인 bus, taxi, subway, train 등을 의미함에 유의해야 하며, 그러나 일반적으로 길을 묻는 경우라면 Can you give me some directions? / Can I get some directions?(길 좀 가르쳐 주시겠어요?)라고 물어보면 됩니다. 또한 소요되는 거리와 시간을 묻는 표현에는 How far is it from here?(여기서 얼마나 되죠?)라고 질문을 할 수 있는데 미국에서는 피트(feet), 마일(mile), 야드(yard) 등과 같은 명칭을 사용하므로 우리에게 다소 생소할 수도 있을 겁니다. 외국인이 길을 물어올 경우에 자신도 초행일 경우엔 I'm sorry, I'm a stranger here.라고 말하면 되는데 꿀 먹은 벙어리처럼 묵묵부답할 필요는 없겠죠?

특히 낯선 곳에 가면 안내소(information)이나 화장실(restroom), 교통수단(transportation), 방향(directions) 따위 때문에 곤혹을 치를 수 있으므로 사전 지식이나 정보가 매우 중요합니다.

길 좀 물어봐도 될까요?	캔 아이 애스큐 훠 디랙션스 ■ **Can I ask you for directions?** 다소 부탁하는 뉘앙스를 풍기려면 Can you give me some directions?이라고 표현할 수도 있다.
지하철역까지 어떻게 갈 수 있습니까?	하우 두 아이 겟 투 더 썹웨이 스테이션 ■ **How do I get to the subway station?** 교통수단의 방법을 묻는 표현으로써 How do I get there? / Tell me how to get there, please.라고 표현해도 된다.
얼마나 걸릴까요?	하우 롱 더짓 테익 ■ **How long does it take?** How far is it from here?(여기서 얼마나 멉니까?)라는 표현으로 대용해도 무방하다.
맨 처음 신호에서 오른쪽으로 꺾으세요.	턴 롸잇 앳더 퍼슷 트래픽 라잇 ■ **Turn right at the first traffic light.** 운전을 행하는 사람에게 도로 중심으로 설명하는 표현으로써 Turn left after the second light.(두 번째 신호등에서 왼쪽으로 도시오.)라고도 표현할 수 있을 것이다.
미안합니다. 저도 여기는 처음입니다.	아임 쏘리 아이머 스트레인저 히어, 투 ■ **I'm sorry. I'm a stranger here, too.** 초행이라는 개념의 표현은 I'm new (around) here, too.라고 해도 무방하며, 가령, I'm not familiar with this area.(저는 이곳을 잘 모릅니다.)라고 해도 같은 뜻으로 사용될 것이다.

여기서 어느 정도 됩니까?

하우 파 이짓 후럼 히어
■ How far is it from here?

구체적으로 지정된 곳까지를 말할 경우에는 from … to ~를 활용하면 되는데 How far is it from here to ~?라는 문형을 사용하게 된다.

곧장 두 블록을 가세요.

고 스트레잇 훠 투 블럭스
■ Go straight for two blocks.

이 표현은 직선 개념인 반면에 아래쪽으로 향한다면 Go down two blocks.(두 블록을 내려가세요.)라고 표현하면 된다. 이 표현 뒤에 You can't miss it.(찾을 수 있을 겁니다.)라는 말을 덧붙여주면 좋다.

여기가 어디입니까?

웨어 랜 마이
■ Where am I?

이 표현은 Where am I standing?에서 나왔으며, Can you tell me where I am?이라는 표현과 동일하다는 걸 금방 눈치 챌 수 있을 것이다.

기본회화패턴 1

Can I ask you for directions?
길 좀 물어봐도 될까요?

낯선 곳을 여행할 때 가장 손쉬운 방법은 안내지도를 구하거나 아니면 다른 사람에게 길을 묻는 방법밖에 없습니다. 이럴 때 Excuse me?나 Can I ask you for directions?라는 표현을 먼저 꺼내는 것이 예의이다.

A : **Can I ask you for directions?**
B : Where do you want to go?
A : Could you tell me the way to City Hall?

> A : 길 좀 물어볼 수 있을까요?
> B : 어디를 가고 싶은데요?
> A : 시청가는 길 좀 알려주세요?

기본회화패턴 2

Turn right at the first traffic light.
처음 교통 신호에서 오른쪽으로 꺾으세요.

길 안내를 할 때는 알기 쉽게 간단한 하나의 문장으로 표현하는 게 좋습니다. 하나의 문장에 하나의 내용이 최상입니다. and 혹은 then 등의 접속사를 사용하여 다음 문장을 말합니다.

A : Could you tell me the way to Boston Station?
B : Sure. **Turn right at the first traffic light.**
A : Okay.
B : And, go straight, you'll find the station on your left.

> A : 보스턴 역으로 가는 길을 가르쳐 주시겠어요?
> B : 예, 맨 처음 신호에서 오른쪽으로 꺾으세요.
> A : 알겠습니다.
> B : 그리고, 곧장 가면 왼쪽에 역이 있습니다.

기본회화패턴 3

I'm sorry. I'm a stranger here, too.
미안합니다. 저도 여기는 초행입니다.

자신도 그 지역이 처음인데 길을 물어오는 경우가 있습니다. 그럴 때는 I'm a stranger here.가 정해진 표현입니다. stranger는 「이방인, 여기에 온지 얼마 안 된 사람」이라는 뜻입니다. I'm sorry I don't know. (미안합니다. 저는 모릅니다.)라고는 말하는 건 어색합니다.

A : Is the Metropolitan Museum close to here?
B : **I'm sorry. I'm a stranger here, too.**
A : Oh, you are.

> A : 메트로폴리탄 미술관은 여기에서 가깝습니까?
> B : 미안합니다. 저도 여기가 처음입니다.
> A : 아, 당신도 처음이군요.

기본회화패턴 4

How far is it from here?
여기서 어느 정도 됩니까?

거리가 얼마나 되는 지 묻는 경우가 있습니다. How far is it from here?(거기는 여기에서 어느 정도 됩니까?)가 일반적인 표현입니다. 대답할 때는 이용 가능한 교통수단도 언급해주면 좋습니다.

A : How do I get to Central Park?
B : It's very far.
A : **How far is it from here?**
B : It's about 20 miles away. I think you'd better take a bus.

> A : 센트럴 파크는 어떻게 가면 될까요?
> B : 매우 멀어요.
> A : 어느 정도 멉니까?
> B : 20마일 정도입니다. 버스를 타는 게 좋겠습니다.

기본회화패턴 5

Go straight for two blocks.
곧장 두 블록을 가세요.

영어권에서는 길 안내를 할 때 block이라는 단어를 많이 사용합니다. block이란 「사방이 도로로 쌓인 시가의 한 구획(1번의) 길이」를 말합니다. 또한 Road(도시나 타운을 연결하는 큰 길), Street(도심의 상업 건물이 쭉 늘어선 길), Avenue(양쪽 가로수가 있는 길)를 구분할 줄 알아야만 합니다.

A : Please tell me the way to Jongno Theater.
B : **Go straight for two blocks.** You won't miss it.
A : Thank you.

  A : 종로 극장으로 가는 길을 가르쳐 주세요.
  B : 곧장 두 블록 가세요. 금방 알 수 있습니다.
  A : 고맙습니다.

* You won't miss it ~ (당신은 못 보지 않을 것입니다) 즉, "금방 알 수 있다"의 뜻.

기본회화패턴 6

Where am I?
여기가 어디입니까?

길을 잃어 자신이 어디에 있는지 모를 때 영어로 Where am I? "여기가 어디입니까?"라고 묻습니다. 이것은 영어의 독특한 길 안내 표현입니다. "여기는 어디입니까?"라는 말을 직역하여 Where is here?라고 말하기 쉬우므로 주의하세요.

A : Excuse me. I think I lost my way. **Where am I?**
B : This is 8th Avenue. Where are you headed?
A : I'd like to go to 6th Avenue.
B : Then you need to go west.

  A : 실례합니다. 길을 잃어버렸습니다. 여기가 어디입니까?
  B : 8번가입니다. 어디로 가는 길입니까?
  A : 6번가로 가고 싶은데요.
  B : 그렇다면 서쪽으로 가야 되겠군요.

* lose one's way 길을 잃다

Shopping

쇼핑에 관한 표현

관광에서 얻는 즐거움 가운데 관광지를 둘러보는 것을 빼면 거의 쇼핑(shopping)의 즐거움이 전부일 것입니다. 여행을 할 때 가장 흔한 질문사항 가운데 화장실의 명칭에 관한 표현은 Toilet으로 통칭하지만 Men's room(Women's room), Restroom, Washroom, Powder room 따위가 있는데 관용적으로 john이나 loo라고 표현하기도 하며, 또한 영국에서는 Lavatory라고 통칭합니다.

면세점(duty-free shop), 백화점(department), 상점(store, shop) 등을 자유롭게 여행하며 쇼핑할 때면 어김없이 여행객과 점원과의 주고받는 일정한 표현법이 존재합니다. 쇼핑을 할 때 점원들이 인사말로 May I help you?(어서 오세요?) / What can I do for you?(무얼 도와드릴까요?)라는 말을 수없이 들어보았을 겁니다. 물론 원하는 물건을 보여달라고 요청할 경우에는 I'd like to see ~. / I'm looking for ~. / Please show me ~.등과 같은 패턴 문형을 활용하면 됩니다.

손님 입장에서는 그냥 둘러보려고 할 경우엔 I'm just looking around. / I'm just browsing.이라는 답변을 하면 됩니다. 또한 상점에서 계산할 때 It's too expensive.(너무 비쌉니다.) / How much does it cost?(얼마죠?) / Is that cash or charge?(현금입니까, 카드입니까?) / I think you made a mistake in this bill.(계산이 틀린 것 같아요?) / I'd like to get a refund on this.(환불하고 싶어요.) / Can I exchange this?(교환 좀 해주세요?) 등과 같은 표현도 알아두면 편리합니다.

가격을 묻는 표현법

가격을 물어보는 표현만 해도 How much is it?, How much do I owe you?, What do you want for it?, What's the price?, What's your rate?, What's the charge?, How much is the fare? 등처럼 다양합니다.

기본회화 따라잡기

여성복 매장은 어디에 있습니까?
웨어 리즈 더 래이디스 웨어
■ Where is the ladies' wear?

그럼 남성복은 뭐라고 할까? man's suit나 man's wear 정도로 표현하면 되는데 문어체로는 male dress라고 표현하기도 한다.

좀 구경할게요. 고마워요.
아임 져슷 루킹, 땡큐
■ I'm just looking, thank you.

매장이나 상점에 들어서자마자 점원이 고객에게 May I help you?라고 물어올 것이다. 딱히 용건이 없이 쇼핑을 즐긴다면 I'm just browsing.이라고 표현해 보자.

가죽 가방은 있습니까?
두 유 해브 리더 백스
■ Do you have leather bags?

쇼핑을 할 때 가장 합리적으로 하려면 점원에게 필요한 물건을 물어보는 게 좋다. 그럴 때 Do you have ~?(~이 있나요?)라는 문형을 사용한다.

그걸 잠깐 봐도 되겠습니까?
메 아이 테이커 루겟릿
■ May I take a look at it?

특정 상품을 보자고 할 때 사용하는 표현이며, 주위를 둘러본다는 표현은 look around를 사용한다.

입어 봐도 괜찮겠어요?
메 아이 트라잇 온
■ May I try it on?

고객의 요청에 대하여 점원이 Sure, here you are. Why don't you try it on?(네, 여기 있습니다. 한번 입어보지 그러세요?)라고 권유할 수도 있을 것이다.

이것은 어떤 제품입니까?
와리즈 디스 메이돕
■ What is this made of?

made of에는 인위적인 생산을 의미하며, 구어체에서 made out of whole cloth는 날조되거나 조작된 거짓말을 의미한다.

가격은 얼마입니까?

하 우 머 치 윌 디 스 셋 미 백
■ How much will this set me back?

비싸다고 할 경우에 I can't afford to pay so much.(그렇게 많이 지불할 수는 없어요.) / Can't you make it cheaper?(좀 더 싸게 해 줄 수는 없나요?)라는 표현을 사용하면 꽤 영어를 잘하는 사람으로 인식될 것이다.

이걸 주세요. / 이걸로 할게요.

아 일 테 이 킷
■ I'll take it.

take it에는 "정하다, 받아들이다, 이해하다"라는 개념으로 활용되며, 점원이 지나치게 까다로운 고객에게 Take it or leave it(사든 말든 맘대로 하세요.)라는 표현도 사용한다는 점에 유의하자.

좀 생각해보고 나중에 살게요.

아 일 씽 킷 오 버
■ I'll think it over.

think over는 "신중하게 검토하다, 심사숙고하다"라는 뜻으로 사용되는데 상대방에게 어떤 제안을 받았을 때 I will think it over. / I will think about it.라는 표현을 하면 된다.

모두 합해서 얼마입니까?

하 우 머 치 아 데 이 인 올
■ How much are they in all?

How much is it all together?라고 표현해도 무방하다.

또 다른 것은요?

에 니 씽 엘 스
■ Anything else?

그밖의 다른 물건을 보고 싶을 때 손님이 사용할 수도 있는 표현이지만 여기서는 점원이 손님에게 또 다른 살 물건은 없는지 확인할 때의 표현법인데 Is there anything else that you want?을 줄여서 말하기도 한다.

알아두면 유용한 영어회화를 위한 정보

▶ 미국의 도량형

우리나라와 서양의 도량형의 기준이 틀리므로 인하여 정확한 개념을 모를 경우에는 손해를 보기 십상이다. 따라서 화폐를 비롯하여 〈숫자〉, 〈길이〉, 〈중량〉, 〈용량〉 등의 개념을 명확히 알아두자.

화폐
1cent : 1/10dime, 1/100dollar
1nickel : 5cents
1dime : 10cents
1quater : 25cents
1dollar : 100cents

숫자
trillion : 조(兆)
billion : 억(億)
million : 만(萬)
thousand : 천(千)
hundred : 백(百)

길이
1cm(centimeter) : 0.4inches
1m(metre) : 3.3feet(ft)
1km(kilometer) : 3,281feet(ft)
1in(inch) : 2.5cm
1ft(feet) : 0.3m
1yd(yard) : 0.9m
1mi(mile) : 1.609km

중량
1g(gram) : 0.04oz(ounce)
1kg(kilogram) : 2.2lb(pound)
1oz(ounce) : 28.3g
1lb(pound) : 453.6g

용량
1l(liter) : 1.76pt *0.2gal
1gal(gallon) : 0.57l *영국식

기본회화패턴 1

Where is the ladies' wear?
여성복 매장은 어디에 있습니까?

백화점 등에서 매장을 찾을 때는 Where is ~? (~은 어디에 있습니까?)라는 표현이 가장 간단합니다. Where can I find ~? (어디서 ~을 찾을 수 있습니까?)도 많이 씁니다. 「백화점」은 department store라고 합니다.

A : Excuse me. **Where is the ladies' wear?**
B : It's on the second floor.
A : Thanks a lot.

A : 실례합니다. 여성복 매장은 어디입니까?
B : 2층입니다.
A : 고마워요.

* on the ~ floor (~층에)

기본회화패턴 2

I'm just looking, thank you.
좀 구경할게요. 고마워요.

매장 직원이 May I help you? / Can I help you? (어서 오세요, 무엇을 도와 드릴까요?)라고 말을 합니다. 특별히 살 마음이 없거나, 천천히 물건을 구경하고 싶을 때는 I'm just looking, thank you. (좀 구경할게요. 고마워요.)라고 말합시다.

A : Can I help you?
B : **I'm just looking, thank you.**
A : If you need any help, let me know.
B : Okay. I will.

    A : 어서 오십시오.
    B : 좀 구경할게요. 고마워요.
    A : 필요하시면 말씀하세요.
    B : 예, 그렇게 할게요.

    * If you need any help ~ (만약 무슨 도움이 필요하면 ~)

기본회화패턴 3

Do you have leather bags?
가죽 가방은 있습니까?

상점에서 구입하려는 물건이 있는지 없는지 알고 싶을 때는 Do you have ~? (~이 있습니까?)라고 묻습니다. 특정 브랜드를 묻고 싶을 때는 〈Do you have + 브랜드 이름?〉이라고 하면 됩니다. 예를 들면「안나는 있어요?」는 Do you have (any) Anna?라고 합니다.

A : **Do you have leather bags?**
B : Sure we do.
A : May I see them?
B : Certainly. This way, please.

    A : 가죽 가방은 있습니까?
    B : 물론, 있습니다.
    A : 보여주실 수 있어요?
    B : 네, 여기 있습니다.

기본회화패턴 4

May I take a look at it?
그걸 잠깐 봐도 되겠습니까?

매장에서 상품을 손에 쥐고 볼 때는 반드시 직원에게 May I take a look at it?라고 묻는 것이 매너입니다. May I ~?는 (~해도 괜찮을까요?)라고 허락을 구하는 표현입니다. take a look at~는 「~을 잠깐 보다, ~대충 보다」라는 의미입니다.

A : **May I take a look at this camera?**
B : Of course.
A : This one is very easy to use!
B : Yes. It is one of our best sellers.

> A : 이 카메라를 좀 봐도 되겠어요?
> B : 물론입니다.
> A : 이건 매우 조작이 간단하네요!
> B : 예, 우리 가게에서 잘 팔리는 물건 중에 하나입니다.

기본회화패턴 5

May I try it on?
입어 봐도 괜찮겠어요?

외국에서는 사이즈 표기가 다르기 때문에 직접 입어봐야 낭패를 안 봅니다. 그 때는 반드시 May I try it on?(입어 봐도 될까요?)라고 직원의 허락을 구하세요. try on은 의류, 구두, 모자, 액세서리 일부, 안경 등을 「시험삼아 몸에 걸치다」라는 뜻입니다.

A : **May I try it on?**
B : Sure.
A : Where is the fitting room?
B : Right this way.

> A : 입어 봐도 될까요?
> B : 물론입니다.
> A : 드레스 룸은 어디입니까?
> B : 이쪽입니다.

기본회화패턴 6

What is this made of?
이것은 어떤 제품입니까?

물건의 재료가 궁금할 때 표현입니다. made of~는 (~제품의)라는 의미입니다. 외관상 재료를 알 수 없을 때 made from~를 써서 What is this made from?이라고 말합니다. 어디서 만들어졌는지를 묻고 싶을 때는 Where was this made?라고 묻습니다.

A : This sweater looks nice on you.
B : Thank you. **What is this made of?**
A : It's made of wool.
B : Is it pure wool or a wool blend?

> A : 이 스웨터는 잘 어울리는군요.
> B : 고마워요. 이 제품은 무엇으로 만들어졌습니까?
> A : 울입니다.
> B : 순모입니까, 아니면 혼방입니까?

기본회화패턴 7

How much will this set me back?
가격은 얼마입니까?

이것은 가격을 묻는 표현으로 스스럼없는 느낌의 표현입니다. set me black은 「나에게 ~의 비용이 든다」라는 뜻입니다.

A : This is great! **How much will this set me back?**
B : It's 65 dollars.
A : That's too much. Could you show me something else?

> A : 이거 좋은데! 얼마예요?
> B : 65달러입니다.
> A : 너무 비싼데. 다른 것을 보여 줄래요?

기본회화패턴 8

I'll take it.
이걸 주세요.

물건을 사고 싶을 때는 I'll take it. (이걸 주세요.)라고 말합니다. take에는 「대상을 자기 것으로 하다」라는 의미가 있습니다. 그밖에 I'd like this one.(이걸 갖고 싶습니다.)나, I'd like to buy this one.(이걸 사고 싶은데요.)의 표현도 기억해 둡시다.

A : Can you give me a discount?
B : How about 200 dollars even?
A : Okay, **I'll take it.**
B : Thank you very much.

   A : 깎아 주세요?
   B : 딱 잘라서 200달러면 어떻겠습니까?
   A : 좋아요, 주세요.
   B : 감사합니다.

기본회화패턴 9

I'll think it over.
생각해보고 나중에 살게요.

여러 가지 물건을 보아도 마음에 드는 물건이 없을 때 "나중에 또 올게요."라고 한마디하면 됩니다. 신중하게 검토한 후에 구입여부를 결정하겠다는 표현이다. 또한 May I help you?라는 물음에 대하여 I'm just looking around.(그냥 좀 둘러볼게요.)라는 표현법과 유사합니다.

A : How would you like this one?
B : Well …. I'm afraid I don't like this, either. **I'll think it over.**
A : All right. Please come again.

   A : 이건 어떻겠습니까?
   B : 글쎄요. 미안하지만 이것도 별로 마음에 들지 않네요. 나중에 또 올게요.
   A : 알겠습니다. 나중에 또 오십시오.

How much are they in all?
모두 합해서 얼마입니까?

여러 개의 물건을 사고 "모두 합해서 얼마입니까?"라고 묻고 싶을 때는 How much are they in all?이라고 합니다. in all은 「전부, 합계」라는 의미입니다. in all 대신에 all together (모두 합쳐서)도 쓸 수 있습니다.

A : I'd like to buy three of those.
B : Thank you, sir.
A : **How much are they in all?**
B : They're 125 dollars all together.

  A : 이것을 3개 사고 싶은데요.
  B : 고맙습니다.
  A : 전부 합해서 얼마입니까?
  B : 125달러가 되겠습니다.

Part 2

영어회화에 강해지는 마법 동사

반드시 알아야 할 동사 표현

원어민들이 쓰는 즐겨 쓰는 표현은 어렵고 고상한 표현이 아니라 우리가 흔히 알고 있는 단어의 조합인 경우가 많습니다. 초중등 교과과정에서 이미 배운 핵심동사 몇 개로 일상적인 대화에 나오는 표현은 다 말할 수 있습니다. 특히 만능동사인 get, make, take, do, go 등의 기본 핵심동사의 쓰임새를 알아두도록 하십시오. 또한 아주 빈번하고 유용하게 쓰이는 동사와 전치사 혹은 동사와 명사가 합쳐진 문장과 대화를 정리해두었으니 적극 활용하십시오.

아래에 제시된 표현은 구어(spoken English)를 중심으로 제시하였기 때문에 일상생활에서 적극적으로 활용해보길 바랍니다.

무엇보다 명심할 사항은 영어의 특징 가운데 한 가지인 다의어(1개의 단어에 여러 가지의 뜻을 담고 있다)라는 것입니다. 그래서 표현의 다양성과 풍부함이 언어로 표출되는 것입니다.

have 마법동사

have의 기본적인 개념은 "소유하다(own), 같이 있다(to be with)"라는 의미로 활용되며, 문장 속에서 주어와 목적어가 서로 동고동락하고 있다는 뜻입니다. 그러나 have는 주체적이고 적극적인 의미를 가진 take와는 달리 주체적으로 스스로 움직여 가서 목적한 것을 손에 넣거나 소유하지 않습니다. 그 자리에 있으면서 주체가 되는 인물이나 사물, 상황이 무엇을 소유하는지, 어떤 속성을 가지는지, 어떤 경험을 하는지 등을 나타내는 것입니다.

have의 특성 중 하나는 영어적 표현의 묘미로서 동사만을 사용하는 대신 have에 그 동사의 명사형을 연결하여 한층 회화적 표현을 만드는 데 있습니다. 예를 들어 그냥 to talk, to dance라는 것보다는 have a talk, have a dance라고 하면 훨씬 부드러운 회화적 표현이 됩니다.

또 다른 특징은 have를 신체 부위를 나타내는 명사와 연결하면 그 부분이 "특히 강하다, 소질이 있다"는 특별한 의미로 변한다는 것입니다. 예를 들어 have an eye for something이라면 "안목이 있다, 보는 눈이 있다"는 뜻이 됩니다. She has a good eye for beauty in design.은 "그 여자는 디자인에 대한 미적 감각이 뛰어나다."는 의미입니다. 그리고 What would you have?(뭘 드시겠어요?), Can I have some water?(물 좀 주실 수 있나요?) 등에서처럼 "먹다, 섭취하다"라는 개념으로도 활용됩니다.

영어회화에 능숙하지 못한 사람에게는 다소 낯선 의미로 들리겠지만 구어체에서는 have라는 동사는 조동사로서의 역할이 중시되어 have got이라는 관용적인 표현으로 활용되는데 종종 How often do you have your hair cut?(이발은 얼마나 자주 하니?)처럼 본동사 역할도 하기도 한답니다. 어법상 동사의 과거분사와 결합하여 현재완료형(have + p.p.)을 활용하여 〈완료〉·〈결과〉·〈경험〉·〈계속〉 등의 뜻을 나타냅니다.

- 갖고 있다 own
- 팔다 sell
- 낳다 bear
- 속이다 deceive
- 알다 know
- 행동하다 act
- 얻다 obtain
- 정하다 decide
- 겪다 undergo
- 먹다 eat
- ~하게 하다 let

호칭에 관한 표현법

흔히 Do you know ~? / Do you understand ~? 등의 질문에 대한 응답으로 I have no idea.나 I don't know.라는 응답만 알고 있지만 구어에서 관용적으로 Beats me! / You got me. / Search me. / Who knows? 등과 같은 표현을 활용하게 됩니다.

가령, 상대방의 말뜻을 제대로 이해하지 못했을 경우에는 "나는 네가 무슨 말을 하는지 모르겠습니다."라는 표현은 I don't understand. / I don't know what you are talking about. / You've lost me. / I've lost you. / I don't follow you. / I don't get it. / I don't dig it. / You are talking over my head. 따위로도 표현되곤 합니다.

구어에서 관용적으로 have got은 have로, have got to는 have to로 대용이 됨.

기본회화 따라잡기

모르겠습니다.

아 이 해 브 노 아 이 디 어
■ I have no idea.

회화에서 모르겠다는 표현으로 I don't know.라는 표현도 즐겨 사용되지만 It's over my head.처럼 영어다운 표현이 활용되며, 반어적인 어법으로 사용되는 Who knows? / How should I know?처럼 표현하면 굉장히 유식해 보인다.

고생했어요.

아 이 해더 하드 타임
■ I had a hard time.

hard time이라고 하면 힘들고 어렵게 지낸 시간을 지칭할 때 사용되며, killing time이라고 하면 시간을 때우는 걸 지칭하는 표현이 된다. 그밖에 payment time(지불 기일), part time(시간제), full time(종일제), double time(속보) 등의 표현도 알아두자.

나는 단 것을 무척 좋아합니다.

아 이 해버 스윗 투쓰
■ I have a sweet tooth.

여기서는 have가 like의 의미로 사용되었으며, 반대로 hate(싫어하다)라는 표현도 가능할 것이다. 여기서 사용된 sweet tooth는 명사적 표현으로 "단 것을 좋아함, 마약중독"이라는 뜻을 내포하고 있다.

많이 즐기고 와!

해브 펀
■ Have fun!

What fun!(야 재미있다!, 신난다!)이라 하면 How amusing!과 유사하게 활용된다. 또한 Have a nice day! / Have a nice weekend!이라는 표현도 알아두자.

이야기 좀 할까요?

렛츠 해버 챗 쉘위
■ Let's have a chat, shall we?

상대방에게 직설적으로 I want a little talk with you. / Just a word with you.(당신과 잠깐 이야기하고 싶습니다.)라고도 표현하며, 격식을 갖추어 May I have a word with you? / You got a minute? / Can I talk to you?(저하고 이야기 좀 할까요?)라고도 할 수 있을 것이다.

몇 시입니까?

■ Do you have the time?

What time is it?이라는 표현과 동일하게 사용하는데 Do you have time?이나 You got a minute?라고 하면 "시간 좀 있으세요?"라는 뜻이다.

두 유 해 브 에 니 씽 투 디 클 레 어

무언가 신고할 것이 있습니까?

■ Do you have anything to declare?

입국할 때 세관에서 묻는 표현인데 그냥 Anything to declare?라고 해도 무방하다.

렛 츠 해 버 드링(크)

한 잔 합시다.

■ Let's have a drink.

본동사로서의 기능을 수행하여 능동적인 개념으로 사용되어 have a dance(춤추다), have a drive(운전하다), have a swim(수영하다), have a walk(산책하다), have a rest(쉬다) 등과 같이 활용하곤 한다.

기본회화패턴 1

I have no idea.
모르겠습니다.

이유·원인 등을 질문을 받고 전혀 알지 못하는 경우에 I have no idea.라고 대답합니다. 「생각·지식·상상을 전혀 가지고 있지 않다」라는 말로, have no idea는 「짐작이 가지 않다, 전혀 모르겠다, 전혀 알 수 없다」라는 의미가 됩니다.

A : Do you know why he quit his job?
B : **I have no idea.**

　A : 왜 그가 일을 그만두었는지 알고 있습니까?
　B : 모르겠습니다.

기본회화패턴 2

I had a hard time.
고생했습니다.

have a hard time to~는 「힘든 때를 갖다」로 "~하는데 고생하다"라는 의미입니다. 예를 들면 「영어 공부를 하는 것이 힘들었다」는 I had a hard time studying English.가 됩니다.

A : I hear you moved into a new apartment.
B : Yes. **I had a hard time** finding the place.
A : Can I drop by sometime?
B : Of course.

> A : 새 아파트로 이사했다면서?
> B : 응, 거기를 찾는데 무척 힘들었어.
> A : 언제 한번 들러도 되겠니?
> B : 물론이지.

기본회화패턴 3

I have a sweet tooth.
나는 단 것을 무척 좋아합니다.

영어에서는 단 것을 좋아하는 것을 have a sweet tooth(단 이를 가지고 있다)라고 표현합니다. tooth의 복수형은 teeth이지만, 「단 것을 좋아한다」는 의미로 tooth를 쓰는 경우는 항상 단수형이 됩니다.

A : How would you like some dessert?
B : I'd love it. **I have a sweet tooth.**

> A : 디저트는 어떻겠습니까?
> B : 좋지요. 저는 단 것을 무척 좋아합니다.

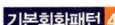

Have fun!
많이 즐기고 와!

여행을 가거나 공연을 보러 가는 사람에게 Have fun!(즐거운 시간 보내세요!)라고 헤어질 때 인사하곤 합니다. a lot of~는 많은의 뜻, Have a lot of fun.은 "많이 즐기고 오세요."가 됩니다.

A : You're dressed up nicely today.
B : I'm going out with John.
A : Are you? **Have fun!**
B : Thanks. I will.

> A : 오늘은 멋을 잔뜩 부렸네.
> B : 존과 데이트 해.
> A : 그래? 많이 즐기고 와.
> B : 고마워. 그렇게 할게.

Let's have a chat, shall we?
이야기 좀 할까요?

Let's have~, shall we?는 「~할까요?」라고 제안할 때 쓰이는 표현입니다. ~에는 명사가 들어갑니다. 예를 들면 "한대 피울까요?"는 Let's have a smoke, shall we?, "이야기할까요?"는 Let's have a talk, shall we?이 됩니다. 문미에 ~shall we?를 붙이면 조심스러운 제안이나 확인의 느낌을 줍니다.

A : **Let's have a chat after work, shall we?**
B : Sure. Where should we meet?
A : How about the usual coffee shop?
B : All right.

> A : 일 끝나고 이야기 좀 할까요?
> B : 좋아요. 어디서 만날까요?
> A : 늘 가던 커피숍은 어때요?
> B : 좋아요.

have의 유용한 관련 표현

- How often do you have your hair cut?(이발은 얼마나 자주 하나요?)
- Do you have any questions?(무슨 질문이 있습니까?)
- Have a seat, please.(자, 앉으세요.)
- May I have your name, please?(성함을 말씀해 주시겠습니까?)
- Would you have another cup of tea?(차를 한 잔 더 드시겠습니까?)
- How do you have your steak?(스테이크는 어떻게 해드릴까요?)
- Have a nice trip.(즐겁게 여행하고 오세요.)
- Have you finished yet?(이제 끝냈습니까?)
- Have you got your ticket?(승차권은 있습니까?)
- You got to see a doctor.(의사의 진찰을 받아보시는 게 좋겠어요.)
- You've got to be kidding!(농담이시죠?)

반드시 알아야 할 동사 표현 02

get 마법동사

get의 기본적인 개념은 "가지게 되다(to come to have)"라는 의미입니다. 기본 동사인 have와 그 뜻이 거의 유사하지만 have는 "상태"에 중점이 놓여 있고, get은 have에 이르는 "과정"과 "행동"에 그 중점이 놓여있는 것이 그 차이점입니다.

기본 동사 중에 사용빈도가 가장 높은 것이 이 get동사입니다. 영미인들은 일상생활에서 이 get을 빼고는 이야기할 수 없을 정도로 get, got을 많이 사용하고 있습니다.

상대방에게 자신의 말을 이해했는지 확인할 때 "알겠지?"라는 표현은 You got it?이라고 하는데 이것은 Do you understand it?이라는 표현과 동일합니다. 또한 Do you get me?(내 말 이해하시죠?)이라는 표현에서 get에는 understand, follow라는 뜻을 내포하고 있습니다. 이에 대한 응답도 마찬가지로 I got it.(알겠습니다.)이나 I understand. / Oh, I see. / That figures. / I get the picture. 따위를 활용하면 됩니다.

get은 have의 의미에서 어떤 행동을 일으킨 주체가 원하는 객체를 잡는다고 보면 됩니다. 그래서 get의 대상이 장소가 되면 도착하다(arrive)가 되고, 돈이 되면 벌다(earn), 물건이면 얻다(acquire), get cancer하면 "암에 걸리다", get dinner는 "식사를 준비하다", get a ticket은 "표를 사다" 등의 갖가지 다양한 의미로 사용되는 것입니다. Did you get it?과 Did you take it?에서 take는 주체적으로 가져가는 느낌을 주는데 반하여, get은 주어의 의지와는 무관합니다.

- 도착하다 arrive
- 병에 걸리다 catch
- 하게 하다 cause, let
- 어떤 상태로 되다 become
- 받다 receive

- 착수하다 start
- 데리러 가다 pick up
- 갖다 주다 bring
- 이해하다 understand
- 사다 buy

get의 유용한 관련 표현

- Can you tell me how to get to City Hall?
  (시청까지 가는 길 좀 알려 주시겠어요?)
- When do you get back?(언제 돌아올 거예요?)
- Can I get you some coffee?(커피 좀 갖다 드릴까요?)
- Could I get you anything?(뭘 좀 갖다 드릴까요?)
- When did you get engaged?(언제 약혼했습니까?) *married(결혼)
- Did you get your hair cut?(이발하셨어요?)
- Have you got any hobbies?(어떤 취미를 가지고 계세요?)
- Where did you get them?(어디서 사셨어요?)
- Where did you get information from?(어디에서 정보를 얻으셨어요?)
- How can I get in touch with her?(어떻게 그 여자와 연락을 할 수 있을까요?)
- Do you get me?(내 말 알아들었소?)

get동사가 "이해하다"의 뜻으로 쓰일 경우에는 have, see, catch, understand 등의 의미로 사용된다.

기본 회화 따라잡기

일을 시작합시다.

(렛츠) 겟 다운 투 웍
■ **(Let's) Get down to work.**

Let's가 생략된 표현으로 어떤 상황에서 전환을 꾀할 때 사용할 수 있는 표현으로써 Let's get down to business.(사업 얘기합시다.)라는 표현도 활용된다.

여기서 나가! / 꺼져!

게 라 웁 히 어
■ **Get out of here!**

상대방에게 "꼴도 보기 싫어."라는 말을 할 때 가령, I hate the very sight of him.(그 놈은 꼴도 보기 싫어.)하고 비난한 다음 이런 말을 의례적으로 덧붙이곤 한다.

시작합시다.

렛 츠 겟 스따뤼드
■ **Let's get started.**

구어체에서 관용적으로 Come on, let's get cracking! / Let's get off the ground.라고 표현한다.

알았어.

아 이 가 릿
■ **I got it.**

여기서 get은 "이해하다"라는 뜻으로 쓰였으며, 가령, You got it?(이해하겠니?)라는 표현이 된다. 전화벨이 울릴 때 I'll get it.(제가 받을게요.)라는 표현과 혼동하지 말아야 한다.

긴장되었습니다.

아 이 갓 너 버 스
■ **I got nervous.**

극도의 긴장상태를 나타낼 경우에는 extreme tension, high tension 이라고 표현하며, 이러한 상황에서 Relax!나 Take it easy.라는 표현이 적당하다.

거기에는 어떻게 가면 됩니까?

하우 캔 아이 겟 데어
■ How can I get there?

여기에서는 arrive라는 의미로 사용되었으며, 〈교통수단〉을 묻는 표현이다.

바꿔드리겠습니다.

아일 게림 훠 유
■ I'll get him for you.

전화가 왔을 때 상대방이 원하는 사람을 바꿔드리겠다는 표현인데 "bring"의 의미가 강하다.

기본회화패턴 1

Get down to work.
일을 착수하세요.

get down to~는 「(침착하게) ~에 착수하다, ~을 시작하다」라는 의미입니다. Let's get down to the point. (문제의 본질로 들어갑시다.), Let's get down to business. (일에 대한 이야기로 들어갑시다.) 등, 상대방의 말을 자를 때 많이 사용합니다.

A : I'm sorry to be late.
B : **Get down to work.**

> A : 늦어서 미안합니다.
> B : 일을 시작하세요.

기본회화패턴 2

Get out of here!
여기서 나가! / 꺼져!

Get out of ~는 「~에서 나가」라는 의미입니다. Get out of here! (여기서 나가!, 꺼져!)는 말다툼할 때나 싸울 때 많이 쓰입니다.

A : That's enough! Don't talk to me any more.
B : **Get out of here!** I don't want to see your face again.

> A : 이제 됐어! 말 걸지 마라.
> B : 여기서 나가! 네 얼굴을 두 번 다시 보고 싶지 않아.

기본회화패턴 3

Let's get started.
시작합시다.

start (~을 시작하다)는 「일의 시동」 즉, 개시하는 움직임에 초점이 있는 동사입니다. get의 본래 뜻은 「어떤 상태가 되다」입니다. get started는 「일단 시작하고 봅시다」, 즉, "시작합시다."라는 의미가 됩니다.

A : What's for dinner tonight?
B : Sushi's on the table.
A : I'm starving. **Let's get started.**

> A : 오늘밤 저녁은 뭐니?
> B : 초밥이야.
> A : 배고파 죽겠어. 먹자.

기본회화패턴 4

I got it.
알았어.

I got it. (알겠습니다.)는 일상회화에서 자주 쓰는 간편한 응답의 표현입니다. get은 「이해하다」, it은 상대가 말한 내용을 가리키고 있습니다. 흔히 I see.라고 표현하기도 합니다.

A : Can I have your phone number?
B : It's 432-1234
A : **I got it.** Thanks.

> A : 전화번호를 가르쳐 줄 수 있니?
> B : 432-1234야.
> A : 알았어. 고마워.

A : This is Inspector Seagal.
B : This is patrol car 213.
A : Stand by at ABC Bank.
B : **I got it.**

A : 난 시갈 경위이다.
B : 여긴 경찰차 213입니다.
A : ABC은행에 대기하라.
B : 알겠습니다.

기본회화패턴 5

I got nervous.
긴장되었습니다.

nervous는 「신경질적인, 불안한, 초조한」이라는 의미의 형용사입니다. get nervous로 그와 같은 상태가 되는 것을 나타냅니다. 또한, 「무대공포증이 있다」에는 have a stage fright라는 표현이 있습니다.

A : How was the speech contest?
B : **I got very nervous** when I stepped out on the stage.
A : I understand how you feel.

A : 웅변대회는 어땠니?
B : 무대로 나갈 때, 매우 긴장되었어.
A : 어떤 느낌인지 알 것 같아.

기본회화패턴 6

I'll get him for you.
(전화) 바꿔드리겠습니다.

흔히 전화를 바꿔달라고 요청하는 표현인 May I speak to Mr. Kim?이나 Is Mr. Kim available?에 대한 응답으로 Hold on, please.(잠깐만요.)라고 표현한 다음 I'll put him on.이나 I'll connect you.라고 응답하면 됩니다.

A : Promotion Department, can I help you?
B : Is Mr. Brown available?
A : **I'll get him for you.**
B : Thank you.

A : 감사합니다. 판매 촉진부입니다.
B : 브라운 씨 계십니까?
A : 바꿔 드리겠습니다.
B : 감사합니다.

인터넷에 유용한 그림문자

컴퓨터상에서 사용되는 기호나 약물을 조합하여 상징적인 의미를 나타내는 것이 그림문자인데 이는 사람의 감정(희노애락)과 관련된 표현이 대부분이다. 흔히 그림문자를 Smiley라고 명명하며, 1970년대 이후 미국에서 탄생하여 널리 사용되고 있다.

:-) : happy(즐거움 / 행복함)
:-] : grinning(기쁨)
:-< : upset(화냄 / 성냄)
:-?? : angry(화난 상태)
:-(: sad(슬픔)
:'-(: crying(울고 있음)
:-(0) : yelling(비명)
:-D : big smile(푸하하)
:-/ : skeptical(의심스러움)
:-* : kiss(키스 / 뽀뽀)
:-X : mute(비밀 / 침묵)
:-i : smoking(흡연중)
]:-) : devil(악마)
O:-) : angel(천사)
(^o^) : (방긋)
(^_^)V : (평화)
(*^_^*) : (부끄러움)
\(^o^)/ : (만세)
(;_;) : (훌쩍훌쩍)
(T_T) : (으앙)
()_() : (아야)
(^o^)/ : (안녕)
m(_)m : (미안)
(^_^)/~ ~ : (항복)
(^3^) : (입맞춤)
p(^o^)q : (화이팅)
(^_-)☆ : (윙크)

반드시 알아야 할 동사 표현 03

take 마법동사

take의 기본 개념은 "확실하게 잡다(to grasp and get)"의 뜻입니다. 그 밑바탕에 have의 의미가 내포된 점에서 보면 get과도 그 의미가 일맥상통하고 have와도 유사한 의미가 있으나 take는 주어의 적극적 의지가 포함된 점에서 차별화됩니다.

get도 "취하다"는 뜻을 가지고 있지만 take는 더욱 적극적이고 강한 의지를 가지고 취하는 뉘앙스를 내포하고 있습니다. 말하자면 자기 몸의 일부를 움직여서 자기에게 더하는 것의 대부분을 take로 표현하기 때문에 그 사용 "범위가 아주 넓은 동사 표현입니다.

예를 들어 "Did you take a shot?"과 "Did you get a shot?"라는 두 문장을 비교해 보면 get과 take의 의미상 구분이 확연해집니다. 즉 take a shot는 자기가 무언가를 "시도해 본다"는 주체적이고 적극성이 있는 표현이고, 이에 반해 get a shot는 소극적 "주사를 맞다"는 오히려 피동적인 뜻이 되는 것을 알 수 있습니다. 어쨌든 get은 자기의 의지와는 상관없이 "have"의 상태가 되는 것입니다.

- 받다 receive
- 타다 ride
- 걸리다 taken
- 데려가다 escort
- 잡혀 있다 occupied
- 먹다 eat
- 받아들이다 accept
- 사다 buy
- 이해하다 understand
- 믿다 believe
- 수용하다 hold

- 구독하다 subscribe
- 가르치다 teach

Take it or leave it이라는 표현은 상대방에게 요구를 할 때 물건을 살지 말지 결정할 때 쓰이는 표현이다.

기본 회화 따라잡기

되든 안 되든 한번 해보자.

렛츠 테이커 챈스
■ **Let's take a chance.**

유사한 표현으로 Let's have a go at it.라는 표현이 있으며, 가령, Sink or swim, I will try.(죽이 되던 밥이 되던 한번 해보자.)라고 의지가 담긴 뉘앙스 표현에도 유의하자.

내 말 좀 믿어 줘.

테익 마이 워드 훠잇
■ **Take my word for it.**

유사한 표현으로 You can count on me. / Believe me. / Trust me. / You've got my word for it. 등과 같은 표현이 널리 활용된다.

천천히 하세요.

테이큐어 타임
■ **Take your time.**

서두르지 말고 "천천히 하라."는 뜻으로써 Take it easy.(여유를 가지세요.)라는 뉘앙스가 내포된 어투이다.

조심하세요.

테익 케어
■ **Take care.**

헤어질 때의 인사표현으로 Take care of yourself.(몸조심 하세요.)라는 표현을 줄여서 표현한 말이다.

너무 무리하지 마세요.

테이킷 이지
■ **Take it easy.**

유사한 표현에 Hang it easy.라는 표현이 있으며, 뒤따르는 말에 Let's take a coffee break.와 같은 말을 덧붙여주면 한결 분위기가 부드러워질 것이다.

자리가 비었습니까?

이즈 디씻 테이컨
■ **Is this seat taken?**

유사하게 활용되는 표현으로 Is this seat occupied[taken]? / Has anybody taken this seat? / Is this seat vacant[free]? 따위가 있다.

얼마나 걸릴까요?

하 우 롱 더짓 테익
■ How long does it take?

시간적인 소요를 나타내는 표현으로써 How long does it take from here to the station?(여기서 역까지는 얼마나 걸립니까?)라는 표현도 널리 쓰인다.

주문하시겠어요?

메-아이 테이큐어 오더, 플리즈
■ May I take your order, please?

웨이터가 정중하게 손님에게 주문을 요청하는 표현이다. 약칭하여 Order, please?라고 표현해도 무방하다.

기본회화패턴 1

Let's take a chance.
되든 안 되는 한번 해보자.

chance는 「우연의 사건」 즉, "운"이라는 뜻이며, take a chance는 「한번 시도해 보다」, 즉 "되든 안 되든 하겠다"라는 의미가 됩니다.

A : Why don't we apply to UCLA (University)?
B : Okay. **Let's take a chance.**

> A : UCLA 시험 보지 않을래?
> B : 알았어. 되든 안 되든 해보겠어.

기본회화패턴 2

Take my word.
내 말 믿어 줘.

take one's word는 「사람이 말한 것을 그대로 믿다, 진정으로 받들다」라는 표현입니다. 이 경우의 word는 「말, 이야기, 발언」의 뜻입니다. Take my word for it.라고 표현해도 무방합니다.

A : Are you telling the truth?
B : Oh, **take my word.**

> A : 그거, 정말이니?
> B : 어머, 내 말 믿어 줘.

* "내 말 믿어도 좋다." 라는 뉘앙스의 표현이다.

기본회화패턴 3

Take your time.
천천히 하세요.

Take your time.의 직역은 「당신의 시간을 잡아라」입니다. 즉 "천천히 하세요."라는 의미가 됩니다. take one's time으로 「뭔가를 하는 것이 늦는 사람」을 나타낼 때도 사용할 수 있습니다.

A : When do I have to finish this paperwork?
B : Friday is fine. **Take your time.**

    A : 이 일은 언제까지 끝내야 합니까?
    B : 금요일까지이면 돼요. 천천히 하세요.

기본회화패턴 4

Take care.
조심해요.

Take care.(조심해.)는 Take care of yourself.(당신 스스로를 돌보세요.)라는 문장을 짧게 한 표현입니다. 헤어질 때 인사로 많이 쓰입니다. 정중하게 말할 때는 Please를 첫머리에 붙여서 Please take care.라고 말합시다. 아픈 사람에게 「몸조리 잘 하세요.」라는 뉘앙스로 사용하기도 합니다.

A : I have to go now, Mrs. Brown. Thank you for the wonderful party.
B : It's my pleasure. **Take care.** Good-bye.

    A : 이제 가보겠습니다. 브라운 씨, 멋진 파티 고마웠어요.
    B : 저야말로. 조심해서 가세요.

기본회화패턴 5

Take it easy.
너무 무리하지 마세요.

이 경우의 Take it easy.는 「무리를 하지 말도록」이라고 상대를 위로하는 마음을 나타내는 표현입니다. take는 「하다, 취하다」, easy는 「편안하게, 쉽게, 여유롭게」, it은 「상황의 it」으로 막연한 상황을 가리킵니다. Take it easy.는 "편히 하거라, 너무 무리하지 마라, 서둘지 마라" 등, 여러 가지 장면에서 쓸 수 있는 편리한 관용구입니다.

A : Shall I speed up?
B : **Take it easy.** There's lots of sharp curves on this road.

> A : 속력을 내볼까?
> B : 서둘지 마. 이 길은 급경사가 많아.

A : Are you feeling okay?
B : I think I have a fever.
A : **Take it easy.** Why don't you leave the office early?

> A : 괜찮아요?
> B : 열이 있는 것 같아요.
> A : 무리하지 말고, 조퇴하면 어떨까요?

Take의 유용한 관련 표현

- Is this seat taken? (자리가 비었습니까?)
- How long does it take? (얼마나 걸릴까요?) *시간적인 소요
- Take your umbrella with you.(우산을 가지고 가시오.)
- Do you take cream in your coffee?(커피에 크림 넣어 드릴까요?)
- Can I take a message?(메시지를 남기시겠어요?)
- You'd better take a break.(쉬시는 게 좋겠어요.)
- I'll take this one.(이것을 갖겠어요.)
- I'll take your word for it.(네 말을 믿겠어요.)
- May I take this book?(이 책을 가져가도 좋습니까?)
- Just leave it all to me.(나한테 맡겨.)
- Let's take a coffee break.(커피 한 잔 하면서 잠깐 쉬죠.)

make 마법동사

make의 기본적인 개념은 "무언가를 만들다(create, bring into being)"는 뜻입니다. 이 무엇에 해당하는 것은 물건뿐만이 아니라 상황, 형태, 정신적인 것 등 무엇이든지 가능합니다. 예를 들면 I will make you happy.에서는 you를 happy한 상황에 이르게 한다는 의미입니다. 또한 You will make a good wife for him.(당신은 그 사람의 좋은 아내가 될 거야.)라고 하는 경우에는 make가 '~이 되다'라는 become의 의미가 됩니다.

make를 become과 비교한다면 become은 자연적으로 진화해 가서 새로운 상태를 창출해 내는 것인데 비해 make는 주체의 강한 의사가 포함되어 좋든 싫든 새로운 상황을 창출해 낸다는 점에서 확연히 다릅니다.

make와 유사한 기본 동사에 do가 있는데 우리말로 하자면 둘다 "~을 하다"라고 해석이 되겠지만 do는 일반적인 개념이나 추상적인 동작을 표시할 때 쓰이고, 반면에 make는 실제적으로 구체적인 동작을 하는 데 사용합니다.

- 제시간에 대다 arrive in time
- ~번째가 되다 become certain round
- 일으키다 cause
- 되다 become
- ~에 도착하다 reach
- 준비하다 prepare
- 요리하다 fix / cook
- ~인 체하다 pretend
- 성공하다 succeed
- 돈을 벌다 earn

- 추산하다 estimate
- ~하다 do

Tips

식당에서 주문할 때 Make it two.하면 "같은 것으로 주세요."라는 표현이다. 구어에서 make it은 결정할 때 주로 활용된다. 또한 Let's make up.은 그만 화해하자고 청할 때 사용하는 표현이다.

기본회화 따라잡기

정말 짜증이 나는군요.

잇 메익스 미 씩
■ **It makes me sick.**

make 동사에는 부정적인 측면에서의 화나 성질을 돋우는 데 많이 활용되는 편이다. 멀미를 하다라는 표현은 get sick도 사용되지만 make sick가 더 영어답다. 가령, I am sick of that business.(그 일에 넌더리가 납니다.)라는 표현도 알아두자.

서둘러라.

메이킷 스내피
■ **Make it snappy.**

유사표현으로 Hurry up! / Make haste! / Be quick about it. / Don't be long about it. 따위가 널리 활용된다.

납득할 수 없습니다.

잇 더즌 메익 쎈스
■ **It doesn't make sense.**

make sense는 "말이 되다, (어떤 일이) 사리에 맞다, (표현·행동 따위가) 의미를 지니다, 이해할 수 있다" 등의 의미로 사용되며, common sense(상식)을 생각하면 쉽게 이해가 갈 것이다.

드디어 해냈구나. / 마침 잘 됐다.
도착했다.

아이 메이딧
■ **I made it.**

make it에는 "성공하다, 해내다"라는 뜻을 담고 있으므로 사용상 유의하도록 하자.

할 수 있겠습니까?

캔 유 메이킷
■ **Can you make it?**

상대방에게 가능 여부를 묻는 표현으로 Can you speak English?(영어를 말할 줄 아십니까?), Can you give me a ride?(좀 태워주지 않겠습니까?)처럼 묻게 된다.

나도 같은 걸로 주세요.

메이킷 투
■ Make it two.

식당에서 주문할 때 That makes two of us.는 구어로 "그것은 나에게도 해당이 된다. 나도 마찬가지다"라는 뜻으로 활용된다.

예약은 하셨어요?

디쥬 메이커 레져베이션
■ Did you make a reservation?

일반적으로 호텔이나 식당에서 Do you have a reservation?으로 물어보게 된다.

편히 하세요.

메익 유어셀 앳홈
■ Make yourself at home.

좀 다르지만 Take it easy.라는 표현으로도 대체할 수 있을 것이며, 가령, During your visit, just make yourself at home.(체재하시는 동안 편하게 푹 쉬십시오.)라는 표현을 할 수도 있을 것이다.

어떻게 만드는지 말해 주시겠어요?

캔 유 텔 미 하우 투 메익 원
■ Could you tell me how to make one?

상대방에게 직설적으로 How do you make it?(어떻게 만드는 거야?)라고 표현해도 무방하며, 구체적인 제품이나 물건을 제시하면 유용한 표현이 될 것이다.

It makes me sick.
정말 짜증이 난다.

이 경우의 sick은 「싫증이 나다, 진절머리가 나다」라는 뜻입니다. It makes me sick.는 "그것이 나를 불쾌하게 한다"가 됩니다.

A : The cost of living is going up.
B : **It makes me sick.**

> A : 물가는 오르기만 해.
> B : 짜증나는군.

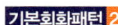

Make it snappy.
서둘러라.

"서둘러라"는 Hurry up!이 일반적이지만, Make it snappy.도 일상회화에서 많이 쓰입니다. make는 「~을 ~시키다」, snappy는 「빠릿빠릿한, 척척」, it은 주위의 상황을 막연하게 가리키는 「상황의 it」입니다. 「그것을 민첩하게 해라」즉, "서둘러라!"의 의미가 됩니다.

A : **Make it snappy,** or you'll be late for school.
B : Don't rush me, Mom. I'm all set.

> A : 서둘지 않으면 학교에 늦어요.
> B : 조르지 마세요, 엄마. 다 준비했으니까요.

기본회화패턴 3

It doesn't make sense.
납득할 수 없습니다.

make sense는「의미를 이루다, 의미가 통하다」라는 뜻입니다. 이 경우의 sense는「상식, 도리에 맞는 것」이라는 말입니다. It doesn't make sense.는 자신의 도리나 상식에 비추어 이해할 수 없거나, 납득할 수 없을 때 사용합니다.

A : Do you know Angela started jogging?
B : **It doesn't make sense.**
A : I know. She hated all kinds of sports.

> A : 안젤라가 조깅을 시작했다는 것을 알고 있니?
> B : 이해할 수 없어.
> A : 그래. 그녀는 스포츠라면 질색이었거든.

기본회화패턴 4

I made it.
드디어 해냈구나. / 마침 잘 됐다.

I made it은「순조롭게 잘 해냈다」라는 뜻의 구어 표현입니다. 약속 시간이 다 되어서 도착했을 때도 쓰입니다. 또, 일을 잘 이루었거나 성공했을 때도「잘 되었다, 해냈다」라는 느낌으로 I made it.이라고 합니다.

A : Oh, no! We missed the train.
B : Let's take a taxi.
A : Good idea.
   (10 minutes later)
B : Here we are. **We made it!**

> A : 어떡하지! 기차(전철)을 놓쳤어.
> B : 택시로 가자.
> A : 좋은 생각이야.
> B : 도착했어. 해냈어!

기본회화패턴 5

Can you make it?
할 수 있겠습니까?

이 make it은 「이루어 내다, 성공하다」라는 의미입니다. 그밖에 「시간에 맞추다, 약속을 지키다」라는 의미가 있습니다.

A : Would you like to go out with me?
B : I'd like to.
A : **Can you make it tonight?**
B : I'm sorry, I have another engagement this evening.

> A : 저녁이라도 함께 할까요?
> B : 좋아요.
> A : 오늘밤은 사정이 괜찮아요?
> B : 미안하지만, 오늘밤은 다른 용무가 있습니다.

A : Where to?
B : To Tokyo Station. **Can you make it in ten minutes?**
A : Sure.

> A : 어디까지 가시죠?
> B : 도쿄 역까지 10분이면 갈 수 있나요?
> A : 물론.

make의 유용한 관련 표현

- What time did you make it? (몇 시로 정했나요?)
- What do you make of this? (너는 이것을 어떻게 생각하니?)
- Do you make a lot of money? (돈을 많이 버십니까?)
- Don't make any troubles in public. (사람들 앞에서는 말썽을 일으켜서는 안 됩니다.)
- I could make nothing of his words. (나는 그의 말을 도무지 이해할 수 없었다.)

반드시 알아야 할 동사 표현 05

go 마법동사

동사 go에는 〈진행〉이나 〈계속〉의 어기가 강하게 작용하는 동사이므로 상황에 따라 적절하게 활용해야 합니다. 가령, Let's go.라고 하면 Let's start.(출발하자.) 혹은 Let's practice.(실행하자.) 등의 뜻으로 사용되기도 하므로 관련된 유사표현도 함께 알아둡시다. 그밖에도 go의 기본 개념은 "어떤 기점으로부터 시작하여 그곳에서 벗어나다, 움직이다"라는 의미를 내포하고 있습니다.

go의 기본적인 의미는 자기로부터 뭔가가 멀어져 가는 것입니다. 이 경우 도달점을 나타내는 말이 없으면 그 '움직임'에는 끝과 제한이 없습니다. 움직임에 제한과 끝이 없다는 것은 출발점으로부터 계속 멀어진다는 것이기 때문에 상황에 따라서 '사라지다(disappear), 죽다(die)'는 의미로도 확장됩니다.

예를 들면 'He went peacefully last week'는 '그는 지난 주 편안하게 돌아가셨다'라는 의미가 됩니다. 우리말에도 「죽다(die)」라고 직접적으로 말하고 싶지 않을 때에는 '돌아가시다'라는 표현을 쓰는데 영어에서 말하는 go가 여기에 해당하는 말입니다.

우리가 일반적으로 go를 '가다'로 알고 있지만 '가다'는 도달점이 표시된 경우에 있어서 하나의 예에 지나지 않습니다. 다시 한번 반복해서 강조하지만 머릿속에 "go = 가다"라는 단순 공식이 자리잡혀 있다면 유창한 회화와는 거리가 멀어질 수밖에 없음을 명심하십시오.

인터넷 경매 사이트나 혹은 우연히 길을 걷다가 〈All of our stock went〉라고 적혀 있으면 "재고가 다 팔렸음"을 나타내는 것이므로 유의하길 바랍니다.

- 가다 move forward
- 진행되다 proceed
- 떠나다 leave

- 작동하다 work
- 사라지다 disappear
- 진전하다 progress
- 죽다 die

우리말로 "화이팅!"은 영어에서 Go for it! / Way to go! / Come on! / Cheer up!처럼 표현하면 된다.

기본 회화 따라잡기

자, 어서요. / 계속하세요.

고 어 헤 드
■ Go ahead.

어떤 행위나 동작의 계속을 요청하는 표현으로 널리 활용된다. 앞에 Let's를 덧붙여 Let's go ahead with it.(그것을 계속합시다.)처럼 사용하기도 한다.

부드럽게 하세요.
(살살 좀 하세요.)

고 이 지
■ Go easy.

go easy에는 "살살 다루다"라는 뜻이 있으며, 가령, The wind blows softly.(바람이 살살 분다.), Snow melts imperceptibly.(눈이 살살 녹는다.), Didn't the doctor tell you to go easy on the alcohol?(의사가 술을 적당히 마시라고 하지 않던가?) 등과 같은 의미로 활용된다.

계속해!

고 온
■ Go on!

가령, 구어에서 Go on!하면 "계속해라."라는 의미로 사용되지만 반어적으로 사용하면 "어리석은 소리 마라!"라는 뜻으로 활용되기도 한다.

힘내세요.

고 훠 릿
■ Go for it!

상대방에게 용기를 북돋우어 주는 말로써 우리말의 파이팅과 가장 흡사한 말이며, 영어로는 Cheer up! / Come on! / Take a chance! / Hang in there! 등처럼 표현한다. 관련 표현에는 Go for broke!(좌우간 부딪쳐 봐!) / Go for it. It can't hurt to ask.(한번 해 봐. 손해 볼 거 없잖아.) 등과 같은 표현을 사용한다.

가서 가지고 오거라.

고 앤 게 릿
■ Go and get it.

Go get it.하면 물건을 가져오라는 말이며, Go get him.하면 and가 생략된 표현으로 "그 사람을 데려와, 그 분을 모셔와."라는 의미를 나타낸다. 가령, Go and see for yourself.(가서 직접 알아봐.)라는 표현도 가능할 것이다.

이제 갈 시간이야.

(잇츠) 타임 투 고 나우
■ (It's) Time to go now.

가령 I have to go.(가야 해.)라는 표현으로도 대용할 수도 있다. 가령, It is about time to go to bed.(이제 잘 시간이다.) / Time to go home, John. Let's call it quits.(존, 집에 갈 시간이다. 이제 끝내자.)라는 표현도 활용해 보자.

만사가 잘되고 있어.

에브리씽 이즈 고잉 웰
■ Everything is going well.

어떤 일의 진척이나 진행 상황을 묻는 안부 인사인 What's going on?에 대한 응답표현으로 널리 활용된다. 어떤 문제가 발생되었을 경우에는 Something went wrong.이라고 대답하면 된다.

그밖의 유용한 관련 표현

- Let's go to see a movie.(영화보러 갑시다.)
- Something is wrong.(뭔가 문제가 있어.)
- Something went wrong.(뭔가 잘못되었어.)
- How long does it take to get there?
  (거기까지 얼마나 걸리나요?)
- Let's go to the dentist.(치과에 가자.)
- How far will they go to reach the top?
  (그들이 정상에 오르려면 얼마나 가야 하죠?)
- Have you got anywhere to go?(어디든 갈 데가 있니?)
- Why don't you take a taxi and go ahead?
  (너 먼저 택시 타고 가는 게 어때?)

기본 회화 패턴 뛰어넘기

기본회화패턴 1

Go ahead.
자, 어서.

Go ahead.는 허락을 요청 받았을 때 「자, 어서하세요」, 「먼저 하세요」라고 상대방에게 말이나 행동을 재촉할 때의 구어 표현입니다. ahead.는 「먼저, 앞서」라는 의미로 문이나 엘리베이터, 상점 카운터 등에서 "먼저 하세요." 라고 상대에게 양보할 경우에 사용합니다.
가령, Please!라는 부탁이나 의뢰 표현에 대한 응답표현인 허락이나 허가의 의미로 사용해도 무방하며, 또한 After you!(먼저 하세요.)라는 표현을 대체하기도 합니다.

A : May I turn on the TV?
B : Sure. **Go ahead.**

> A : 텔레비전을 켜도 될까요?
> B : 물론, 켜세요.

기본회화패턴 2

Go easy.
부드럽게 하세요.

easy에는 「쉬운, 편안한」라는 뜻이 있습니다. Go easy.는 「편히 가세요」 결국 "부드럽게 하세요." 라는 의미가 됩니다. 심한 말을 들었을 때도 농담조로 「웬만하면 부드럽게 하세요」라는 느낌으로 Go easy.라고 말합니다. 가령, Easy does it.하면 "조심해, 살살해."라는 의미로 사용되며, Take it easy.라고 하면 「편히 쉬어, 잘 지내」라는 뜻으로 사용됩니다.

A : John is your new staff member, isn't he?
B : Right. I'm going to be tough on him.
A : **Go easy.** Maybe he can't take it.

> A : 존은 당신의 새로운 부하이죠, 그렇죠?
> B : 그래요. 난 그에게 좀 엄하게 할 생각이오.
> A : 부드럽게 하세요. 그 사람 참지 못할지도 몰라요.

기본회화패턴 3

Go on!
계속해!

Go on.의 기본적인 의미는 「행동을 계속하다」라는 뜻입니다. Go on!만으로 쓰는 경우는 "계속해, 일사천리로 해."라고 상대의 행동을 독려하거나 재촉하는 표현입니다. 가령, Come on! / Hurry up! 등과 같은 어기를 담고 있기 때문에 대신 사용해도 무방합니다.

A : George's drumbeat is great!
B : It sure is. George, **go on!!**

　　A : 죠지의 북소리는 대단해!
　　B : 정말이야. 죠지, 계속해!

　＊drumbeat 북소리 (일타)

기본회화패턴 4

Go for it!
좌우간 부딪쳐 봐!

상대에게 용기나 격려를 줄 때 할 수 있는 표현으로 사용되며, Go for broke!라는 표현으로도 사용할 수 있는데 여기서 broke는 「파산한, 무일푼의」의 뜻입니다. 이 표현을 직역하면 「무일푼이 되기 위해 가라」, 결국 "승부를 걸어라, 사력을 다해라"라는 의미가 됩니다. 제 2차 세계대전 중에 병사들이 진격시에 즐겨 사용한 속어가 일상회화에서도 쓰이게 된 예입니다.

A : Why are you getting so nervous today?
B : I have a job interview tomorrow.
A : Relax and **go for it!**

　　A : 왜 오늘은 그렇게 안절부절 못하니?
　　B : 내일 일자리 면접이 있어서 말이야.
　　A : 침착해. 좌우간 부딪쳐 봐!

　＊nervous (신경질적인, 초조한)

기본회화패턴 5

Go and get it .
가서 가지고 오거라.

Go and get it.의 직역은 「가서 그것을 가지고 오거라」입니다. go와 get의 동사를 바꾸면 Come and get it. (가지러 오너라.), Go and watch it. (보러 가거라.)처럼 여러 가지 변화를 줄 수 있는 표현입니다.

A : Sis, can you bring me a glass of water?
B : No way. **Go and get it** yourself.

> A : 누나, 물 한 잔 가지고 와.
> B : 싫어, 네가 가지고 오렴.

* sis : sister(누이, 여동생)을 줄여서 부르는 구어 표현.
* No way. (안 돼, 절대로 ~이 아니다)

go의 유용한 관련 표현

- Won't you go shopping today? (오늘 쇼핑하러 가지 않을래?)
- How did the game go? (경기는 어떻게 되었습니까?)
- The tire went flat. (타이어가 터졌다.)
- How's everything going? (요즘 어때?)
- When will you go out? (언제 외출할 거니?)
- Let me go over it. (어디 좀 살펴봅시다.)

come 마법동사

come의 기본적인 의미는 "어떤 방향으로 향하다(move toward)"라는 뜻입니다. 우리는 일반적으로 come을 "오다"의 의미로 암기하고 있으나 정확하게 말하자면 "일정한 지점으로부터의 움직임"의 개념입니다. 이와 반대로 go는 반대로 기점보다 도달점에 중점을 두는 개념입니다. come은 무언가가 중요한 포인트(주체) 쪽으로 오는 것을 의미하는 동사이므로 회화상에서 I'll come right over you.라고는 하지만 I'll go…로 하지 않는 것은 you가 가장 중요한 포인트의 주체이기 때문입니다. "당신이라는 주체에 내가, 나를 가지고 간다"라는 발상을 하면 마법동사인 come을 파악하기가 쉽습니다.

우리가 "오다"란 의미로 알고 있는 come에도 "가다"라는 의미가 있습니다. 흔히 쓰이는 May I come in?은 "들어가도 됩니까?"인데 May I go in?이라 하지 않으며, I'm coming.은 "지금 가요."라는 뜻인데 영어에서는 상대방 쪽으로 간다고 표현할 때 come을 사용하며, 절대로 "I'm going"이란 표현을 쓰지 않습니다. 즉 "어떤 장소"를 기점으로 해서 그곳에서부터 밖으로 향해서 "가다"가 go이고, 자신이 "상대방 쪽으로 가다"라고 할 때는 무조건 come이 쓰입니다. 그래서 'I'll come to the party.'하면 주최한 사람에 대해 그 파티에 간다고 말할 때 쓰는 표현이며, 'I'll go to the party.'라면 주최한 상대방에 상관없이 단순히 파티에 간다는 의미가 됩니다.

come의 뜻이 사전에는 "상대방 쪽으로 상대와 같은 방향으로 가다"로 되어 있는데 아무튼 사람이나 사물이 중요한 포인트(장소, 사람, 사물)로 다가가는 개념으로 이해하면 됩니다. 그처럼 다가오는 것이 갑자기 라면 "일어나다(happen), 나타나다(appear), 우연히 만나다(meet by chance), 손에 넣다(obtain)" 등의 의미가 되고, 반대로 다가오는 것이 비교적 천천히 움직인다면 "도달하다(arrive), 닿다(reach), 들어오다(move into)" 등의 의미로 발전하게 됩니다.

- 도착하다 arrive
- 일어나다 occur
- 관련되다 concern
- 시작하다 start
- 이야기하다 talk about
- 방문하다 visit

Tips

돌아왔을 때의 인사표현으로 I'm coming.이나 I'm home. 이고, 나갈 때의 인사표현은 I'm leaving.이다.

기본회화 따라잡기

어서 빨리 해라.

커 몬
■ **Come on!**

상대방에게 독촉하거나 격려할 때의 표현으로 널리 활용되는데 발음은 [커먼]에 가깝게 발음하면 된다. 가령, Come on in.이라 하면 "어서 들어오세요."라는 뜻으로 활용됩니다.

어떻게 되었지요?

하 우 디 릿 컴 아 웃
■ **How did it come out?**

어떤 일이나 사건의 진행이나 결과를 묻는 표현법으로 come out은 "(어떤 결과로) 끝나다, (결과가) 나오다, 발표되다"의 뜻을 내포하고 있다.

그것이 필요할런지도 몰라.

잇 메이 컴 인 핸디
■ **It may come in handy.**

다소 불확실한 추측을 나타낼 경우에 It may come ~(…일지[할지]도 모르다, 아마 …일[할] 것이다)를 활용하게 되는데 이의 부정 표현은 It may not come ~라고 표현한다.

여기 버스가 왔다!

히어 컴스 더 버스
■ **Here comes the bus!**

여기서 사용된 here는 there와 같이 공간적 개념에서 표현되기도 하지만 잔소리를 하는 상대방에게 Here we go again.(또 시작이군!) / There, that's done.(자, 이제 끝났다.)이라는 표현처럼 시간적 개념으로 사용된다.

어째서죠?

하 우 컴즈 잇
■ **How comes it?**

원래 표현은 How did it come that ~?이였으나 구어에서는 단축형으로 사용된다. Why (not)?과 같은 표현법으로써 이유를 묻는 경우에 활용된다.

Part 2. 영어회화에 강해지는 마법 동사 155

다시 한번 말씀해 주세요?

컴 어 게 인
■ Come again?

대체할 수 있는 표현으로 Pardon me? / What was it? / What did you say? 등과 같이 상황에 적합한 표현을 구사해 보자.

인터넷에 유용한 약어(acronym)

일반적으로 관용적으로 사용되는 표현에 근거하여 간략화한 표현으로써 상호 약정된 의미 표현의 한 형태이다.

afaik : as far as I know(내가 알고 있는 바로는)
aka : as known as(소위 말하는, 널리 알려진)
asap : as soon as possible(가능한 빨리)
b4 : before(전에)
bbl : be back later(나중에 보자)
bfn : bye, for now(그럼, 안녕)
btw : by the way(그런데)
cul : see you later(안녕) *cc, cul8r
e.g. : example(예를 들면)
f2f : face to face(만납시다)
fya : for your amusement(웃자고 하는 얘기야)
fyi : for your information(참고하세요.)
gd&r : grinning, ducking and running(내 얘기 시시하지)
hhok : ha ha only kidding(농담이야)
imco : in my considered opinion(내가 숙고한 바로는)
imho : in my humble opinion(나의 소견으로는)
iow : in other words(달리 표현하면)
lol : laughing out loud(박장대소하다)
mompl : moment please(잠시 기다리시오)
oic : Oh, I see(알겠어요 / 그렇군요)
otoh : on the other hand(다른 한편으로)
rotfl : rolling on the floor laughing(포복절도)
rsn : real soon now(머지않아)
tia : thanks in advance(먼저 고마움을 전할께)
tnx : thanks(고마워)
wb : welcome back(반가워)
wtg : way to go(잘 했어)

기본회화패턴 1

Come on!
괜찮아!

이 경우의 Come on.은 감탄사입니다. "괜찮아, 글쎄"라고 상대를 격려하는 듯한 느낌으로 권유하거나 재촉할 때 사용합니다.

A : Can I look at your pictures?
B : I'm embarrassed.
A : **Come on.** Show them to me.

> A : 네 그림을 봐도 되니?
> B : 부끄러워.
> A : 괜찮아, 보여줘.

기본회화패턴 2

How did it come out?
과는 어떻게 됐나요?

How did it come out? (그것은 어떻게 되었습니까)는 어떤 일의 결과나 진상을 물을 때 쓰이는 표현입니다. result (결과)라는 말을 써서 How was the result?라고 물을 수도 있지만, How did it come out?가 구어적입니다. come out는 「(결과가) ~이 되다, ~이 나오다」라는 의미입니다.

A : I'm glad my English test is finished.
B : **How did it come out?**
A : So so.

> A : 영어 테스트가 끝나서 기뻐.
> B : 어떻게 됐어? *시험 성적의 결과
> A : 그저 그래.

기본회화패턴 3

It may come in handy.
그건 도움이 될지도 몰라.

우리가 흔히 쓰는 「handy」는 「들고 다니기에 간편한 모습」을 나타내지만, 영어의 handy는 「다루기 쉬운, 편리한」이라는 뜻입니다. come in handy로 「무언가 도움이 되다, 귀중하다」라는 뜻으로 많이 쓰입니다.

A : I don't think I'm going to use this dictionary.
B : **It may come in handy.**

A : 이 사전을 이제 쓸지 모르겠어.
B : 도움이 될지 몰라.

기본회화패턴 4

Here comes the bus!
버스가 왔다!

어떤 사람이나 물건을 발견했을 때 주목하게 만드는 표현입니다. "버스가 왔다!"를 말하면 The bus come here.이지만, Here를 문두에 꺼냄으로써 「왔다」라는 것을 강조합니다. 사람의 경우는 대명사라면 Here he comes.이며, 고유명사일 때는 Here comes Tom.과 같은 어순이 됩니다. 각기 주어와 동사의 위치에 주의합시다.

A : **Here comes the bus!**
B : Let's hurry.
A : Don't forget your suitcase.

A : 버스가 왔다!
B : 서둘러요.
A : 여행 가방은 잊지 말아요.

기본회화패턴 5

How come?
어째서? / 왜?

How come? (왜?)는 Why? (왜?)의 구어 표현입니다. 관용구처럼 How come? 단독으로 쓸 수 있습니다. 뒤에 말을 연결할 경우에는 아래의 예처럼 how come에 이어지는 영문은 〈평서문〉, why에 이어지는 영문은 〈의문문〉이 되므로 주의하세요.

예) 왜 여기에 있니? How come you are here? / Why are you here?

A : I'm not going to the party.
B : **How come?**
A : I have lots of homework to do.

    A : 나, 파티에 안 갈래.
    B : 왜?
    A : 숙제가 많이 있어.

come의 유용한 관련 표현

- Yes, I'm coming. (예, 지금 갑니다.)
- Come this way, please. (이쪽으로 오십시오.)
- He comes of a good family in his country.
  (그는 자기 나라에서 명문가 출신이야.)
- Does he come from Seoul? (그는 서울 출신입니까?)
- Now I come to think of it, I haven't heard anything about it.
  (이제 생각해보니까, 아무 얘기도 못 들었어요.)

반드시 알아야 할 동사 표현 07

keep 마법동사

keep의 기본적인 개념은 "continue to have or hold as one's own"으로 기본 동사 have의 개념에다 시간적인 연장의 의미가 첨가된 개념으로써 어떤 것이 변화하지 않고 그대로의 상태를 "지속하다, 유지하다"라는 뉘앙스가 풍기게 됩니다. 그래서 keep은 have보다는 더욱 오래 오래 계속하여 유지할 때 사용되는 기본 동사입니다.

keep의 본래의 의미는 "지키다, 막다"라는 뜻인데 그 의미를 확장시켜 보면 결과적으로 "(지켜서) 현재의 상태를 유지하다"라는 뉘앙스의 의미가 나오게 되는 것을 유추할 수가 있습니다. 무엇을 "가지고 있다"는 개념에서는 have와 유사하나 have는 의지나 무의지에 둘 다 사용될 수 있는 동사이지만 keep은 반드시 의지동사로만 사용된다는 점에서 다릅니다.

keep은 "현 상태의 동작, 상태를 지키다"라는 의미에서 이어간다는 연속의 뉘앙스가 나옵니다. 그래서 keep에다 동사의 -ing를 붙이면 "진행 중인 동작을 이어간다"는 의미를 내포하게 됩니다.

- 빌리다 borrow
- 취급하다 deal
- 보존되다 remain
- 맡아 두다 take care
- 연락하다 communicate
- 경영하다 manage
- 가지다 have

Tips

상대방에게 힘이나 용기를 내라고 말할 때 Keep in there / Hang in there / Stay in there. 따위로 표현하면 된다.

기본회화 따라잡기

조용히 해.

킵 콰이엇
■ **Keep quiet.**

유사한 표현에 Be quiet! / Hold your whist! / Keep it down! 따위가 있다.

침착하세요.

킵 유어 셔츠 온
■ **Keep your shirt on.**

일반적으로 Calm down! / Relax! / Take it easy! / Chill out! 등으로 나타내기도 한다.

비밀로 해 줘.

키 피러 씨크릿
■ **Keep it a secret.**

흔히 외국 영화에서 특급비밀을 top secret이라고 하는데 유사한 표현에는 Keep it to yourself.이 있으며, 가령, Please keep it secret to save my face.(내 얼굴을 봐서 비밀로 해줘.)라는 표현도 활용할 수 있도록 하자.

명심해.

킵 댓 인 마인(드)
■ **Keep that in mind.**

상대방에게 다짐을 할 때 Remember!라고 하는 것처럼 Keep ~ in mind.라는 표현도 널리 활용된다. 일상생활에서나 학교생활에서 We should deeply impress upon our mind.(우리는 깊이 명심해야만 합니다.)라는 말을 잔소리처럼 들어보았을 것이다.

거스름돈은 가지세요.

킵 더 체인지
■ **Keep the change.**

가게에서 계산할 때 손님이 점원에게 한 말이면 "You can keep the change.(거스름돈을 가지세요.)"라는 뜻이며, 점원이 손님에게 이런 말을 했다면 "Here is your change.(여기 거스름돈요.)"라는 의미로 활용됩니다.

정신 좀 집중하세요.

키 퓨 어 아 이 온 더 볼
■ **Keep your eye on the ball!**

어떤 일이나 상황에서 집중을 종용하는 말로 You have to keep your eye on the ball.이라고 표현할 수도 있을 것이다.

충고 좀 부탁드립니다.

킵 미 어 드 바 이 스 (드)
■ **Keep me advised!**

상대방에게 부탁을 청할 경우에는 Keep me informed.(정보 좀 주십시오.)라고 표현하는 반면에 충고를 하는 입장이라면 Let me give you a few pieces of advice.(자네에게 몇 마디 충고하겠네.)처럼 공손하고 정중하게 접근해야만 한다.

기본회화패턴 1
Keep quiet.
조용히 해.

keep는 「유지하다」라는 의미입니다. 조용한 「상태」를 유지해 주기를 바랄 때는 Keep quiet.라고 말합니다. 「조용히 하다」라는 동작을 명령하고 싶을 때는 Be quiet.라고 합니다.

A : **Keep quiet.** I'm listening to cricket chirps.
B : Can I join you?

> A : 조용히 해. 귀뚜라미 우는 소리를 듣고 있어.
> B : 함께 들어도 되겠니?

기본회화패턴 2
Keep your shirt on.
침착하세요.

keep one's shirt on은 「참고 잠깐 기다려」라는 의미의 구어적인 표현입니다. 같은 상황에서 Calm down. (침착하거라.), Don't be excited. (실망하지 마라.), Take it easy. (편하게 마음먹어라.), Hold your horses. (참거라.) 등도 쓸 수 있습니다.

A : You look upset. What's wrong?
B : I've been waiting for Michael for an hour.
A : I know it's rude. But **keep your shirt on.**

> A : 화가 난 것 같은데, 무슨 일이니?
> B : 마이클을 1시간이나 기다리고 있어.
> A : 그거 못된 녀석이구나. 하지만 참고 기다려라.

기본회화패턴 3

Keep it a secret.
비밀로 해 줘.

Keep it a secret.는 "그것을 비밀로 해 두세요"라는 의미입니다. 비밀 이야기를 하며 「그건 비밀이야.」라고 말하고 싶을 때는 This is a secret. 또는 This is just between you and me. (이것은 둘만의 일입니다.)라고 말합니다. 후자가 더 구어적입니다.

A : Is he your boyfriend?
B : Yes, but **keep it a secret,** will you?

A : 그가, 네 남자 친구니?
B : 그래, 하지만 비밀로 해 줘.

* top secret 일급비밀, 특급비밀

기본회화패턴 4

Keep that in mind.
명심해.

그냥 Keep in mind.라고 하여 「당신의 마음속에 계속 간직하세요」 즉, "명심하세요, 잊지 마세요."라는 의미가 됩니다. Don't forget ~.이라고도 하지만, 금지의 명령으로 쓰기보다는 Keep that in mind.가 부드러운 느낌을 줍니다.

A : You're not a member of this tennis club anymore.
B : Right.
A : **Keep that in mind.**

A : 너는 이제 이 테니스 클럽의 멤버가 아니야.
B : 알겠습니다.
A : 그것을 명심해.

기본회화패턴 5

Keep the change.
거스름돈은 가지세요.

keep the change는 거스름돈을 그냥 팁으로 주고 싶을 때 쓰는 관용표현입니다. keep는 「유지하다, 보존하다」라는 의미. 「거스름돈을 보관해 주십시오」 즉, "받아 주세요"라는 말이 됩니다. 또 keep good time은 「좋은 시간을 유지하다」 즉, "시간이 정확하다"라는 의미가 됩니다.
예) My watch keeps good time.
　내 시계는 정확합니다.

A : Please stop here. How much is it?
B : It's seventeen fifty.
A : Here's twenty. **Keep the change.**
B : Thank you.

　　A : 여기서 세워 주세요. 얼마입니까?
　　B : 17달러 50센트입니다.
　　A : 자, 20달러. 거스름돈은 가지세요.
　　B : 고맙습니다.

keep의 유용한 관련 표현

- I'm sorry to have kept you waiting. (기다리게 해서 미안합니다.)
- Promise me to keep the secret. (비밀을 지키겠다고 내게 약속해라.)
- You can keep it.(넣어 두세요.)
- Keep the change.(잔돈은 가지세요.)
- Keep it to yourself.(비밀로 해주세요.)
- I'll keep your secret.(난 비밀은 지킵니다.)

leave 마법동사

leave의 기본적인 개념은 "출발하다"와 "남겨두다, 그만두다"라는 의미로 사용되는데 "맡기다"라는 개념으로 사용될 경우에는 let과 가장 유사하게 활용되는데 let은 원형부정사가 오는 반면, leave는 to부정사가 온다는 점에 유의해야만 할 것입니다.

상대방에게 출발할 때 Are you ready to go?(떠날 준비가 되었나요?)라는 말 대신에 Are you ready to leave?라는 말을 사용해도 무방하며, 상대방에게 출발시점을 묻는 경우에는 What time are we supposed to leave?(언제 우리 떠날 예정이에요?), When are you going to leave?(언제 떠나려고 하나요?) 등과 같이 물어도 될 것입니다.

관용적인 표현으로 상대방의 계속되는 불평불만을 듣고 있다가 한 마디 할 경우에는 Just leave complaining.(좀 투덜대지 좀 마라.), 계산이나 일거리를 자신이 맡겠다고 상대방에게 의중을 피력할 때 Leave it to me.(저한테 맡겨 주세요.), 잔소리를 하거나 야단치는 사람에게 중단을 요구하고자 할 경우에 Leave it at that.(그쯤 해두시죠.) 등과 같은 표현이 활용되므로 뜻에 유념해서 익혀두길 바랍니다. 특히 발음상 live와 유사하지만 장모음이 있으므로 길게 끌어주면 됩니다.

가령, I'll leave the keys with a neighbour.(이웃에게 열쇠를 맡길 거야.) / Where did we leave off last time?(지난번에 어디서 그만두었죠?) / I shall leave you to think what you like.(당신의 상상에 맡깁니다.) 등과 같은 표현도 활용될 수 있으므로 상황에 따라 적절하게 사용하여야 합니다. 또한 속담으로 Better leave it unsaid.(말 않는 것이 상책.)이라는 표현도 함께 알아둡시다.

- 사라지다 go away
- 출발하다 depart
- 그만두다 cease

- 내버려 두다 allow
- 남기다 remain
- 지나가다 move out

상대방의 비난이나 비평에 대하여 저지할 때 Leave it at that(그냥 해두게)라는 표현을 활용한다. 가령, Stop it 이나 That's it도 가능하다.

기본 회화 따라잡기

그대로 두세요. /
그냥 내버려 두세요.

저슷 리빗
■ Just leave it.

구어체에서 활용되는 표현으로 Leave me alone.(혼자 있게 내버려둬.) / Let him do his worst.(저런 자식 마음대로 하라고 그래.) / Just leave it all to me. I'll take care of it tonight!(나한테 맡겨. 오늘 저녁은 내가 쏠게.) / Let him leave to do it.(그가 하게 내버려 둬라.) 따위가 있다.

이제 가야겠습니다.

아이 해브 투 비 리빙 나우
■ I have to be leaving now.

작별을 청할 때 유사한 표현으로 I must say good-bye now. / I think I should be going now.라는 표현이 활용된다.

켜 두세요.

리빗 온
■ Leave it on.

반대로 Leave it off.(꺼 두세요.)라고 표현할 수 있으며, Leave it out.(그만 좀 하세요.)이라고 하면 Stop it!이라는 관용표현과 동일하게 사용된다.

제발 저 좀 내버려 두세요.

립 미 얼론 플리즈
■ Leave me alone, please.

유명한 가수의 노래에도 Let it be.라는 곡이 있듯 자유방임을 종용하는 뉘앙스를 담고 있는데 가령, Let him be.라고 하면 "그 사람을 내버려 두세요."의 의미를 나타낸다.

메시지를 남기시겠습니까?

우쥴 라익 투 리버 메시지
■ Would you like to leave a message?

전화상에서 상대방에게 전언이 있는지 묻는 표현인데 이때 Yes, I'd like to leave a message.(네, 메시지를 남기고 싶습니다.)라고 응답하면 된다.

테이킷 오어 리빗
■ Take it, or leave it.

받아들이든 말든 마음대로 해라. / 사든 말든 맘대로 하세요.

상대방의 잔소리나 불평불만에 대하여 Leave it at that.(그만큼만 해 두게, 그쯤 해두지.)라고 따끔하게 이야기할 필요가 있을 것이다.

돈 리브 더 베이비 크라잉
■ Don't leave the baby crying.

아기를 우는 채로 놔두지 마라.

방임의 부정형을 통하여 금지의 표현으로 사용되는데 가령, 있는 그대로 개입하지 말라는 뜻에서 Leave things as they are.(현상태로 놔두어라.)라고 표현하면 된다.

아일 리브 댓 투 유
■ I'll leave that to you.

당신 맘대로 하세요. / 당신의 결정에 따를게요.

유사한 표현으로 That depends on you. / It's up to you. 정반대의 표현으로는 (I'll) Leave it to me.(저한테 맡겨 주세요.)라고 표현하면 된다. 또한 Don't go to any trouble.(걱정 마시고 마음대로 하세요.)라고 배려하면 유창한 영어를 하는 사람으로 인정받게 될 것이다.

아일 리브 투 유, 써
■ I'll leave it to you, sir.

당신 맘대로 해주십시오.

상대방에게 가격이나 의사결정의 권한을 넘기고자 할 때 사용하는 표현으로써 Suit yourself. / Do as you like.(= Do as you please.)이나 Do(Have) it your way. 따위로 대용해도 된다. 물론 자포자기의 뉘앙스도 내포되어 있을 때도 있다.

기본회화패턴 1

Just leave it.
제발 그대로 두세요.

leave는 「아무 것도 하지 않고 내버려두다」, just는 강조하기 위해 붙인 것으로 생략해도 상관없습니다. 그대로 내버려 둔 것이나 일이 복수일 경우에는 Just leave them as they are.가 됩니다.

A : I'm sorry. I broke the vase.
B : That's okay. **Just leave it.**

>   A : 미안합니다. 꽃병을 깨뜨렸습니다.
>   B : 괜찮아요. 그대로 두세요.

기본회화패턴 2

I have to be leaving now.
이제 가야겠습니다.

방문을 마치고 나올 때 쓰이는 표현입니다. 이 leave는 「떠나다, 나오다」, have to는 「~하지 않으면 안 된다(해야 한다)」라는 의미입니다. leave 대신에 go (가다)를 쓰면 I have to go now.라고 말해도 됩니다.

A : **I have to be leaving now.**
B : Thank you for coming all the way here.
A : I had a good time.

>   A : 이제 가야겠습니다.
>   B : 먼 곳까지 와 주셔서 고맙습니다.
>   A : 매우 즐거웠습니다.

기본회화패턴 3

Leave it on.
켜 두세요.

leave에는 「그대로의 상태로 내버려두다」라는 의미가 있습니다. leave ~on은 「~을 on 상태로 놓다」 즉, "~인 채로 방치하다"가 됩니다. Leave the computer on.은 "컴퓨터를 켜두어라." Leave the TV on.는 "텔레비전을 켜두어라"라는 의미가 됩니다.

A : You left the light on.
B : That's okay. **Leave it on.**

> A : 전기를 켜 두었네.
> B : 괜찮아, 켜 둬.

기본회화패턴 4

Leave me alone.
나 좀 내버려둬.

leave는 「방치하다」, alone은 「혼자서」라는 의미입니다. Leave me alone.은 「나를 혼자서 놔두고 방해하지 말아요」, 즉 "내버려둬요."라는 의미가 됩니다. Leave me alone.을 부정문으로 하여 Don't leave me alone. (나를 혼자 두지 말아요.)라는 뜻이 됩니다.

A : What are you crying for?
B : Nothing.
A : Tell me what happened.
B : **Leave me alone.**

> A : 왜 울고 있니?
> B : 아무 것도 아니야.
> A : 무슨 일 있는 건지 말해 보렴.
> B : 내버려둬요.

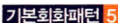 **기본회화패턴 5**

Would you like to leave a message?
메시지를 남기시겠습니까?

Would you like to leave a message?는 you(당신)을 주어로 하여 "메시지를 남기시겠습니까?" 라고 상대의 의향을 묻는 표현입니다. I(나)를 주어로 하여 "메시지를 남겨도 될까요?"라고 요청할 때는 May(Can) I leave a message?라고 묻습니다. 또, 전화 받는 쪽에서는 Could(May) I take a message? (메시지를 부탁드릴 수 있습니까?)라고 합니다.

A : Could I speak to Mr. Murphy, please?
B : I'm sorry. He's just stepped out. **Would you like to leave a message?**
A : That's all right. I'll call him back again later.

A : 머피 씨와 통화할 수 있을까요?
B : 죄송합니다만, 지금 나가고 없습니다. 메시지를 남기시겠습니까?
A : 괜찮습니다. 나중에 다시 걸겠습니다.

* step out (근무 중에) 잠깐 자리를 뜨다, 외출하다

leave의 유용한 관련 표현

- Why did she leave her last job? (왜 그녀는 전 직장을 그만 두었나요?)
- What time are we supposed to leave? (언제 우리 떠날 예정이에요?)
- When are you going to leave? (언제 떠나려고 하나요?)
- I'm sorry, but I have to leave now.(미안하지만, 이제 가야겠어요.)
- What time does it leave New York?(몇 시에 뉴욕을 출발하나요?)

반드시 알아야 할 동사 표현 09

do 마법동사

동사 do의 기본 개념은 "무엇을 끝까지 하다(to carry on an activity to its end)"라는 의미를 포함하고 있습니다. 의미상으로 보자면 일종의 완결성이 있는 말로 끝내다(finish), 쓸모가 있다(useful), 도움이 되다 (helpful) 등의 의미로 변화되어 사용됩니다. 예컨대 I'm done.은 "나는 끝장났어."라는 완결을 나타내는 뜻이 되고, 'This will not do.'는 "이건 도움이 되지 않는다, 쓸모가 없다."라는 의미가 됩니다.

do는 영어 동사 중에서 가장 기본적이기 때문에 다른 동사와 결합하여 여러 가지 표현으로 사용되는데, 우선 do 다음에 명사를 붙이면 여러 가지 동작의 의미를 나타내는 아주 편리한 단어가 됩니다. 즉 어떤 명사를 알고 있는데 동사형을 확실히 알고 있지 못할 경우 그 명사에다 do만 붙이면 동사형으로 사용할 수가 있습니다. "연구하다"는 do research, "여행을 하다"는 do a trip, "계산을 하다"는 do a calculation과 같이 동사를 쓰는 대신에 〈do + 명사〉로 대체하여 사용할 수가 있는 것입니다.

그러나 do는 "하다"라는 일률적인 의미로만 쓰이는 것이 아니고 do 다음의 목적어가 무엇이냐에 따라서 do의 뜻이 다양한 의미로 사용되고 있습니다.

예를 들어 She always does her hair at home. 이라는 표현에서 do는 경우에 따라 "wash(씻다), cut(머리를 자르다), dry(드라이를 하다)"는 의미를 포괄하는 뜻으로 여러 가지 다양한 의미로 사용될 수 있습니다. 또 다음과 같이 do는 서로 상반된 의미를 갖는 경우도 있습니다. The student did Lesson one.에서 do의 뜻은 "배우다(learn)"이지만, The teacher did Lesson one.에서는 "가르치다(teach)"는 의미로도 쓰입니다.

■ 해내다 accomplish

- 일하다 work
- 풀다 solve
- 끝내다 finish
- 만들다 make
- 지내다 get along
- 회복하다 recover
- 수행하다 perform

조동사와 be동사가 있는 문장에서는 do 없이 부정문·의문문을 만들며, 단 본동사 have가 있을 때에는 미국영어에서는 do를 써서 부정문·의문문을 만든다.

최선을 다하겠습니다.

아 일 두 마 이 베 스 트
■ I'll do my best.

상대방에게 다짐을 하는 표현으로 I will try my best.라고 하면 된다. 또한 상대방에게 부탁이나 충고를 할 경우에는 Be all you can be.(최선을 다해라.)라는 표현이 어울릴 것이다.

꼭 그렇게 하세요. / 그렇게 합시다.

플 리 즈 두
■ Please do.

상대방에게 기분상하지 않게 명령하는 어투로써 Please do not bring large amounts of money into hospital.(병원에 오실 때는 현금을 많이 지참하지 마십시오.) / Please do not handle the exhibits.(전시품에 손을 대지 마시오.) / Please do not hesitate to contact me.(주저하지 마시고 저에게 연락주십시오.) 등에서처럼 사용하면 된다.

이거면 되겠어요?

윌 디 스 두
■ Will this do?

여기서는 "충분하다"라는 의미로 사용되어 This will do us for now.(당장은 이것으로 족합니다.) / Will this chair do you?(이 의자로 되겠습니까?) 등에서처럼 활용하면 된다.

무엇이든 좋습니다.

에 니 씽 윌 두
■ Anything will do.

이 문장 표현에서는 "상관없다, 좋다"라는 뉘앙스로 쓰여 If there's anything I can do, I will do everything.(내가 해 줄 수 있는 일이 있으면 뭐든 할게.) / I will do anything.(무엇이든 하겠습니다.) 등과 유사하게 활용되는데 단서를 붙인 표현인 I will do anything but that.(그것만은 못하겠습니다.)도 유용하게 사용될 수 있을 것이다.

저는 그것과는 관계가 없습니다.

아이 해브 나씽 투 두 위릿
■ I have nothing to do with it.

nothing to do with(아무런 관련이 없다)라는 관용표현으로써 "그 일은 나는 모릅니다."라는 뜻으로 쓰여 I have nothing to do with the matter. / It's no concern of mine. / That's none of my business. / I can't help what you have done. 따위로 대체해도 무방하다.

직업이 무엇입니까?

왓 두 유 두
■ What do you do?

What's your job?이나 What's your occupation? 등을 활용해도 무방하다.

혼자서 해라.

두 잇 유어쎌프
■ Do it yourself.

관용적으로 The English are do-it-yourself people.(영국인은 제 손으로 물건 만들기를 좋아하는 국민이다.)라고 표현하기도 한다.

좋을 대로 하시오.

두 애즈 유 플리즈
■ Do as you please.

유사표현으로 You can do as you please.(당신 마음대로 하세요.) / Take[Have] your own way. / So you are the emperor. 따위를 활용해도 된다.

무엇을 도와드릴까요?

왓 캔 아이 두 훠유
■ What can I do for you?

백화점이나 상점에 들어가면 점원이 손님에게 하는 표현인데 "어서오십시오."라는 인사말이다. 특히 병원에서 의사가 환자에게 "어디가 편찮으십니까?"라고 물을 경우에도 사용된다.

기본회화패턴 1

I'll do my best.
최선을 다하겠습니다.

우리말의 "최선을 다하겠습니다."의 표현은 영어의 do one's best(최선을 다하다)에서 온 표현입니다. 같은 의미의 표현에 do one's utmost.라는 표현도 있습니다. utmost는 「(능력, 힘, 한도 등의) 최대한」이라는 뜻입니다.

A : We decided to hire you.
B : Thank you. **I'll do my best.**

> A : 당신을 채용하겠습니다.
> B : 감사합니다. 최선을 다하겠습니다.

기본회화패턴 2

Please do.
꼭 그렇게 하세요.

Please do.는 상대의 요청이나 부탁에 대해서 "꼭 부탁드립니다."라는 의미를 포함한 의뢰의 표현입니다.

A : Are you planning to travel to Europe?
B : Yes. I'm looking for a discount ticket.
A : I'll be able to get one for you.
B : **Please do.**

> A : 유럽으로 여행하십니까?
> B : 네. 할인 항공권을 찾고 있는 중입니다.
> A : 내가 싼 항공권을 구할 수 있어요.
> B : 꼭 그렇게 해 주세요..

기본회화패턴 3

Will this do?
이거면 되겠어요?

이 경우의 do도 "쓸모가 있다, 충분하다"라는 의미입니다. this를 바꿔서 Will that do?로 하면 "저걸로 되겠어요?", Will he/she do? (그 사람/그녀로 되겠어요?)라는 의미가 됩니다.

A : I'm looking for a pen.
B : **Will this do?**
A   Perfect. Thanks.

  A : 펜을 찾고 있는데.
  B : 이거면 되겠니?
  A : 물론이지. 고마워.

기본회화패턴 4

Anything will do.
무엇이든 좋습니다.

Anything will do.의 do는 "쓸모가 있다, 도움이 되다"라는 의미입니다. anything을 바꾸어 Anybody will do.로 하면 "누구든지 좋습니다", Any day will do. "언제든지 좋습니다." 처럼 여러 가지로 응용할 수 있습니다.

A : I'm hungry. Is there anything to eat?
B : There are some sandwiches.
A : **Anything will do.** Where are they?
B : On the table.

  A : 배가 고파. 무슨 먹을 거 있니?
  B : 샌드위치가 있는데.
  A : 무엇이든 좋아. 어디에 있니?
  B : 테이블 위에 있어.

기본회화패턴 5

I have nothing to do with it.
저는 그것과는 관계가 없습니다.

좋은 일 · 나쁜 일에 관계없이 자기와는 관계가 없다고 주장할 때의 표현입니다. have nothing to do with은 「전혀 ~과 관계가 없다, 관련이 없다」라는 의미입니다. it을 주어로 하여 It has nothing to do with me.라고 말할 수도 있습니다.

A : Have you heard Ken had a big argument with his girlfriend?
B : Yes. I've heard.
A : Did you talk about it with him?
B : Why should I? **I have nothing to do with it.**

　　A : 켄이 여자 친구와 크게 싸웠다는데 들었니?
　　B : 응, 들었어.
　　A : 켄과 그 일에 대해 이야기했니?
　　B : 왜 내가 이야기를 하니? 나는 그 일과는 관계가 없어.

　　* hear of ~ (~의 소문을 듣다)

do와 관련된 유용한 표현

- What are you doing here? (여기서 뭐 하고 있니?)
- Will you do me a favor? (부탁드릴 말씀이 있는데요?)
- You can do what you like.(하고 싶은 걸 해도 좋아요.)
- What do you do for a living?(직업이 어떻게 됩니까?)

see 마법동사

see의 기본적인 개념은 'to sense with the eye(or with the mind)'로 일반적으로 눈으로 보고 느끼는 의미로 사용되지만 경우에 따라서는 마음의 눈으로 보는 뜻으로도 사용되어 "알다, 이해하다(understand)"라는 개념도 포함된 동사입니다.

see는 동사 중에서도 지각동사(verb of perception)의 대표적인 동사라고 볼 수 있습니다. 특히 이 see는 무의지를 나타내는 지각동사이며, 지각의 의미를 가지고 있는 watch나 look과는 바로 이 점에서 구분이 됩니다. 예를 들어 I looked(watched) but I saw nothing.이라는 문장에서처럼 자신이 의도적으로 무엇을 보려고 했으나 아무것도 보이지 않았다는 의도의 문장에서 그 차이를 명백히 알 수가 있습니다.

see는 "굳이 시선을 집중하여 보려 하지 않더라도 극히 자연스럽게 시야에 대상물이 들어오는 것"을 의미하는데 비해, watch는 "가만히 지켜 보다"라는 뜻을 가지고 있고, look은 "특정한 대상물에 시선을 두고 집중적으로 보다"라는 의미를 가지고 있습니다.

예를 들어 영화의 경우 화면이 넓기 때문에 한 점을 집중적으로 보는 것이 아니다. 눈만 뜨고 있으면 당연히 화면이 눈에 들어오기 때문에 see가 맞습니다. 그러나 화면 속의 어떤 특정 배우의 움직임을 가만히 지켜보고 있다고 하면 watch가 되고, 더욱 적극적으로 뭔가에 시선을 향하고 있다면 look을 사용하는 것입니다.

- 구경하다 sightsee
- 이해하다 understand
- 상상하다 imagine
- 진찰받다 consult
- 고려하다 consider
- 만나다 meet

기본회화 따라잡기

언제 지배인을 만날 수 있을까요?

웬 캐 나 이 씨 더 매 니 져
■ When can I see the manager?

영어회화에서 see(만나보다) 동사와 대응할 수 있는 동사가 meet이므로 When can I meet ~?라고 표현해도 무방하다. 다만 see가 훨씬 더 영어답다는 것이다.

그곳을 꼭 구경하고 싶네요.

아 이 드 러 브 투 씨 댓 에 어 리 어
■ I'd love to see that area.

구어에서는 I would like to ~라는 문형이 훨씬 더 많이 사용되지만 욕망이나 바람을 더 강조하기 위해 I'd love to ~라는 문형을 활용하는 것이다.

무슨 뜻인지 이해하시겠어요?

두 유 씨 왓 라 이 민
■ Do you see what I mean?

앞에서도 언급하였지만 영어의 특징 가운데 다의어라는 개념은 결국 뉘앙스를 의미하기 때문에 여기서 사용된 see는 "이해하다, 알다"라는 뜻으로 활용되었다. 이에 대한 응답은 I see what you mean.(말씀하시는 뜻을 알겠습니다.)이라고 표현 할 수 있다.

진찰을 받아보는게 좋겠어요.

유 슛 씨 어 닥 터
■ You should see a doctor.

여기서도 You had better see a doctor.라고 해도 되지만 구어체에서는 should를 습관적으로 활용하는 경향이 있다. 가령, have to, ought to, must보다 뜻이 약하며, 종종 의무보다는 권고를 나타내기 때문이다.

한번 생각해 봅시다.

아 일 씨 어 바 우 릿
■ I'll see about it.

우리가 앞에서 익힌 I'll think it over.에서처럼 상대방이 어떤 결정을 종용할 때 Let me see about it.(좀더 생각해 볼게요.)라고도 표출할 수 있겠다.

렛 미 씨
■ Let me see.

글쎄요.

Let's see. 혹은 Well.이라고 축약하여 사용하기도 한다. 가령, Are you an atheist?(당신은 무신론자입니까?)라는 질문을 받았을 때 Well!이나 Yes and no.(글쎄요.)라고 응답하기도 한다.

(아 엠 베리) 플리즈드 투 씨 유
■ (I am very) Pleased to see you.

만나서 반갑습니다. / 잘 오셨습니다.

동사 see 대신에 meet을 사용해도 무방하다. 초면일 경우에 사용할 수 있는 표현으로써 Nice to meet you. / Glad to meet you. 등처럼 활용하면 된다.

숫자 관련 표현법

- 분수 : 2/3(two thirds) *1/2(a half), 1/3(one third), 1/4(a quarter)
- 배수 : once(한배), twice/two times[-fold](두배), three times(세배) …
- 순서 : No. 15(15번째) *number의 약자
- 연도 : 1985(nineteen eighty-five)
- 시간 : 7 : 35 a.m.(seven thirty-five a.m.)
- 숫자 : 324,650(three hundred (and) twenty-four thousand, six hundred (and) fifty)
- 소수점 : 3.4(three point four)
- 페이지 : page 5
- 전화번호 : 874-0010(eight seven four, double 0 one 0)
  394-9003(three nine four, nine double 0 three)
- dozen(12), score(20)
- once(한번), twice(두번), three times(세번) …

기본회화패턴 1

When can I see the manager?
언제 지배인을 만날 수 있을까요?

여기서 see동사는 "뵙다, 만나다"라는 뜻으로 사용되어 meet의 대용이라고 생각하면 이해하기 쉬울 것입니다. 가령, 표를 구할 때 장소를 묻는 경우에는 Where can I get a ticket?이라고 물어보면 됩니다.

A : **When can I see the manager?**
B : Perhaps tomorrow morning, can you come by ten?
A : Yes, I can come.
B : OK. He'll be waiting for you then.

  A : 언제 지배인을 만날 수 있을까요?
  B : 아마 내일 아침에 10시까지 올 수 있겠습니까?
  A : 네, 그러죠.
  B : 알았습니다. 지배인께서 그때 기다리고 있을 겁니다.

기본회화패턴 2

I'd love to see that area.
그곳을 꼭 구경하고 싶네요.

구어체에서 다소 간절한 소망이나 바람을 나타낼 때 I'd love to ~와 I'd like to ~의 문형을 활용하는데 유사한 표현으로 I feel like -ing ~, I hope ~, I want ~, I need ~ 따위도 사용됩니다.

A : What's on Olympic Boulevard?
B : That's the main shopping area downtown. That's where the Chicago Tribune Tower is.
A : **I'd love to see that area.**
B : I think it's a good sightseeing spot.

> A : 올림픽 거리는 어떤 곳이에요?
> B : 시내의 중심 쇼핑센터예요. 시카고 신문사 탑이 있습니다.
> A : 그곳을 꼭 구경하고 싶네요.
> B : 좋은 관광거리라고 생각해요.

* boulevard는 중앙분리대가 있는 큰 길을 의미하며, 그 다음이 가로수가 있는 거리를 avenue 라 하며, 일반적으로 양쪽에 건물이 늘어선 경우에 street를 사용한다.

기본회화패턴 3

Do you see what I mean?
무슨 뜻인지 이해하시겠어요?

Do you know ~?(~를 아시겠어요?)라는 문형과 동일하게 사용해도 무방하지만 동사 see(understand)를 사용하면 내용을 보다 자세하게 알고 있는지의 여부를 묻는 표현이 됩니다. How about coming to see ~?에서는 meet의 뜻으로 사용됩니다.

A : **Do you see what I mean?**
B : Yes, now I see.

> A : 무슨 말인지 알겠습니까?
> B : 네, 알겠습니다.

A : I'd like to talk to you about your new products.
B : I see. How about coming to see me in the office this afternoon?
A : What time is convenient for you?
B : How about five?

> A : 당신의 신제품에 대해서 얘기를 나누고 싶은데요.
> B : 알겠습니다. 오늘 오후 사무실로 오시겠습니까?
> A : 몇 시가 편리하세요?
> B : 5시가 어떠세요?

기본회화패턴 4

You should see a doctor.
의사를 만나 보세요.

상대방에게 점잖게 권유하는 어법에는 I advise you to ~, I recommend you to ~라는 문형을 활용하는데 반해 보다 구체적이고 직접적으로 의견이나 충고를 수용하길 바란다면 You should ~ 혹은 Why don't you ~?라는 표현을 사용하면 됩니다.

A : How have you been? You look pale.
B : I've been losing weight these days.
A : **You should see a doctor.**
B : I'm going to.

> A : 어떻게 지내셨습니까? 창백해 보이는데요.
> B : 요즘 체중이 줄었습니다.
> A : 의사를 만나 보세요.
> B : 그러려고 합니다.

기본회화패턴 5

I'll see about it.
한번 생각해 보죠.

상대방의 의견의 제시나 제의에 대한 답변을 다소 유보할 경우에 사용할 수 있는 표현으로써 I'll consider it. / Let me think about it. / I'll think about it. / I'll see what I can do. 따위가 있습니다. 가령, 상대방의 도움 요청에 응할 수 없는 경우라면 I'm afraid I can't help you. I'm busy.라고 말하면 됩니다.

A : Could you give me a ride to the Giants' game this evening?
B : I'm not sure yet. **I'll see about it.**
A : If possible, I'll come here at noon.
B : I'll let you know as soon as possible.

A : 오늘밤 자이언츠 게임을 보러 가는데 태워 주실래요?
B : 아직 잘 모르겠어요. 생각해 보도록 하죠.
A : 만약 가능하다면, 정오에 오도록 하겠습니다.
B : 가능한 한 빨리 알려 드릴게요.

기본회화패턴 6

Let me see.
글쎄요.

구어에서는 대략적인 응답표현을 할 때 말끝을 흐리거나 끌어주며 Well …이나 Let me see … 라는 표현을 즐겨 사용하는 경향이 있습니다.

A : Do you have a wine list?
B : Here is a wine menu, sir.
A : What do you recommend?
B : **Let me see ….** How about California wine?

A : 와인 리스트가 있습니까?
B : 네, 여기 있습니다.
A : 추천할 만한 와인이 무엇입니까?
B : 글쎄요, 캘리포니아 와인은 어떠십니까?

put 마법동사

put의 기본 개념은 'move something so as to be in a certain place or position'으로 사물의 위치가 어떤 장소나 상태로 이동됨을 나타냅니다. 이 경우의 사물은 사람일 수도 있으며 무엇이든 관계가 없습니다.

예를 들어서 'put something into production'이라고 한다면 something을 production의 위치로 옮기는 것, 즉 "생산을 개시하다"라는 의미가 됩니다. 우리가 흔히 사용하는 숙어 'put ~ into practice'도 어떤 것을 실행(practice)하는 상태로 옮긴다는 뜻입니다.

우리가 put을 단순히 "두다"라고 해석하는 것은 put이라는 다양한 의미를 갖는 기본 동사의 단편적인 해석에 불과합니다. 위에서 설명한 put의 기본개념을 머리에 넣고 문맥에 따라 우리말로 바꾸어야만 상황에 따른 put의 의미를 명확하게 습득할 수가 있습니다.

put의 본래의 의미는 "밖으로 향하다, 밖으로 향하게 하다"는 뜻을 가지고 있는 외향성(外向性)의 개념입니다. 그래서 목적으로 하는 것이 어느 방향으로 향하느냐, 또는 향하게 하느냐, 즉 목적하는 것을 어디로 움직이게 하느냐 하는 위치, 방향을 정하지 않으면 안 됩니다.

put은 on을 붙이면 "~을 더하다"가 되고, in을 붙이면 "~을 속에 넣다", out을 넣으면 "~을 밖으로 내보내다", down을 넣으면 "~을 아래로 내보내다"는 의미가 됩니다.

- 표현하다 express
- 적다 write
- 숙박시키다 provide a lodging for
- 조립하다 assemble
- 늘이다 increase
- 생산하다 produce
- 치우다 move something to the place

- 연기하다 delay
- 놓다 place

put의 유용한 관련 표현
- Let me put it in another way.(달리 말해 보겠소.)
- Put English into Korean.(영어를 한국어로 번역하시오.)
- Oh, then let's put it off until tomorrow.(그럼 내일로 연기하죠 뭐.)
- Please put me on the waiting list.(대기자 명단에 올려 주세요.)
- Put it on my bill.(외상으로 달아 놓으시오.)
- Put yourself in my place.(바꿔놓고 생각해 봐라.)

상대방의 이기적인 행동이나 생각에 대하여 Put yourself in my shoes(입장 바꿔서 생각해봐)라고 충고할 때 사용할 수 있는 관용 표현이다.

기본회화 따라잡기

책상 위에 놓은 것 같은데.

아이 씽크 유 풋 잇 온 더 데스크
■ **I think you put it on the desk.**

영어에서도 말끝을 흐리는 "~같은데"라는 표현은 I think ~로 충분하다. 문장 가운데 삽입구로 활용되는 Do you think ~?도 마찬가지인 셈이다.

좋습니다. 이렇게 표현을 해봅시다.

오케이 렛 미 풋 잇 디스 웨이
■ **Okay, let me put it this way.**

〈Let me + 동사 ~〉는 비록 구문의 형태는 명령형이지만 내용은 가벼운 권유를 나타내므로 적극적으로 활용해 보도록 하자. 실제로 회화에서는 사용상의 잇점이 무궁무진한 표현법이라고 볼 수 있다.

여기 좀 적어 주시겠어요?

우쥬 풋 다운 히어
■ **Would you put it down here?**

여기서는 write(적다)라는 개념으로 쓰여 Please put your name on this piece of paper.(이 종이에 이름을 적어 주십시오.)처럼 표현되었지만 여행시 Please spell your last name?(스펠링 좀 말씀해 주시겠어요?) / Please fill out this customs declaration form.(세관신고서 좀 작성해 주세요.) 등과 같은 표현도 함께 알아두자.

어떤 옷을 입을까요?

왓 쉐라이 풋 온
■ **What shall I put on?**

상대방에게 허락을 구할 경우에는 Shall I ~?라는 문형을 사용하는데 문두에 종류를 나타내는 의문사가 온 경우이다. 가령, What shall I do for you?(뭘 도와드릴까요?)라는 표현도 유사한 용법이다.

그의 건방진 말을 참을 수가 없어요.

아이 캔트 풋 업 윗 히스 애로건 커멘츠
■ **I can't put up with his arrogant comments.**

구어체에서 I can't put up with ~(~는 참을 수가 없어요.)라는 문형을 즐겨 사용하는 경향이 있는데 이에 못지않게 I can't stand ~ 라는 문형도 자주 사용하는 편이다.

아 임 고 잉 투 푸 리 롭
■ I'm going to put it off.

연기해야 할 것 같아.

예정을 나타내는 be going to(~할 예정이다, ~할 계획이다)를 활용한 문형으로써 put ~ off(연기하다, 늦추다)라는 숙어가 사용된 표현이다. 부가적으로 What delayed you so long?(왜 이리 오래 지체했어?)라는 표현도 익혀 두자.

풋 유어 펜 다운
■ Put your pen down.

연필을 내려놓으시오.

물건 따위를 아래쪽으로 내려놓을 때 Put it down.이라는 표현을 사용하며, 마음의 짐을 벗어던질 경우에도 사용할 수도 있는 표현법이다.

기본회화패턴 1

I think you put it on the desk.
책상 위에 놓은 것 같은데.

자신의 의견을 다소 조심스럽게 내놓을 경우에는 문두에 I think …라는 문형을 사용하며, 자신의 발언에 대하여 바람직한 것에는 I hope …를 사용하며, 바람직하지 못한 경우에는 I'm afraid …를 덧붙여 줍니다.

A : I don't remember where I put my billfold.
B : **I think you put it on the desk** at the hotel.
A : I'd better go back and look for it.
B : I'll go with you.

> A : 지갑을 어디에 두었는지 기억이 나질 않아요.
> B : 호텔 책상 위에 놓은 것 같은데.
> A : 돌아가서 찾아봐야겠어요.
> B : 함께 가지.

기본회화패턴 2

Okay, let me put it this way.
좋습니다. 이렇게 표현을 해봅시다.

구어에서는 상대방에게 권유할 경우에 Let me …, 또는 Let us(Let's)라는 표현을 즐겨 사용하는 경향이 있습니다.

A : I've got a big problem.
B : What's wrong?
A : I can't put it into words.
B : Is it your son's problem?

A : 곤란한 문제가 생겼어요.
B : 무슨 문제인데요?
A : 말로 표현할 수가 없어요.
B : 아드님과 관련된 문제입니까?

기본회화패턴 3

Would you put it down here?
여기 좀 적어 주시겠어요?

상대방에게 계약이나 계산을 할 때는 Please put your signature to this document.(이 서류에 사인해 주시겠어요.)를 사용하며, 유명한 연예인이나 스포츠 선수에게 사인을 부탁할 때는 Will you oblige me with your autograph?(사인 좀 부탁할 수 있을까요?)라는 표현을 사용하면 됩니다.

A : I seems to be short of funds tonight.
B : Well, **shall I put it down on your account?**
A : Please do so.
B : Thank you.

A : 오늘 밤 가져온 돈이 부족한 것 같군요.
B : 그럼, 계산을 그쪽으로 달아 놓을까요?
A : 그렇게 해주세요.
B : 고맙습니다.

기본회화패턴 4

What shall I put on?
무엇을 입을까?

상대방에게 의견을 물어보는 표현법으로써 What shall I do for you?라고 하면 "제가 뭘 하면 되지요?"라는 뉘앙스를 풍기게 됩니다. 가령, What can I do for you?라고 하면 May I help you?처럼 "뭘 도와드릴까요?"라는 표현이 됩니다.

A : **What shall I put on?**
B : How about the corduroy jacket?
A : It's not becoming to me.
B : Then, what about the velvet coat?

> A : 무엇을 입을까?
> B : 코르덴 재킷 어때?
> A : 그건 나한테는 어울리지 않아.
> B : 그럼 그 벨벳 코트는 어떨까?

기본회화패턴 5

I can't put up with his arrogant comments.
그의 건방진 말을 참을 수가 없어요.

put up with는 "참다, 견디다"라는 표현으로 널리 활용됩니다. arrogant comments라는 어휘는 "건방진 언행"을 지칭하며, 예문의 nonsense는 "몰상식"을 의미합니다.

A : You know, you are something else.
B : Why?
A : **I couldn't put up with his nonsense** if I were you.
B : But I have no choice but to tolerate him.

> A : 너는 참 대단해.
> B : 왜?
> A : 내가 너라면 그의 터무니없는 말에 참지 않았을 거야.
> B : 하지만 난 참을 수밖에 없어.

기본회화패턴 6

I'm going to put it off.
연기해야 할 것 같아.

be going to는 〈예정〉을 나타내며, put off는 일정이나 계획 따위를 "연기하다, 미루다"라는 뜻으로 활용됩니다.

A : Are you going to Hawaii in June?
B : No, **I'm going to put it off** until August.
A : Why?
B : Because all the hotels are booked.

  A : 6월에 하와이에 갈 거야?
  B : 8월까지 연기해야 할 것 같아.
  A : 왜?
  B : 호텔이 모두 만원이야.

그밖의 마법동사

여기에 제시된 동사는 적어도 만능동사라 할 만큼 쓰임새나 활용가치가 뛰어나므로 반드시 익혀두길 바랍니다. 영어는 누가 뭐래도 기본에 충실하면 금방 실력이 향상되므로 영어의 어순과 어법에 유념하여 문장표현을 입에 쫙 달라붙을 때까지 무조건 3번 이상 따라해 봅시다.

기본 동사 따라잡기

01 give 동사

일단 give동사하면 수여동사(4형식)를 먼저 떠올리게 마련인데 구어체에서는 용법이 한정되어 있는 편이다. 상대방에게 용기를 줄 때 Don't give up!(포기하지 마.), 도움을 요청할 때 Give me a hand.(좀 도와주시겠어요?), 안부를 당부할 때 Give my regards to your family.(가족들에게 안부 전해 주십시오.) 등처럼 활용됩니다.

좀 도와주시겠어요?

김 미 어 핸 (드)
■ Give me a hand.

Can you ~?가 생략된 표현으로써 상대방에게 도움을 요청하는 Help me!(Can you help me?)와 동일한 표현이다.

버스 정류장까지 좀 태워다 줄래요?

캔 유 김미어 립 투 더 버스탑
■ Can you give me a lift to the bus stop?

차 좀 태워달라고 요청할 경우에 Give me a ride on your car.라는 표현처럼 Can you ~?를 생략한 채로 사용하기도 한다. 가령, Can you give me a ride to the airport?(공항까지 태워 줄래요?)라고 표현해도 무방하다.

가족들에게 안부 전해 주십시오.

김 마이 리가즈 투 유어 훼멀리
■ Give my regards to your family.

달리 표현하면 Say hello to your family for me. / Give my love to your mother.(어머님께 안부 전해 주시오.)라고 해도 무방하다.

내게 기회를 주시오.

김 미 어 챈스
■ Give me a chance.

한번 더 기회를 요청할 경우에 Give me a second chance. / Give me another chance.라는 표현을 사용한다.

기본 동사 따라잡기

02 bring 동사

일반적으로 bring동사는 사람의 경우에는 "데리고 오다"로 활용되며, 물건일 경우에는 "가지고 오다"라는 뜻으로 활용됩니다. 가령, Bring me the book.(= Bring the book to me. 그 책을 가져다 주시오.) / Bring him with you to see me.(그 사람을 데리고 내게 와 주시오.)와 같은 표현을 익혀 둡시다.

어떻게 오셨습니까?

왓 브링스 유 히어
■ **What brings you here?**

상대방에게 용무나 용건을 물어보는 표현으로써 활용되는데 What (has) brought you here?처럼 과거형으로 표현하기도 한다.

부모님 모시고 오세요.

유 슛 브링 유어 패런츠
■ **You should bring your parents.**

어떤 문제가 발생되었을 때 선생님이 학생에게 요청하는 표현법으로 의무적인 사항을 표현할 때 should를 활용한다.

이 광고를 가져오면 10% 할인해드립니다!

브링 디스 애드 앤 리시버 텐 퍼센 디스카운트
■ **Bring this ad and receive a 10% discount!**

선생님의 숙제나 부모님의 심부름에 대하여 잊어버린 경우에 I'll bring it next time.(다음번에 가져오겠습니다.)라는 다짐을 하는 표현도 알아두자.

냅킨을 좀 갖다 주세요.

플리즈 브링 미 어 냅킨
■ **Please bring me a napkin.**

Please pass me the salt.라는 표현과 유사한 표현법이다.

기본 동사 따라잡기

want 동사

주로 의문사가 문두에 와서 Why do you want to be ~?(왜 ~가 되고 싶습니까?) / What do you want to ~?(~을 하고 싶습니까?) / Where do you want to go?(어디 가고 싶습니까?) 등과 같은 표현이 활용됩니다.
그러나 Do you want ~?라는 문형이 주로 활용되어 Do you want a lift?(차로 데려다 줄까요?)처럼 표현되며, want to는 구어에서 wanna[워너]로 발음됩니다.

당신은 커피를 원합니까? 차를 원합니까?

두 유 원 커 피 오 어 티
■ Do you want coffee or tea?

선택의문문의 일종으로 Do you need ~?도 가능하지만 want 동사가 더 구체적인 바람의 뉘앙스를 풍긴다.

즉시 의사의 진찰을 받아야 합니다.

유 원 투 씨어 닥 터 앳 원스
■ You want to see a doctor at once.

이 문장은 You should see a doctor at once. 혹은 You'd better see a doctor at once.라고 표현해도 무방하다.

버릇없이 굴어서는 안 됩니다.

유 돈 원 투 비 루 드
■ You don't want to be rude.

이 표현보다 You need not to be rude.라는 표현이 더 구어적이다.

기본 동사 따라잡기

04 like 동사

like는 형용사로서의 쓰임도 많이 활용되지만 구어체에서 동사로 쓰일 경우에는 Do you like ~? / Would you like ~? / How do you like ~? / I'd like to ~ 등과 같은 표현이 더 활용도가 높습니다.
그러나 like와 상대적인 개념에서 살펴보면 hate이란 동사는 감정적인 뉘앙스가 강하므로 실제로 사용할 경우에는 유의해만 합니다. 가령, I don't like ~라는 문형이 더 현실적으로 활용되는 편입니다.

커피 한 잔 드시겠어요?

우쥴 라이커 커펍 커피
■ Would you like a cup of coffee?

유사한 어법으로 Would you like something to drink? / Would you like smoking or non-smoking? / What do you like? / What would you like to eat? 등처럼 사용되며, 구체적인 물음을 사용할 경우에는 문장 앞에 의문사를 사용한다.

날씨가 어땠나요?

왓 워즈 더 웨더 라익
■ What was the weather like?

날씨의 상태나 정도를 표현하는 어법으로 It was very cold.(매우 추웠어요.)라는 응답을 유도하는 표현법이다.

8시에 예약하고 싶은데요.

아이드 라익 투 리저버 테이블 훠 에잇 어클락
■ I'd like to reserve a table for eight o'clock.

자신의 소망이나 바람을 나타낼 때 I would like to ~(~하고 싶습니다.)라는 문형으로 활용하는데 I want to ~보다 더 정중한 표현이다.

기본 동사 **따라잡기**

05 know 동사

자동사로 활용되는 I don't know about that.(그 일에 관해서는 모릅니다.)라는 표현에는 이미 익숙할 것입니다. 그러나 Don't you know?(그것도 몰라?)처럼 타동사로서의 쓰임이 훨씬 더 풍부합니다.
또한 관용표현인 You know what?(있잖아요?)처럼 뉘앙스가 내포된 표현은 사용하기 어렵지만 어투를 유창하게 하는 매력이 담겨 있습니다.

당신은 그에 관해 뭘 좀 알고 있습니까?

두 유 노 에니씽 어바웃 힘
■ **Do you know anything about him?**

어떤 정보의 여부를 묻는 표현으로 Do you know anything about that?(그것에 대해 알고 있나요?)이라고 표현해도 된다.

그가 올지 안 올지 알려주세요.

렛 미 노 웨더 히 윌 컴 오어 낫
■ **Let me know whether he will come or not.**

상대방에게 허가나 허락을 구할 때 Let me ~(제가 ~해도 될까요?, 저한테 ~를 알려주세요.)라는 문형을 활용하곤 하는데 Allow me ~ 보다 쓰임새가 더 많다.

비디오 녹화하는 법 아니?

두 유 노 하우 투 리코드 비디오 테입스
■ **Do you know how to record video tapes?**

이 문형은 Do you know ~?에 〈how to 동사〉구를 활용하는 표현법이다. 또한 방법을 묻는 How do you come to know it?(어떻게 그것을 알게 되었습니까?)과 같은 표현도 알아두자.

기본 동사 따라잡기

06 speak, say, tell, talk 동사

이러한 동사는 쓰임새나 활용면에서 매우 유사한 어군에 속해 있으므로 인하여 사용할 때 유의하지 않으면 안 됩니다. 명확하게 구분할 수 있으면 더 좋겠지만 활용이나 응용에 중점을 두고 익혀서 사용하는 방법이 오히려 더 빠른 지름길이 될 겁니다.

톰 좀 바꿔주시겠어요?

메 아 이 스 픽 투 탐
■ **May I speak to Tom?**

상대방이 전화로 Tom을 바꿔달라고 요청할 때 자신이 받았을 경우에 Speaking. / Tom speaking. / This is he speaking.처럼 말해도 무방하다.

네가 한 말 기억하십니까?

두 유 리멤버 왓 유 쎄드
■ **Do you remember what you said?**

과거의 사실을 묻는 표현법으로 Do you remember ~?는 Did you know ~?와 비슷하게 활용되는데 사용상 구분할 필요가 있다.

나한테 사실을 좀 말해 주세요.

텔 미 더 트루스
■ **Tell me the truth.**

어떤 사실이나 정보를 요청하는 표현으로 Don't tell me what to do.(나한테 뭐라고 요구하지 마.)처럼 부정표현으로 응용할 수도 있다.

그것에 대하여 잠시 얘기 좀 합시다.

렛 츠 톡 어 바 우 릿
■ **Let's talk about it.**

청유의 표현법으로 Let us를 활용한 어법으로 구어에서 유용하게 쓰여지며, 〈허가〉나 〈허락〉의 뉘앙스가 강하다.

기본 동사 따라잡기

07 ask 동사

이 동사는 "질문하다, 물어보다"라는 개념이 강하지만 "부탁하다, 요구하다, 요청하다"라는 의미로도 많이 활용됩니다. 반의어로 answer가 있으며, ask about(~에 대하여 묻다)이나 ask for(~을 요청하다)라는 숙어도 널리 활용됩니다.

부탁이 하나 있는데요.

메 아 이 애 스 커 훼 이 버
■ May I ask a favor?

유사한 표현으로 Could you do me a favor? / Can I ask a favor of you? 따위가 널리 활용된다.

질문 좀 해도 될까요?

두 유 마 인 이퐈이 애스크
■ Do you mind if I ask?

동일하게 사용되는 표현으로 May I ask (you) a question? / Can I ask you something? / Let me ask you something. 등이 있다.

꼴 좋아. / 당연해.

유 애스크 워 잇
■ You asked for it.

여기서 "부탁하다"의 의미로 쓰여 상대방이 스스로 경솔하게 행동함으로써 무덤을 판 경우에 "자업자득이야."라는 표현을 사용한다. 어떤 경우에는 Don't ask me.(난 몰라.)라는 뜻으로도 활용된다.

기본 동사 따라잡기

08 hear 동사

구어체에서는 본래의 뜻인 "듣다"라는 의미보다 "이해하다, 알다"라는 뜻으로 쓰일 때 활용하기가 쉽지 않습니다.
Listen to me.(내 말 좀 들어봐.)라는 표현처럼 자동사로 사용되는 listen이라는 동사 뒤에 목적어가 올 경우에는 전치사 to를 사용하여야 합니다.

알겠습니까?

두 유 히어 미
■ **Do you hear me?**

일차적인 뜻은 "들립니까?"라는 뜻이지만 명령문을 강조하여 You hear me?라고 표현하면 이런 뜻으로 사용되기도 한다.

그의 사임 소식을 들었습니까?

해 브 유 히어더 뉴스 옵 히스 레지그네이션
■ **Have you heard the news of his resignation?**

상대방에게 궁금한 사항을 여쭈어 볼 때 현재완료형(have + p.p.)을 사용하여 물어보는 표현법이다. 가령, Have you heard anything of him?(그 사람 소식 들었습니까?)이라고 해도 무방하다.

누구한테 들었습니까?

후 디쥬 히어 후럼
■ **Who did you hear from?**

과거의 사실이나 정황을 확인하고자 할 때 사용하는 어법으로 Did you hear ~?라는 표현을 사용하는데 문두에 의문사를 활용한 표현이다.

기본 동사 따라잡기

09 need 동사

이 동사는 ask나 require처럼 의무감이나 책임성은 없는 단지 상대방의 감정에 호소하는 뉘앙스를 내포하고 있습니다. 가령, 노랫말에 사용되는 I need you.(당신이 필요해요.)라는 표현이나 Do you need any help?(도와 드릴까요?) / Do you need anything else?(또 필요한 것이 있습니까?) 등과 같은 표현에 유의합시다.

어떤 티켓을 드릴까요?

왓 카인돕 티켓 두 유 니드
- **What kind of ticket do you need?**

    일반적으로 Do you need ~?라는 문형이 주로 활용되는데 문두에 의문사를 두면 구체적인 물음이 된다.

서두를 필요가 있습니까?

이즈 데어 에니 니드 투 허리
- **Is there any need to hurry?**

    상대방이 전혀 서두를 필요가 없는데 허겁지급 서두를 때 There was no need for haste.(서두를 필요는 전혀 없었어요.)라고 말해도 된다.

그는 올 필요가 없습니다.

히 더즌 니드 투 컴
- **He doesn't need to come.**

    구어에서는 He doesn't have to come.라는 표현도 사용하지만 이 표현을 선호하는 경향이 있다.

기본 동사 따라잡기

10 look 동사

앞에서 다룬 see에 비해서는 응시하는 느낌이 강하지만 watch에 비하면 약한 편입니다. 가령, Watch out!(조심해!)는 주의 깊게 관찰하는 뉘앙스로 쓰여졌지만 Look out!은 막연한 느낌에 가까울 정도입니다. You look like ~.(마치 ~처럼 보인다.)는 일상생활에 활용도가 비교적 높은 편입니다.

피곤해 보입니다.

유 룩 타이어드
■ **You look tired.**

상대방의 겉으로 드러난 점을 느낌 그대로 표현하여 You look sad. What's wrong?(슬퍼 보여 무슨 일이니?) / You look worried. What's up?(걱정이 있어 보여 무슨 일이니?) 등처럼 표현하곤 한다.

뵙기를 학수고대합니다.

아임 루킹 호워드 투 씽 유
■ **I'm looking forward to seeing you.**

숙어인 look forward to를 활용하여 다소 간절함을 드러내는 표현으로써

그냥 둘러볼 겁니다.

아임 저슷 루킹 어라운드
■ **I'm just looking around.**

점원이 손님에게 인사를 하였을 때 응답표현인데 "바라보다"의 뜻으로 쓰였으며, 가령 What are you looking at?(무엇을 보고 있습니까?)과 같은 뜻으로 사용되었다.

기본 동사 따라잡기

11. think 동사

상대방의 의견이나 견해에 동의할 경우에 I think so., 동의하지 않을 경우에는 I don't think so.라는 표현을 사용하며, 또한 일반적인 생각을 나타낼 때 I think ~라는 표현을 활용하곤 합니다.

그것에 대하여 어떻게 생각하세요?

왓 두 유 씽커바우 릿
■ What do you think about it?

물론 이 경우에 전치사 about 대신 of를 사용해도 무방하며, 사람에 대하여 생각할 경우에 What do you think of him?(그 사람 어때요?)라고 표현할 수 있다.

괜찮습니다. / 뭘요.

씽크 나씽 오빗
■ Think nothing of it.

감사나 사과의 말을 들었을 때의 응답 표현으로 널리 활용된다.

생각 좀 해 볼게요.

렛 미 씽커바우 릿
■ Let me think about it.

상대방에게 생각할 기회나 틈을 달라고 요청할 때 Let me think it over till tomorrow.(내일까지 생각하게 해 주세요.)라고 표현하면 된다.

영어회화에 강해지는 관용구

반드시 알아야 할 관용 표현

물건이나 선물, 돈 따위를 건네줄 때 할 수 있는 표현으로 Here's your ~.라는 문형을 즐겨 사용하는 경향이 있으며, 가령, 건배를 제의할 경우에는 Here's to your health! 혹은 Here's to the New Year!라는 표현도 사용하곤 합니다.

here 관용구

일반적으로 here는 there의 상대어로써 장소를 나타내는 어구로 활용되는데 구어에서는 주의를 환기시킬 때 See here!나 Look here!라고 표현하면 "이것 좀 봅시다."라는 뉘앙스를 풍기게 됩니다.

또한 자신이 하는 일에 대한 열정을 드러내거나 지금부터 시작이라는 다짐을 나타낼 때 Here goes!(이제부터 시작이야!)라는 표현을 사용하지만 물건을 나르며 길 좀 비켜달라고 요청할 경우에도 사용할 수 있습니다.

상대방의 말에 적극적으로 동의나 동감을 나타내거나 레스토랑에서 옆사람과 동일한 메뉴로 주문할 때 사용되는 표현으로 Same here.(나도 마찬가지야. / 나도 같은 걸로 주세요.)처럼 일상적으로 사용됩니다.

기본 회화 따라잡기

시작할게요.

히 어 아 이 고
■ Here I go!

가령 Here we go!라고 하면 "(지겨운 표정을 지으며) 또 시작이야." 라는 뜻이 된다. 또한 Here you go.(= We're here.)는 "다 왔습니다."라는 표현으로도 사용된다.

어머.

히 어
■ Here.

Gee.[지-]와 마찬가지로 "이런, 저런, 어머나" 등과 같은 감탄 표현으로도 활용된다. 그냥 [히어]가 아니라 감정과 억양을 함께 넣어 표현하도록 하자.

자, 여기 있어요.

히 어 유 아
■ Here you are.

물건을 건네면서 하는 말로 Here it is.를 사용하기도 한다. 가령, Here we are.라는 표현은 "여기 있어요, 다 왔어요."라는 뜻 외에도 "자, 어서요."라는 뜻으로도 활용된다는 점에 유의하자.

자, 끝났다. / 다 왔어요.

히 어 아 이 엠
■ Here I am.

목표가 달성되거나 목적지에 도착하였을때 혹은 누군가 자신을 부를 때 "저 여기 있어요."라고 응답할 경우에도 사용된다.

조그만 성의입니다.

히 어즈 썸씽 훠 유
■ Here's something for you.

종업원이 Here is your change.(거스름돈 여기 있습니다.)라고 하면 손님은 곧바로 Keep the change.(거스름돈은 가지세요.)라는 표현을 사용하는 경우를 보았을 것이다. 물론 선물이나 성의를 표시하고 할 때에 사용되는 표현이다.

건배! / 당신 겁니다.

히 어 즈 투 유
■ Here's to you.

건배를 할 때 외치는 말로 Cheers! / Bottoms up! / Here's to your health!(= Here's a health to you.)와 유사하게 사용할 수 있는 표현이다. 또한 선물을 건네며 Here's for you.와 같은 말을 해도 좋다.

여기서 빨리 벗어나자.

렛 츠 게 라 럽 히 어
■ Let's get out of here.

일반적으로 좋지 않은 상황에서 상대방에게 "꺼져"라는 말을 할 때 관용적으로 Beat it! / Get lost! / Scram! / Split! / Buzz off! / Take a walk! 따위처럼 다양하게 활용된다.

기본 회화 패턴 뛰어넘기

기본회화패턴 1

Here I go!
자, 시작할게! / 자, 출발합니다.

Here I go.는 자신이 무언가를 시작할 때 "자, 시작할게요. 갈게요" 라는 느낌으로 사용합니다. 자기 자신의 차례가 되었을 때 선언하는 말로 사용되며, 또한 게임이나 운동경기에서 상대방에게 자신의 공격에 대비하라고 할 때에도 활용된다.

A : Can you serve first?
B : Okay. Are you ready?
A : I'm all set.
B : **Here I go!**

　　A : 네가 먼저 서브할래?
　　B : 좋아, 준비 됐니?
　　A : 됐어.
　　B : 자, 간다!

기본회화패턴 2

Here.
어머. / 어라!

단독으로 Here!를 사용할 때는 "여기입니다, 접니다."라는 의미 이외에 "어머, 글쎄, 어머나, 좀"처럼 호출할 때의 말로 쓰는 경우가 있습니다. 상대를 주목시키거나 주의를 촉구하거나 어떤 상황이 전개되므로 인하여 약간 놀라움을 표현할 때에도 쓰입니다.

A : There's something wrong with this copier.
B : I'll check it for you.
A : Thanks.
B : Let me see …. **Here.** It works.

<blockquote>
A : 이 복사기 이상하네.
B : 내가 봐 드릴까요?
A : 고마워요.
B : 저어, 어머. 작동되네요.
</blockquote>

기본회화패턴 3

Here you are.
자, 여기 있어요.

상대에게 뭔가를 「가지고 오라」고 부탁을 받으면, Here you are.라고 말하며 건네면 됩니다. 관용적인 표현이므로 그대로 외워 두세요. Here you go. 이외에 Here it is.(Here they are.-복수) 라는 표현도 있습니다.

A : Let me have the paper on the table, will you?
B : **Here you are.**

<blockquote>
A : 테이블 위에 있는 신문을 가져오지 않겠니?
B : 자, 여기 있어요.
</blockquote>

기본회화패턴 4

Here I am.
자, 끝났다.

Here I am.의 직역은 「나는 여기에 있습니다」입니다. 글자 그대로 쓰이기도 하지만, 어떤 일이 겨우 끝났을 때 "자, 끝났다." 라는 느낌으로 말하거나, 목적지에 도착해서 "자, 도착했다." 라고 할 때도 사용합니다. 사람이 둘 이상일 때는 Here we are.가 됩니다.

A : Are you through with your work?
B : Not yet. It'll take 15 more minutes.
A : I'll wait. (A little while later)
B : **Here I am.** Let's go.

  A : 일은 끝났니?
  B : 아직. 앞으로 15분쯤 걸리겠어.
  A : 기다릴게. (조금 뒤에)
  B : 자, 끝났다. 가자.

기본회화패턴 5

Here's something for you.
조그만 성의입니다.

Here's something for you.(이것은 당신에게 주는 것입니다.)는 작은 선물이나 팁을 건넬 때 쓰는 말입니다. 호텔의 종업원이나 공항의 포터 등, 서비스를 받았을 때 팁을 주면서 쓸 수 있는 말입니다.

A : This room is very nice.
B : I'll put your baggage right here, ma'am.
A : Thank you. **Here's something for you.**
B : Thank you very much.

  A : 방이 좋군요.
  B : 짐은 여기에 놓겠습니다.
  A : 고마워요. 이건 조그만 성의입니다.
  B : 고맙습니다.

반드시 알아야 할 관용 표현 02

there 관용구

there는 「거기, 저기, 저쪽」 등 장소·방향을 나타내는 지시부사로서의 용법 외에도 There is ~(Is there ~?) / There is no ~(부정형)의 형태로 '불특정한 것의 존재의 유무'를 나타내는 용법이 있습니다. 일상생활에서 Hi, there!라는 인사말을 흔히 사용하게 되는데 "안녕!"이라는 뜻으로 활용됩니다.

전화상에서 상대방에게 Are you there!(= Hello!)는 "여보세요?, 들립니까?"라는 표현으로 사용되며, Who goes (there)!는 "누구야!"라는 표현으로 사용됩니다. 또한 어떤 일이나 작업에 대하여 만족감을 나타낼 경우에 There, it's done!(자, 이제 끝났다!)라는 표현을 사용하게 됩니다.

가령, 착한 일을 행한 아이에게 There's a good boy[girl]!(아이고 기특도 해라!, 정말 착한 아이구나!)라는 표현을 사용하며, 말다툼을 하였을 경우에 Put it there!(악수합시다, 화해합시다!)라는 표현도 활용할 수 있답니다.

유용한 관용 표현
- There's chance.(가능성은 있어요.)
- There's nothing to it.(그건 별 거 아닙니다.)
- There's no guarantee.(보증은 할 수 없어요.) *확률이 낮을 때
- There's no need to rush.(서두를 필요 없어요.)

기본 회화 따라잡기

그것 봐! / 그 봐! / 그렇다니까!

데 어
■ There!

There you are!를 구어적으로 표현할 때 사용되는데 사람의 바로 눈 앞에서 벌어지는 상황을 가리킬 때 "어머 저것 좀 봐!"라고 하거나 상대방의 주의를 환기시키는 뉘앙스가 담긴 표현으로 사용되는데 "내가 뭐랬어."처럼 예상했던 대로 된 것을 두고 약간 으쓱할 때에도 활용된다.

자, 시작되었군!

데 어 데 이 고-
■ There they go!

부정적인 상황에서 사용되는 표현으로 잔소리나 어떤 행위가 시작될 때 어감상 비꼬는 말투로 사용된다. 그러므로 당연히 어감이 좋지 못함을 직감할 수 있을 것이다. 흔히 구어에서 There you go!라는 어투를 가장 많이 들어 보았을 것이다.

또 시작됐어!

데 유 고- 어 게 인
■ There you go (again)!

잔소리나 나쁜 버릇을 두고 약간 핀잔어린 말투로 사용된다. You are at it again! / Here we go again.이라고 표현해도 무방하다. 가령 You are saying it again.(너 또 그 소리할래.)라는 표현도 가능할 것이다.

서두를 필요는 없어요.

데 어즈 노 러쉬
■ There's no rush.

관용적으로 Steady! / Don't hurry.라고 하면 되며, 이 표현은 You need not to hurry it up.이나 You don't have to hurry.보다 더 구어적인 표현이다.

종소리가 울리고 있어.

데 어 고즈 더 차임
■ There goes the chime.

여기서 go 동사는 자동사로써 구어에서 there goes는 "(기회 따위가) 사라져버리다, 멀어지다"라는 뜻으로 활용되는데 There goes Tom.(저기 탐이 아닌개!)처럼 표현되기도 한다.

거기에는 어떻게 가면 됩니까?

하 우 캔 아 이 겟 데 어
■ How can I get there?

이에 대한 응답시 교통수단을 나타낼 경우에는 전치사 by를 활용하여 by bus, by taxi, by train 등과 같이 나타낸다. 또한 시간의 소요를 묻는 경우에는 How long will it take to get there?라고 물으면 된다.

여기 있었구나.

데 어 유 아
■ There you are!

상대방이 어디에 있는지 몰라 헤매다가 찾았을 때 사용할 수 있는 표현으로 Here you are! / Found you! / Gotcha!(슬랭) 등처럼 유사하게 활용된다.

■ 관련 속담 표현
Where there's a will, there's a way. (뜻이 있는 곳에 길이 있다.)
There is no rule without exceptions. (예외 없는 규칙은 없다.)

기본회화패턴 1

There!
그것 봐! / 그 봐!

이 경우의 there는 「거기에, 저기에」라는 의미가 아닙니다. 만족, 확신, 승리 따위의 마음을 나타내는 표현입니다. 우리말의 "그것 봐." 라는 뉘앙스입니다.

A : Ouch! I cut my finger.
B : **There!** Just like I said.

> A : 아파! 손가락을 베었어.
> B : 그것 봐, 방금 말했잖아.

기본회화패턴 2

There they go!
자, 시작되었군!

There they go.는 「(게임, 경기, 텔레비전 프로그램, 영화 등이) 시작되었군!」이라고 말하고 싶을 때 쓰는 표현입니다. go를 좀 강하게 발음하세요.

A : Will you turn on the TV? I want to watch a soccer game.
B : Okay. How's this?
A : That's all right. **There they go!**

> A : 텔레비전을 켜줄래? 축구시합을 보고 싶은데.
> B : 좋아요. 여기는 어때?
> A : 좋아. 자 시작되었군!

기본회화패턴 3

There you go again.
또 시작됐어!

There you go again.은 부정적인 느낌의 "어머, 또 시작되었네." 라는 표현입니다. 특히 잔소리나 특정 행위의 반복적인 행태를 비난하는 어투의 표현입니다.

A : You're biting your nails. That's not a good habit.
B : I know.
A : **There you go again.**

> A : 손톱을 깨물고 있네. 좋은 버릇이 아니야.
> B : 알아요.
> A : 어머, 또 시작되었어.

기본회화패턴 4

There's no rush.
서두를 필요는 없어요.

rush는 「서두름, 조급함」이라는 의미입니다. There is no rush.는 「당황할 일은 전혀 없다」, 즉, "서두를 필요는 없어요."라는 의미가 됩니다. You need not to hurry it up.이나 You don't have to hurry.으로 말할 수 있지만, 예문이 구어적으로 일상회화에서 많이 쓰이고 있습니다.

A : Do I have to finish it today?
B : No, **there's no rush.** Take your time.

> A : 오늘 중에 이걸 끝내야 하나요?
> B : 아냐, 그건 서두를 필요 없어. 천천히 해.

기본회화패턴 5

There goes the chime.
종소리가 울리고 있어.

There goes ~(저기에 ~이 있다)는 어떤 사람이나 물건을 발견하거나, 소리를 들었을 때 그 사람이나 물건, 소리 등에 상대의 주의를 향하게 하는 표현입니다. 〈There goes + 명사〉 또는 〈There + 대명사 + goes〉의 어순으로 사용합니다. 이 표현의 "~입니다"에 해당하는 go는 내용에 따라서 There goes the bell.(종이 울린다.), There goes the train.(전철이 간다.), There it goes.(그것이 움직인다.) 등, 여러 가지 의미가 됩니다.

A : What subject do we have next period?
B : Math.
A : I hate Math.
B : **There goes the chime.** Let's go inside.

> A : 다음 수업은 무엇이니?
> B : 수학이야.
> A : 수학은 너무 싫어.
> B : 종소리가 울리고 있어. 교실에 들어가자.

How long will it take to get there?
그곳에 도착하는데 얼마나 걸리죠?

교통수단을 이용할 때 손님이 가고자하는 목적지까지의 시간소요를 물어볼 때의 표현법으로써 How long does it take ~?라는 문형을 사용한 것입니다. 이럴 때의 응답은 당연히 "대략"의 시간적인 표현을 나타내는 전치사 about을 활용하게 됩니다.

A : Hi, how're you doing? Where are you going?
B : Government Square.
A : Government Square downtown?
B : Yes. **How long will it take to get there?**
A : About 30 to 40 minutes.

> A : 안녕하세요? 어딜 가시죠?
> B : 정부청사요.
> A : 도심의 청사말인가요?
> B : 예, 얼마나 걸리죠?
> A : 약 30, 40분 정도요.

that 관용구

that는 지시대명사, 형용사, 부사로서 지시사의 기능을 수행함과 동시에 접속사·관계대명사로서 연결사의 기능을 가집니다. 지시사로서 that은 this에 비해 다소 장소가 좀 떨어져 있거나 시간적으로 비교적 먼 것을 가리킬 때 사용됩니다.

전화상에서 상대방을 모르는 경우라면 Who's that?(거기 누구세요?) 라는 표현을 사용하며, 상대방을 알고 있을 경우에 Is that Mary?(메리입니까?)라고 물으면 Yes, speaking.(예, 그렇습니다.)이라고 응답하는데 that의 서먹서먹함을 피하기 위하여 Is this Mary?를 사용하는 경향이 있습니다. 또한 제3자에 대하여 Is Michael capable?(마이클은 유능합니까?)라고 물을 때 Yes, he is.라는 응답으로 표현하기브다 그러한 사실을 강조하기 위해 He's that.(그렇고 말고.)라는 말로 표현하게 됩니다.

그밖에도 관용표현으로 Get out of that!(비켜라, 그만둬, 꺼져 버려!) / That does it!(이젠 글렀어, 이젠 충분해, 더는 못참겠어.) / That will do.(그것이면 충분해, 그만하면 됐어.) 따위도 유용하게 활용됩니다.

유용한 관용 표현

- That's all right.(괜찮습니다.)
- That makes sense.(알만하군요. 납득이 갑니다.)
- That makes no sense.(그건 말이 안 됩니다.) *That doesn't make sense.
- That figures.(이해가 갑니다. / 당연합니다.) *No wonder.
- That solves it.(그랬었군요.)

기본 회화 따라잡기

저쪽으로 가십시오.

댓 웨이 플리즈
■ That way, please.

구어에서 사용하는 Follow after me.(따라 오세요.)를 그냥 Follow me.라고 하면 Do you follow me?라는 표현이 되어 "제 말 이해하시겠어요?"라는 뜻으로 사용되므로 유의해야 한다.

그건 당신에 잘 어울립니다.

댓 슛 츄
■ That suits you.

흔히 상대방에게 복장이 잘 어울린다고 표현할 경우에 That dress becomes you. / That dress looks nice on you. / You look nice[well] in that dress. 따위와 같이 표현하면 된다.

그건 경우에 따라 다릅니다.

댓 디 펜즈
■ That depends.

상황이나 경우에 따라 다르다는 표현으로써 It depends.라고도 하는데 우리가 이럴 때 사용하는 case-by-case(개별적인, 사항별로)라는 표현은 콩글리시이다.

좋아 보이네요.

댓 사운즈 굿
■ That sounds good.

상대방의 어떤 행위나 좋은 소식을 접했을 때 칭찬하는 표현으로 "You did a good job."이라는 표현을 사용하듯 상대방의 의견이나 견해에 공감할 때에도 사용된다.

그러고 보니 생각납니다.

댓 리마인즈 미
■ That reminds me.

유사한 표현법으로 That reminds me of the past.(저걸 보니 옛생각이 떠오른다.) / That picture reminds me of him.(저 그림을 보니 그가 생각난다.) 등이 있으며, 또한 Please remind her to call me.(그녀에게 잊지 말고 전화해 달라고 일러 주시오.)라는 표현도 가능하다.

그래요? / 정말인가요?

이 즈 댓 쏘
■ Is that so?

Really?와 마찬가지로 맞장구를 치는 표현으로써 상대방에게 친밀감이나 동질감을 발휘하게 되므로 인관관계를 돈독하게 하는 유용한 표현법이다.

그것 참 안됐군요.

댓 츠 투 벳
■ That's too bad.

상대방을 위로하거나 동정하는 표현으로 활용되는데 What a pity! / What a shame!과 같은 표현은 유감을 표명할 때 사용되는데 서로 유사한 어감으로 사용된다. 가령, 사과의 표현에 대하여 라는 뜻으로 활용된다.

기본회화패턴 1

That way, please.
저쪽으로 가십시오.

길이나 장소 등, 방향을 가리킬 때는 this way, that way라는 표현을 씁니다. 식당에서 손님을 자리로 안내하거나 회사에 찾아온 사람을 안내할 때도 This way, please.(이쪽으로 오십시오.)라고 말합니다.

A : Can't I go this way?
B : No. Go **that way, please.**

> A : 이 길로 갈 수 없습니까?
> B : 갈 수 없습니다. 저쪽으로 가십시오.

기본회화패턴 2

That suits you.
그건 당신한테 잘 어울립니다.

That suits you.(어울리는군요.)는 약간 딱딱한 칭찬 표현입니다. 이 경우의 suit는 「맞다, 어울리다」라는 의미입니다. 일상회화에서는 That dress looks good on you.나 You look nice in the dress.라는 표현이 많이 쓰입니다.

A : Is this tie too bright for me?
B : Not at all. **That suits you** very well.
A : Thanks. I'll take it.

> A : 이 넥타이는 너무 화려하죠?
> B : 아니오, 매우 잘 어울립니다.
> A : 고마워요. 이걸 사겠습니다.

기본회화패턴 3

That depends.
그건 경우에 따라 다릅니다.

depend는 「~나름이다」라는 의미입니다. That depends.는 상대가 말한 것에 대해서 "경우에 따라 다르다, 바뀐다"고 대답하고 싶을 때 쓰는 표현입니다.

A : How long does it take to go to Boston from New York?
B : **That depends.** Are you going by train or plane?

A : 뉴욕에서 보스턴으로 가려면 어느 정도 시간이 걸립니까?
B : 그건 경우에 따라 다릅니다. 기차입니까, 비행기입니까?

기본회화패턴 4

That sounds good.
좋아 보이네요.

That sound ~는 상대의 말을 듣고 「~인 것 같다」라고 자신의 감상이나 판단을 말하는 표현입니다. sound는 「~처럼 생각되다」, that은 상대가 말한 것을 가리킵니다.

(At a restaurant)
A : What are you going to have?
B : I'd like to try the chicken teriyaki.
A : **That sounds good.** I'll have the same.
B : You should have something lighter.

A : 무엇을 먹을래?
B : 데리야키 치킨이 좋겠어.
A : 좋을 것 같은데, 같은 걸로 하지.
B : 너는 더 가벼운 것으로 하는 게 좋지 않겠니?

기본회화패턴 5

That reminds me.
그러고 보니 생각납니다.

remind는 과거를 회상하여 「~생각나게 하다」라는 의미입니다. 무엇을 생각해 냈는지를 말하고 싶을 경우는 It reminds me of ~라는 문형을 사용합니다.
예) It reminds me of something when I was in high school.
(내가 고교에 있었던 무렵을 생각해 냈다.)

A : Do you remember when we used to study together?
B : Yes.
A : You were not good at English.
B : **That reminds me.** You helped me a lot.

A : 옛날에는 자주 함께 공부한 것을 기억하니?
B : 그럼.
A : 너는 영어를 무척 못했지.
B : 그러고 보니 생각나는군. 많이 도와주었지.

that's 관용구

that's는 that is ~의 단축형으로 쓰여지며, 이를 활용한 관용표현 가운데 That's it!(바로 그거야. / 그래.)라는 표현은 That's all it counts!라는 표현에서 비롯되었으며, counts 대신에 takes를 사용해도 무방합니다. 또한 상대방의 말이나 행동이 핵심을 찌를 때 동의를 나타내기도 하며, 또한 That's all.(그게 전부입니다.)라는 표현과 유사하게 활용되며, "이제 됐어. / 그만둬." "그게 문제야."라는 뜻으로도 사용될 수 있습니다.

어떤 것에 관하여 결정하거나 계약을 할 때 That's a deal.(그걸로 합시다. / 이만 계약합시다.)이라는 표현을 사용하며, 상대방이 물건을 구입할 때 바가지를 썼을 경우에 That's a rip off.(바가지 썼군요.)라고 말하며, 상대방에게 동정의 표현을 할 때에도 That's too bad.(참 안됐군요.) / That's a shame.(어머 가엾어라.) / That's tough.(그거 야단났군.)라는 표현을 사용할 수 있습니다.

유용한 관용 표현

- That's a good idea.(그거 좋은 생각이군요.)
- That's about it.(뭐 대충 그런 겁니다.)
- That's not what I mean.(그게 아닙니다.) *의도적이거나 고의가 아닐 때
- That's not the point.(그런 얘기가 아닙니다.)
- That's all for me.(다 됐습니다.) *주문이나 절차가 끝났을 때

친절을 베풀어 주셔서 감사합니다.

댓 츠 베리 카인도뷰
■ That's very kind of you.

앞에서 감사의 표현을 배울 때 Thanks to ~ / Thank you for ~의 문형을 통해서 표현법을 익혔을 텐데 이 표현은 구체성을 염두에 둔 정중한 표현이다.

그래, 맞아.

댓 츠 롸잇
■ That's right.

상대방의 주장이나 견해에 동의나 동감을 피력할 때 사용하는 어법이다. 다소 강조할 경우에는 That's all right.라고 하는데 구어에서는 That's alright.라고도 표현한다.

그걸로 충분합니다.

댓 츠 이너프
■ That's enough.

구어에서 That's it.이라고 하면 "그만해, 거기까지"라는 뉘앙스도 있지만 That will be enough.(그만하면 되었어.)라는 만족을 나타내는 표현법이다. 유사한 표현으로 Enough is enough.(이 정도로 충분해, 이젠 그만두자), No more!(이제 그만, 손들었어), Enough of it!(이젠 됐어!) 등과 같은 관용표현에 유의하자.

그러니까 말이야. / 그러게 말야.

댓 츠 와이
■ That's why.

일종의 동감을 나타내는 표현으로써 "이유는 간단해."라는 뉘앙스를 풍기는데 because(왜냐하면)의 의미를 뜻하는데 맞장구를 칠 때의 You said it.이나 You got it.과도 유사하게 사용되기도 합니다.

그건 당신 마음대로 하세요.

댓츠업 투 유
■ That's up to you.

상대방에게 의사결정을 유보할 때 사용하는 표현으로써 That depends on (you).로 대용해도 무방하다.

■ That's the trouble.
댓츠 더 트라블

그게 문제입니다. / 야단났군!

가령 That is the question. / That's the problem.(그게 문제야.)라는 표현도 가능할 것이다.

■ That's not true.
댓츠 낫 트루

그건 거짓말이야.

관련 표현으로 That's too thin.(그런 뻔한 거짓말 마.) / There is nothing in it.(그건 새빨간 거짓말이야.) 등과 같은 관용표현에 유의하자. 상대방에게 "거짓말 하지 마."라고 충고할 때 반어적인 표현으로 Go on! / You're kidding me!라는 표현을 사용한다.

■ That's it.
댓츠 잇

바로 그거야. / 됐어.

상대방의 말이나 행동에 적극적으로 공감을 피력할 때 사용하는데 이의 부정은 That's not it.(그건 아닙니다.)라고 표현하면 된다. 또한 That's that.(이제 그만. / 됐어.)라는 뉘앙스로도 표현된다.

기본회화패턴 1

That's very kind of you.
친절을 베풀어 주셔서 감사합니다.

That's very kind of you.는 「매우 친절하시군요.」라는 뜻입니다. Thank you for your kindness.는 "친절함에 감사드립니다." 라고 말해도 같은 의미가 됩니다. 가령, 충고(advice), 방문(visiting), 초대(inviting), 배려(concern) 등을 활용해도 됩니다.

A : Would you like to sit?
B : **That's very kind of you.**
A : Not at all.

  A : 앉으시겠습니까?
  B : 친절하게도 고맙습니다.
  A : 천만에요.

기본회화패턴 2

That's right.
그래, 맞아.

상대의 이야기가 그대로 요점을 찌를 때 사용하는 맞장구 표현입니다. 강하게 동감할 때 That's all right.이나 그냥 Right!만으로도 널리 활용되고 있답니다. 가령, 관용표현인 Bingo!라는 표현도 대용할 수 있는 표현법입니다.

A : Do you know Mr. Stevens will be transferred to a branch office?
B : Is that right?
A : **That's right.**
B : We're going to miss him a lot.

A : 스티븐스 씨가 지점으로 전근 가는 걸 알고 있습니까?
B : 정말입니까?
A : 그래요.
B : 적적하게 되겠는데요.

기본회화패턴 3

That's enough.
그걸로 충분합니다.

enough는 「충분한, 부족하지 않는」이라는 의미입니다. 음식 등을 더 권할 때 "됐습니다." 라고 말하고 싶을 때 편리한 표현입니다. 또, 언짢은 소리를 들을 때 상대방을 제지할 때도 "이제 됐어요, 그만 해요." 라고 씁니다.

A : I've copied 30 sheets. Do you need more?
B : **That's enough.** Thanks.

A : 30장까지 복사했습니다. 더 필요합니까?
B : 그걸로 충분합니다. 고마워요.

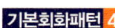 **기본회화패턴 4**

That's why.
그러니까 말이야.

That's why ~(~이기 때문입니다)는 Because ~(왜냐 하면 ~)의 스스럼없는 표현입니다. That's why he's sick. 또는 That's why.처럼 문장 앞뒤에 모두 쓸 수 있습니다. 때로는 "그것뿐이야!"라고 토를 달 때 쓰이기도 합니다.

A : How come you've been studying so hard lately?
B : English is a must if you want to get into journalism, **that's why.**

　　A : 왜 요즘 그렇게 열심히 공부하니?
　　B : 저널리즘 분야로 가고 싶으면 영어가 필수불가결이야. 그것뿐이야.

　　* must (절대로 필요한 것)

기본회화패턴 5

That's up to you.
당신 마음대로입니다.

That's up to you.(당신 마음대로입니다. 당신에게 달려 있어요.)는 선택이나 결정을 상대에게 위임할 때 쓰는 표현입니다. up to ~은 「~마음대로, ~의 멋대로」라는 의미입니다. you를 대명사나 고유명사로 바꾸면 That's up to him.(그에게 달려 있습니다.), That's up to Pitt.(피트 마음대로입니다.)라고 3인칭에 대해서 쓸 수도 있습니다.

A : Which would you like to have for dinner, meat or fish?
B : **That's up to you.**
A : I'd rather have meat.
B : No objection.

　　A : 저녁은 고기, 아니면 생선으로 할까?
　　B : 네 마음대로 해.
　　A : 나는 고기가 좋아.
　　B : 이의 없어.

　　* objection (반대, 이론)

기본회화패턴 6

That's the trouble.
그게 문제입니다.

That's the trouble.를 직역하면 「그것이 곤란한 사태·문제입니다」가 됩니다. that는 앞서 말한 문제를 가리킵니다. 강조하고 싶을 때는 That's just the trouble.이라고 합니다. just를 강하게 발음하도록 합시다.

A : A bolt is missing.
B : Oh, **that's the trouble.**

> A : 볼트가 풀려 있어.
> B : 아, 그게 문제였구나.

기본회화패턴 7

That's not true.
그건 거짓말이야.

That's not true.는 상대의 말을 듣고 「그건 사실이 아니다」라고 말하기 위한 표현입니다. true는 「진실의, 사실대로의」의 뜻입니다. That's not right.(그건 올바르지 않아.)라고 말해도 대개 같은 의미가 됩니다.

A : How come Jane dumped Mike?
B : **That's not true.**
A : Isn't it?
B : It was Mike who dropped Jane.

> A : 왜 제인이 마이크를 찼을까?
> B : 그건 사실이 아니야.
> A : 그래?
> B : 마이크가 제인을 찼어.

기본회화패턴 8

That's more like it.
그게 훨씬 좋아.

more like it는 「~이라면 더욱 좋다」라는 의미의 구어적인 표현입니다. That's much better.라고도 말하지만, 일상회화에서 쓰려면 전자가 생생한 느낌을 줍니다.

A : I changed my hair style for my date.
B : **That's more like it.**

A : 데이트를 위해 헤어스타일을 바꿨어.
B : 그게 훨씬 좋아.

기본회화패턴 9

That's tough.
그거 힘들겠구나.

영어의 tough는 여러 가지 의미로 쓰입니다. 이 경우는 「어려운, 곤란한, 엄한」의 뜻입니다. "그거 난처하군!" 이라든가 "그거 곤란하군!" 이라는 의미도 있습니다. must have been tough(힘들었음에 틀림없다)라는 조동사의 현재완료입니다.

A : I'm exhausted. I burned the midnight oil last night.
B : What did you do?
A : I made out an income tax report.
B : Oh, **that must have been tough.**

A : 지쳤어. 어젯밤 밤을 새었거든.
B : 무엇을 했는데?
A : 소득세 신고서를 작성했어.
B : 어머, 그거 힘들었겠구나.

A : I have to work overtime to finish this.
B : **That must have** been tough.

A : 잔업을 하지 않으면 끝날 것 같지 않아.
B : 그거 난처하겠구나.

기본회화패턴 10

That's my favorite.
그건 내가 무척 좋아하는 것입니다.

favorite는 「제일 좋아하는」이라는 뜻입니다. That's my favorite.는 "그걸 매우 좋아합니다." 라고 말하고 싶을 때 사용합니다.

A : Do you like golf?
B : **That's my favorite.**

   A : 골프는 좋아합니까?
   B : 무척 좋아합니다.

A : Grandpa, here are some rice cakes.
B : Oh, **that's my favorite!**
A : I'm glad to hear that. Have some more.
B : Thank you.

   A : 할아버지, 만두예요.
   B : 그래, 그건 내가 무척 좋아하는데.
   A : 그걸 들으니 기뻐요. 더 드세요.
   B : 고맙습니다.

what 관용구

what은 주로 의문사 역할을 하게 되며, 일반적으로 "왜?, 어떻게?"라는 이유나 목적, 방법을 나타낼 경우에는 의문사 why 혹은 how를 먼저 떠올리지만 실제로는 what을 사용한다는 점에 유의해야만 합니다. 특히 회화를 위주로 하는 구어체에서는 놀라움이나 감동을 나타내는 감탄사로서도 매우 중요한 역할을 수행합니다.

여러분이 의문문에서 가장 중요한 사항은 첫째, 의문사는 문두에 위치하며, 둘째, 의문사로 시작되는 질문에 대한 응답은 절대로 Yes, No로 응답하지 못한다는 사실입니다. 또한 감탄문에서는 〈주어 + 동사〉를 생략하여 표현하게 됩니다.

what 의문사 관련 관용표현에는 What brings you here?(어떻게 오셨습니까?), What does it matter?(무슨 상관입니까?), What shall we do?(어쩌면 좋죠?), What makes you say so?(왜 그런 말씀을 하는 거죠?) 따위가 있으며, what 감탄사와 관련된 상대방을 동정하는 관용표현에는 What a pity! / What a shame! 등이 널리 활용됩니다.

유용한 관용 표현
- What are you doing?(무얼하고 계십니까?)
- What day is it?(오늘은 무슨 요일이죠?)
- What are you looking for?(뭘 찾고 계시죠?)
- What a pity!(그거 유감이군요.) *What a shame!
- What a surprise!(그거 놀랍군요.)
- What are you up to?(무슨 꿍꿍이지? / 무슨 속셈이지?)
- What are your symptoms?(증상은 어떻습니까?)

무슨 뜻입니까?

왓 두 유 민
■ What do you mean?

도대체 영문을 모를 때 What in nature do you mean? 혹은 What in the world do you mean?라는 표현을 사용한다. 가령, Ted, what do you mean by that?(테드, 그 말이 무슨 뜻이지?)라고 표현할 수도 있다.

거기에 뭐라고 쓰여 있습니까?

왓 더짓 쎄이
■ What does it say?

신문, 게시, 편지 따위에 관하여 말할 때 동사 say를 활용하여 The notice says, No school on Tuesday.(게시판에 '화요일은 휴교' 라고 나와 있다.) / Today's paper says that we'll have rain tonight.(오늘 신문에 밤에 비가 온다고 하던데.) 등의 표현처럼 쓰인다.

너는 어떻게 생각해? / 뭐라요?

왓 두 유 쎄이
■ What do you say?

정식 표현은 What do you think about it?라고 표현된다. 또한 What? / What did you say? / What is it? 등도 동일하게 활용된다.

무엇을 위해? / 어째서?

왓 훠
■ What for?

이유를 묻는 표현인데 경우에 따라서 For what?이라고도 하며, 가령 What do you think the reason is?(이유가 뭐라고 생각하십니까?)라고 완곡하게 표현해도 무방하다.

그밖에 다른?

왓 엘스
■ What else?

여기서의 뜻은 구체적인 것을 거론할 때 What else was there?(그밖에 무엇이 있었니?)처럼 사용할 수도 있다.

어떻게 오셨습니까?	왓 브링스 유 히어 ■ **What brings you here?** 용무나 용건을 묻는 표현으로써 What brought you here?라고 과거형을 사용하기도 하며, "어서오세요?"라는 뜻의 완곡한 표현법으로도 쓰인다.
그것에 대해 어떻게 생각하세요?	왓 두 유 씽코빗 ■ **What do you think of it?** 영화나 연극을 본 사람에게 So what did you think of it?(그래 그 영화 어땠어요?)라고 묻게 된다.
있잖아? / 알겠어?	게스 왓 ■ **Guess what?** 이 표현은 구어체에서 사용되는 표현으로 ① (대화를 시작할 때) 있잖아, 글쎄, 이봐! ② (놀랄 만한 일을 가르쳐 주며) 어떻게 생각해?, 알겠니? ③ 맞혀 봐! 등 뉘앙스에 따라 다양하게 활용된다.
오늘은 며칠입니까?	왓 데잇 이짓 투데이 ■ **What's today's date?** 일상적으로 What date is it today?라는 표현도 널리 활용되는 편이다.
있잖아? / 그런데 말야?	유 노 왓 ■ **You know what?** 달리 표현하면 (I'll) Tell you what.(저 말이야, 실은 말이지, 이야기할 게 있는데.)으로 대용할 수도 있다.
여행 목적이 무엇입니까?	왓츠 더 퍼포즙 유어 비짓 ■ **What's the purpose of your visit?** 물론 이러한 표현은 What brings you here?라고 대용해도 무방하며, 이에 대한 적절한 응답은 방문에 대한 목적인 studying, business, sightseeing 등을 제시하면 된다.

기본회화패턴 1

What do you mean?
무슨 뜻입니까?

What do you mean?을 직역하면 「당신이 의미하고 있는 것은 무엇입니까?」가 됩니다. 상대의 이야기를 잘 이해할 수 없어서 다시 한번 되물을 때 쓰는 표현입니다.

A : **What do you mean?**
B : Okay. I'll explain it once more.
A : Please.

> A : 무슨 뜻이니?
> B : 알았어. 다시 한번 설명할게.
> A : 부탁해.

기본회화패턴 2

What does it say?
거기에 뭐라고 쓰여 있습니까?

What does it say?는 책, 신문, 편지, 엽서, 칠판, 간판 등에 "무엇이 쓰여 있습니까?"라고 묻는 표현입니다. 사람이 「말하다, 고하다」라는 뜻으로 say를 쓰는 것이 가장 일반적이지만, 무생물을 주어로 하여 「~라고 쓰여 있다, 나 있다」라는 사용법도 일반적이므로 기억해 둡시다.

A : I got a postcard from Aunt Jane in Seattle.
B : **What does it say?**
A : It says she'll come to our home next Sunday.

    A : 시애틀에 사시는 제인 고모에게서 엽서가 왔어.
    B : 뭐라고 쓰여 있니?
    A : 이번 일요일에 집에 오신데.

기본회화패턴 3

What do you say?
너는 어떻게 생각해?

What do you say?의 직역은 「당신은 이것에 대해서 뭐라고 말하겠습니까?」입니다. 즉, "당신은 어떻게 생각합니까?"라고 상대의 의견을 묻는 표현이 되는 것입니다. What do you think?(당신은 어떻게 생각합니까?)라고 말해도 같은 뜻이 됩니다.

A : Which do you want to go to, Disneyland or the Grand Canyon?
B : **What do you say?**

    A : 디즈니랜드와 그랜드 캐년, 어느 쪽을 가고 싶니?
    B : 너는 어때?

기본회화패턴 4

What for?
무엇을 위해?

What for?는 「무슨 목적을 위해?, 무슨 용건으로?」라는 의미입니다. What is it for?(그것은 무엇을 위해서입니까?)의 it을 생략한 구어 표현입니다. 목적을 나타내는 표현으로써 for the purpose of -ing (~의 목적으로)가 있습니다. 예를 들면 "영어를 공부할 목적으로 미국에 갑니다."는 I'll go to America for the purpose of studying English.가 됩니다.

A : I'm planning to study abroad in America next year.
B : **What for?**
A : I'd like to learn accounting in English.

　　A : 내년에 미국으로 유학을 가려고 합니다.
　　B : 뭐 하러?
　　A : 영어로 회계를 공부하고 싶습니다.

기본회화패턴 5

What else?
그밖에 다른?

What else?는 「무슨 다른?」라는 의미입니다. What else? 뒤에 문장이 생략되어 있다고 생각하세요. 예를 들면 what else(do you want)?(그밖에 갖고 싶은 것은?), What else (did you say)?(그밖에 뭐라고 말했습니까?), What else (did he buy)?(그는 그밖에 무엇을 샀습니까?)라는 형태가 있습니다.

A : We need to buy a door-mat, slippers and curtains.
B : **What else?**
A : That's all.

　　A : 현관 매트와 슬리퍼와 커튼이 필요해요.
　　B : 무슨 다른 필요한 것은?
　　A : 그것뿐이에요.

what's 관용구

what's는 what is ~의 단축형으로 뒤에는 주로 3인칭 단수현재형이 주로 오게 되며, 특히 구어체에서는 May I have your phone number? 를 줄여서 What's your number?처럼 관용적으로 표현하게 됩니다.

일반적으로 인사말로 What's up?하면 상대방의 안부나 고민을 묻는 표현으로써 "어떻게 지내니? / 무슨 일입니까? / 왜 그래?"라는 뜻으로 활용되는데 What's going on? / What's happening? 따위와 유사하게 대용할 수 있는 반면에 What's wrong?하면 뜻은 동일하지만 어감상 What's the matter? / What's the problem? 등에 가까운 뜻이 됩니다. 또한 관용적으로 What's eating you? / What's bothering you? / What's bugging you? 따위로도 대체할 수 있는 표현입니다.

관용적인 표현 가운데 What is it?(뭐라 하셨지요, 뭐라고요?), You know what?(있잖아, 그런데?), So what?(그래서 어쨌단 말이야?, 그런 건 상관없지 않은가?) 등과 같은 표현은 직접 사용해 보지 않으면 어려운 표현입니다.

기본 회화 따라잡기

무슨 일이 있었니?

■ **What's up?**
왓 츠 업

이 말은 인사말로써 ① 무슨 일이야?, 뭔데? ② 요즘 어때? / 잘 지냈어?(How're you doing?) 정도의 표현으로 적극적인 관심이 드러나는 표현법이다.

별일 없니?

■ **What's new?**
왓 츠 뉴

상대방의 좋은 일이나 신나는 일에 대한 기대심리를 엿볼 수 있는 인사표현이다.

왜 그렇게 서둡니까?

■ **What's the big hurry?**
왓 츠 더 빅 허리

명사적 표현법으로 몹시 서두는 모양을 big hurry라고 표현한다.

뭐라고요? / 다시 한번 말해 주세요.

■ **What's that again?**
왓 츠 대 러 게 인

What (is it)? / What did you say? 따위와 같은 표현법으로 대체할 수 있다. 다시 말해 달라고 요청할 경우에는 Come again? / Pardon me?라고 하면 된다.

무엇을 하고 있습니까?

■ **What's going on?**
왓 츠 고 잉 온

인사말로 "How are you doing?(어떻게 지내십니까?)"처럼 안부를 묻는 표현이 되기도 한다.

기본회화패턴 1

What's up?
무슨 일이 있었니?

What's up?은 "무슨 일이 있었니?" 혹은 "안녕?"이라는 인사 표현입니다. 친한 사이끼리 사용하는 것이 보통입니다. 특별히 다르지 않거나 상태가 나쁘지 않으면 Not much / Nothing much.(아무 것도 아냐.)라고 대답합니다.

A : **What's up?**
B : Nothing much.

    A : 무슨 색다른 일이 있었니?
    B : 전혀 없어.

기본회화패턴 2

What's new?
무슨 새로운 일은 없니?

What's new?도 What's up?과 마찬가지로 「색다른 것이 없니?」라는 느낌의 구어적인 인사 표현입니다. new라는 말을 사용하고 있기 때문에 「상대에 관한 새로운 일」을 묻기 됩니다.

A : **What's new?**
B : Nothing in particular. How about you?
A : Me, neither.

> A : 무슨 새로운 일은 없니?
> B : 특별히 없어. 너는 어때?
> A : 나도 없어.

기본회화패턴 3

What's the big hurry?
왜 그렇게 서둡니까?

hurry는 「서두르는 일」이라는 뜻입니다. big hurry는 「무척 서두름」이 됩니다. in a hurry(서둘러서, 초조해서)를 사용해서 Why are you in such a hurry?라고 말해도 마찬가지이지만, What's the big hurry?가 더 의미가 강합니다.

A : **What's the big hurry?**
B : I have to get on the 5 o'clock bus.
A : You've got only five minutes.

> A : 왜 그렇게 서둡니까?
> B : 5시에 떠나는 버스를 타야 해.
> A : 앞으로 5분밖에 없어요.

기본회화패턴 4

What's that again?
뭐라고요? 다시 한번 말해 주세요.

What's that again?은 이야기를 알아듣지 못했을 때 반복해달라는 구어 표현입니다. 말투에 따라서는 무례한 느낌이 들기 때문에 상대나 상황에 따라 I beg your pardon? / Pardon me?(다시 한번 말씀해 주십시오.)를 쓰는 것이 좋겠습니다. 모두 끝을 올려서 말합니다.

A : Where do you work, Mr, Ford?
B : **What's that again?**
A : May I ask where you work?
B : Oh, I'm working for the Trade Bank in Busan.

A : 어디에 근무하십니까? 포드 씨.
B : 뭐라고요, 다시 한번 말해 주세요.
A : 어디서 일을 하고 계십니까?
B : 아, 부산의 무역 은행입니다.

기본회화패턴 5

What's going on?
무슨 일입니까?

go on은 「일이 일어나다, 행사가 벌어지다」라는 의미입니다. 보통 -ing 형태로 쓰입니다. What's going on?은 "무슨 일입니까?" 라는 뜻입니다. 주위 상황이 파악되지 않을 때도 What's going on?(무슨 일이 일어난 거지?)라고 물을 때 씁니다. What's happening?이라고 말해도 동일하며, What happened?(= How come it happened?)는 일이 발생된 후의 결과를 묻는 표현법입니다.

A : Look at the large crowd of people!
B : **What's going on?**
A : Let's go and see.

A : 저기 벌떼처럼 모여 있는 사람들을 봐!
B : 무얼 하고 있는 걸까?
A : 보러 가자.

반드시 알아야 할 관용 표현 07

how 관용구

how는 의문부사로서 「방법·수단·정도·상태」 등에 관한 의문을 나타내는 데 사용되며, how long, how far, how fast, how often, how old, how tall 따위와 같이 형용사·부사를 수식하는 경우가 많아 표현 영역의 폭이 넓고 매우 다양합니다.

또한 〈수〉를 나타낼 경우에는 How many ~?를 사용하며, 〈양〉을 나타낼 경우에는 How much ~?를 활용하며, 그밖에도 상대방의 의견이나 견해를 묻는 How about ~?이라는 표현은 구어적으로 활용도가 매우 높습니다.

특히 관용표현인 How should I know?(알게 뭐야?) / How comes it?(어째서죠?) 등과 같은 표현법은 뉘앙스를 살려서 익혀두면 유용하게 활용되므로 무조건 모조리 외워 둡시다. 일상생활에서 외국인이 How can I get there?(거기에는 어떻게 가면 됩니까?)라는 교통수단에 관하여 물음을 건네온다면 주저하지 말고 (You can go there) By bus.(버스로 갈 수 있습니다.)라고 응답하면 됩니다.

또한 "어떻게 지내십니까?"에 해당하는 인사표현인 How goes it (with you)? / How is it going (with you)? / How are things going (with you)? 따위도 사용해 보도록 합시다.

유용한 관용 표현
- How are you feeling?(몸은 어떠세요?) *건강이나 기분
- How's your family?(가족들 모두 안녕하시죠?) *How's your business?
- How would you like it?(어떻게 해드릴까요?) *익힘 정도
- How far is it from here?(여기서 얼마나 멀지요?)
- How's the weather today?(오늘 날씨는 어떻습니까?)

어땠어요?

하 우 워 짓
■ # How was it?

상대방의 기분을 구체적으로 물어보는 표현으로 How do you feel about it?이라는 표현이 사용되며, 어떤 일의 진행이나 결과에 대하여 물어볼 경우에 How was your vacation?(휴가 어땠어요?) / How was the concert last night?(어젯밤 콘서트는 어땠어요?)라고 표현한다.

네 기분이 어떨지 알겠다.

아 이 노 하우 유 휠
■ # I know how you feel.

I know ~의 문형에 절이 오면 Tell me how I can get there.(어떻게 가는지 알려주세요.), 부사절이 오면 Do it how you like.(네가 좋아하는 대로 해라.)로 표현하게 된다.

어떻게 하면 되니?

하우 더 아이 두잇
■ # How do I do it?

절차나 방법에 관하여 묻는 표현법으로 How else can I do it?(달리 그것을 할 수 있는 방법이 있을까?)라는 표현도 가능하다.

어떻게 알고 있니?

하우 두 유 노
■ # How do you know?

달리 표현하면 Do you know how ~?라는 문형으로 표현해도 되겠지만 How did you get to know her?(그녀를 어떻게 알게 되었어요?)라는 표현이 더 영어답다고 볼 수 있다.

어때요? / 맘에 들어요?

하우 두율라이킷
■ # How do you like it?

구어에서는 간략하게 How about ~?이라는 유용한 표현을 간단하게 활용한다. 가령, This is your new room. Do you like it?(이곳이 너의 새 방이야. 맘에 드니?)라고 표현해도 무방하다.

거기에는 어떻게 가면 됩니까?

하우 캔 아이 겟 데어
■ How can I get there?

다소 일상적인 표현을 활용하면 Tell me how I can get there.(어떻게 가는지 알려주세요.)처럼 표현해도 무방하다.

거기까지 얼마나 걸리죠?

하우 롱 더짓 테익 투 고 데어
■ How long does it take to go there?

시간적인 소요를 묻는 경우에 How long would[will] it take (me) to go there by train?(기차로 거기에 가는 데 시간이 얼마나 걸릴까요?)라고 표현하면 된다.

거기까지 얼마나 걸리죠?

하우 머치 더짓 코슷
■ How much does it cost?

요금이나 가격을 물어보는 표현으로써 How much is it? / How much do you charge?이라는 표현이 널리 사용된다.

기본회화패턴 1

How was it?
어땠어요?

How was ~?는 「~은 어땠어요?」라고 형편이나 상태 등을 물을 때 씁니다. How was the trip?(여행은 어땠니?)처럼 it 대신에 구체적인 명사를 넣어 쓸 수 있습니다.

A : I went to see a movie yesterday.
B : **How was it?**
A : It was boring.

> A : 어제 영화를 보러 갔어.
> B : 어땠니?
> A : 지루했어.

기본회화패턴 2

I know how you feel.
네 기분이 어떨지 알겠어요.

I know how you feel.의 직역은 「당신이 어떻게 느끼고 있는가를 알겠습니다」라는 말입니다. 상대에 대한 공감, 동정을 나타내기 위한 표현입니다. I understand the way you feel.(당신의 느낌을 이해하겠습니다.)라고 말해도 같습니다.

A : You look depressed lately.
B : My cat died last week.
A : **I know how you feel.**

> A : 넌 요즘 기운이 없어 보여.
> B : 지난 주, 기르던 고양이가 죽었어.
> A : 네 기분을 알겠다.

기본회화패턴 3

How do I do it?
어떻게 하면 됩니까?

How do I do it?(어떻게 하면 되니까?)는 방법, 순서를 묻기 위한 표현입니다. do는 의무를 나타내며 ? "해야 한다" 라는 뉘앙스를 가집니다. How should I do it?라고도 말하며, should를 쓰면 상대에 대해서 정중한 말투가 됩니다.

A : Will you start the washer?
B : **How do I do it?**
A : You've never used it?

> A : 세탁기를 틀어 줄래?
> B : 어떻게 하면 되니?
> A : 지금까지 한번도 쓴 적이 없니?

기본회화패턴 4

How do you know?
어떻게 알고 있니?

How do you know?는 "어떻게 그 일을 알고 있니, 어떻게 알 수 있니?" 라는 의미입니다. know를 강하게 말하면 문자 그대로의 의미이지만, you에 강세를 두면 "어떻게 네가 아니?(알 리가 없다.)" 라고 이의를 제기하는 느낌이 됩니다.

A : I wonder if he's married.
B : He's not.
A : **How do you know?**
B : I should know. He's my brother.

    A : 그 사람 결혼했어.
    B : 하지 않았어.
    A : 어떻게 아니?
    B : 알아, 내 남동생이잖아.

기본회화패턴 5

How do you like it?
어때요? / 맘에 들어요?

How do you like ~?는 상대방에게 평가나 감상을 묻는 질문입니다. 가령, How do you like this jacket?(이 재킷은 어때?), How do you like the party?(이 파티는 어때?)라는 형태로 ~에 들어가는 말을 바꿔서 응용할 수 있습니다.

A : Would you like to try this Chilean wine?
B : I'd love to.
A : **How do you like it?**
B : It's good. Can I have another one?

    A : 이 칠레 산 와인을 마셔 볼래?
    B : 좋지.
    A : (맛이) 어때?
    B : 좋은데, 또 한 잔 줄 수 있니?

반드시 알아야 할 관용 표현 08

don't 관용구

일반적으로 상대방에게 요구나 명령을 할 경우에는 be동사, 일반 동사, 조동사 따위를 문두에 두어 사용하는데 반해 〈금지〉를 요청할 때에는 조동사 do를 문두에 위치시켜 부정의 명령형인 Don't ~ / Never ~따위를 활용하곤 합니다.

부정이나 금지를 나타내는 표현에서 문두에 〈Don't + 동사 ~〉의 문형이 활용되는데 일상생활에서 상대방의 좋지 못한 행위나 행동을 저지하는 차원에서 Don't ask me.(묻지 마.) / Don't be long!(꾸물대지 마.) / Don't talk like that.(그런 식으로 말하지 마.) 따위의 표현을 사용하곤 합니다.

물론 뉘앙스가 내포된 Don't mention it.(천만에요.) / Don't mind me.(맘대로 하세요.) 따위의 표현은 어원적으로 접근하지 않는 이상 이해하기는 어려우므로 자주 사용하는 것이 곧 암기하는 요령이 될 것입니다.

부가의문형으로 활용되어 You know that, don't you?(너는 알고 있지, 안 그래?)와 같이 재확인하는 표현법입니다. 또한 관용표현에서 반어적인 어법을 사용하여 You don't say so.(설마. / 그럴 리가 없어.) / Don't you know?(그것도 몰라?)처럼 활용하기도 합니다.

유용한 관용 표현
- Don't give up.(포기하지 마.)
- Don't blame yourself.(자책하지 마세요.) *It's not your fault.(네 잘못이 아냐?)
- Don't take it out on me.(나한테 화풀이 하지 마.)
- Don't look at me like that.(날 그렇게 보지 마.)
- Don't do that.(그러지 마.) *Don't cut in line.(새치기 하지 마.)

몰라. / 묻지 마.

돈 애 스 미
■ **Don't ask me.**

I don't know.라는 표현도 있지만 이렇게 표현하면 얼마나 뉘앙스가 풍부한지 충분하게 느낄 수 있을 것이다. 가령, Don't bother me.(성가시게 좀 굴지 마.)라는 표현도 대용해도 무방하다.

시간 좀 끌지 마. / 너무 기다리게 하지 마.

돈 비 롱
■ **Don't be long.**

상대방이 일처리나 행동이 느려 조급함이 끓어오를 때 직설적인 Hurry up!이라는 표현보다는 다소 완곡한 느낌이다. 가령, Don't worry. This won't take long. It'll be over with in less than no time.(걱정마세요, 이것은 오래 걸리지 않습니다. 즉시 끝납니다.)라고 응답할 수도 있겠죠?

걱정 마세요.

돈 워 리 어바우릿
■ **Don't worry about it.**

구어적이며, 직설적으로 Not to worry.(문제없어. / 염려하지 마.)라는 표현이 있는데 좀 경망스러울 수도 있지만 경제적인 표현이다. 가령, Don't worry your parents.(부모님께 걱정을 끼치지 마라.)라고 충고로도 표현된다.

치켜세우지 말아요.

돈 플레러 미
■ **Don't flatter me.**

flatter라는 말에는 "아첨하다"와 "우쭐해 하다"라는 양면성을 가진 어휘이므로 여기서는 "비행기 태우지 마세요."라는 뜻으로 사용되었다. 가령, 상대방이 지나치게 행동하면 Don't be so proud of yourself. / Don't let it go to your head.(너무 우쭐해 할 것 없어.)라고 말해주면 된다.

얕보지 마라. / 과신하지 마라.

돈 비 투 슈어
■ Don't be too sure.

일종의 Don't be too confident of yourself.(너무 과신하지 마.)라는 충고의 표현인데 전쟁이나 스포츠 게임에 임하며 Don't be little even a weak enemy.(약한 적이라도 얕보지 마라.)라고 주의를 줄 수도 있을 것이다.

무서워하지 마.

돈 비 스케어드
■ Don't be scared.

개와 같은 동물에게 물릴까봐 겁이 날 때, 혹은 도둑이나 자연재해 따위로 인하여 공포심을 느낄 때 I am scared!(나 무서워!) / I was scared to death.(무서워서 죽을 뻔했어.)라는 표현을 하게 되는데 이럴 때 한 마디해두자.

어리석게 굴지 마. / 바보 같은 짓 하지 마.

돈 비 실리
■ Don't be silly.

유사한 표현으로 Don't make yourself ridiculous.라는 표현이 활용되며, Isn't it silly of me?라고 하면 "나 정말 바보 같지?"라는 자책하는 표현이 된다.

그렇지 않아.

돈 비 댓 웨이
■ Don't be that way.

이 표현은 다소 강조하는 듯한 표현인데 완곡하게 표현하려면 I hope not.(그렇지 않길 바래.) / I doubt it.(그렇지 않을 거야.)처럼 표현하면 된다.

좀 내버려 둬. / 시끄러워. / 방해하지 마.

돈 바더 미
■ Don't bother me.

bother라는 어휘에는 "성가시게 굴다, 귀찮게 하다"라는 의미가 담겨 있으며, 가령, Don't bother about the expenses.(비용 걱정은 하지 마라.) / Don't bother to fix a lunch for me.(날 위해 일부러 점심 준비를 할 것 없는데...) / What's all this bother about?(대체 이 무슨 소동이람?) 따위의 유용한 표현도 있다.

별말씀을요. / 천만에요.

돈 멘셔닛
■ Don't mention it.

감사나 사과 표현에 대하여 겸양의 표현으로 You're welcome!이라는 표현과 더불어 자주 활용된다.

기본회화패턴 1

Don't ask me.
몰라.

Don't ask me.는 "나에게 묻지 마." 라는 의미입니다. Don't ~로 시작하는 명령문의 부정이지만, 가볍게 ?몰라?라는 정도의 의미로 씁니다. Don't ~을 강하게 발음하면 "나에게 묻지 마!"라고 지나치게 강한 부정으로 들리므로 가볍게 발음하도록 합니다.

A : Jack, do you know where my camera is?
B : **Don't ask me.**

A : 잭, 내 카메라 어디에 있는지 모르니?
B : 몰라.

기본회화패턴 2

Don't be long.
빨리 해.

Don't be long.은 「(시간이) 길어지지 않게」 즉, "곧장, 빨리 해." 라는 의미입니다. Hurry up.보다도 부드러운 느낌을 주는 말투입니다. 자신이 상대를 기다리게 할 때 쓰는 It won't be long.(곧 끝납니다. / 그다지 길어지지 않을 겁니다.)도 많이 쓰는 표현이므로 잘 외워 둡시다.

A : Stick around here. I'll be back in a minute.
B : **Don't be long.**

> A : 여기서 기다리고 있어. 곧 돌아올게.
> B : 빨리 와.

* stick around (거기서 기다리다)는 뜻의 구어 표현이다.

기본회화패턴 3

Don't worry.
걱정 마세요. / 염려 마세요.

worry는 「걱정하다」라는 의미입니다. Don't worry about it.은 "걱정 말아요, 괜찮습니다" 가 됩니다. Not to worry.라는 표현도 알아둡시다.

A : It's impossible to finish this work by 5 o'clock.
B : **Don't worry.** I'll help you.
A : Really? I appreciate it.

> A : 이 일을 5시까지 끝내게 하는 것은 무리야.
> B : 걱정 마, 거들어 줄게.
> A : 정말? 고마워.

* It's impossible to ~(~하는 것은 무리입니다.)

기본회화패턴 4

Don't flatter me.
치켜세우지 말아요.

flatter는 「아첨하다, 기쁘게 하다, 칭찬하다」라는 의미입니다. Don't flatter me.(나를 기쁘게 하지 말아요.)는 우리말의 "비행기 태우지 말아요."에 해당하는 표현입니다. 같은 상황에서 You flatter me.(능숙하군요.)라는 표현도 많이 쓰입니다.

A : Your English is very impressive!
B : Oh, **don't flatter me.**
A : I'm not. Where did you learn English?

  A : 당신은 영어를 잘하는군요.
  B : 치켜세우지 말아요.
  A : 아첨하는 게 아니에요. 어디서 영어를 공부했어요?

* flatter 과찬하다, 아첨하다

기본회화패턴 5

Don't be too sure.
얕보지 마라.

Don't be too sure.를 직역하면 「그렇게 확신을 가지면 안 된다」라는 말입니다. 상대가 자신만만하게 말한 것에 대해서 "정말 괜찮겠니, 얕보지 않는 게 좋아"라고 충고할 때 사용합니다.

A : I'm a good driver.
B : **Don't be too sure.** You'll cause an accident if you drive a car carelessly.

  A : 차 운전은 자신이 있어.
  B : 너무 과신하지 마라. 함부로 운전하면 사고를 낼 수도 있어.

A : Won't you study for the quiz?
B : Ms. Brown's tests are always easy.
A : Don't be too sure. She sometimes gives us hard ones.

  A : 시험공부는 하지 않니?

B : 브라운 선생님 시험은 언제나 쉬워.
A : 얕보지 않는 게 좋아. 때로 어려운 것을 내.

기본회화패턴 6

Don't be scared.
무서워하지 마.

be scared는「무서워하다, 깜짝 놀라다, 떨다」라는 의미입니다. 위험 · 위기의 상황에서 무서워하는 상대를 침착하게 하거나 위로할 때 Don't be scared.(무서워하지 마.)라고 말합니다.

A : Oh, no! Go away!
B : **Don't be scared.** It's just a cockroach.

A : 악, 저기에 가 봐!
B : 무서워하지 마. 그저 바퀴벌레잖아.

기본회화패턴 7

Don't be silly.
바보같은 짓 하지 마.

silly는「바보같은, 어리석은」이라는 뜻입니다. ridiculous는「우스꽝스러운, 바보같은」, foolish는「어리석은」이라는 말을 써서 Don't be ridiculous.나 Don't be foolish.라고 해도 됩니다.

A : I'm going to get drunk tonight.
B : **Don't be silly.** Today's only Monday.
A : I'm not over my recent break-up.

A : 오늘밤은 취해야겠어.
B : 바보같은 소리 마. 이제 월요일이야.
A : 그녀를 실연하고 다시 일어설 수 없어.

* break-up 회복하다, 복구하다

기본회화패턴 8

Don't be that way.
그렇지 않아.

Don't be that way.는 상대의 행동이나 태도가 공정하지 않거나 엉뚱한 경우에 쓰입니다. 이 때 way는 「방법, 행동, 수단」이라는 뜻입니다. that way로 상대의 행동을 지적합니다.

A : Because of you, she left me.
B : **Don't be that way.**

> A : 그녀가 나간 것은 네 탓이야.
> B : 그렇지 않아.

기본회화패턴 9

Don't bother me.
시끄러워.

bother는 「시끄럽게 하다, 곤란하게 하다」라는 의미입니다. Don't bother me.는 "방해하지 마세요, 나에게 상관하지 마세요."라고 상대를 견제하는 표현입니다. me를 떼어서 Don't bother이라고 하면 여러 가지 배려해 주는 상대에 대해서 "신경 쓰지 마라." 라고 하는 경우에도 씁니다. me가 있고 없고에 따라 의미가 전혀 달라집니다.

A : How long will it take to finish your homework?
B : At least an hour.
A : Do it later.
B : **Don't bother me.**

> A : 숙제를 끝내게 하는 데, 앞으로 얼마나 걸리겠니?
> B : 적어도 1시간은 걸려.
> A : 나중에 하면.
> B : 시끄러워.

기본회화패턴 10

Don't mention it.
천만에요.

Don't mention it.은 감사 또는 사죄에 대해서 "천만에요, 별말씀을요" 라는 대답입니다. You're welcome.은 직역하면 「당신은 환영받습니다」라는 의미로 "또 언제든지 오십시오." 라는 의미를 포함하고 있으므로 어떤 것을 가르쳐 주거나, 일을 거들어 주어서 고맙다는 인사를 들었을 때 씁니다. 어떤 경우에도 공통으로 쓰이는 "천만에요." 는 That's all right.입니다.

A : Will you tell me how to use this machine?
B : Sure. Just pull this lever.
A : Thank you very much.
B : **Don't mention it.**

> A : 이 기계의 사용법을 가르쳐 줄 수 있습니까?
> B : 좋아요. 이 레버를 당기면 됩니다.
> A : 대단히 고마워요.
> B : 천만에요.

반드시 알아야 할 관용 표현 09

sure 관용구

sure는 다소 주관적인 관점에서의 뉘앙스가 강하지만 certain은 객관적인 측면에서의 확신이나 주장을 나타낼 때 사용하는 경향이 있습니다. 따라서 상대방의 관점을 물을 때 Really? / You bet? / Are you sure? / Do you say so?(틀림없어요?, 믿어도 됩니까?, 확실합니까?)라는 표현을 하게 됩니다.

가령 우리말 속담에 "범도 제 말 하면 온다."라는 표현을 영어로 하면 Talk of the devil, and he is sure to appear.라고 할 수 있겠죠? 또한 Are you sure?(틀림없습니까?)라는 표현에 대한 응답으로는 That's right. / You're right. / So it is. / Quite (so). / Sure! / You said it. 따위가 활용됩니다.

주로 빈출되는 패턴문형으로는 Are you sure of(about) + 명사구 ~? / Are you sure that절 ~? 등과 같은 표현이 사용되는데 이에 대한 응답으로 자신감이 충만할 경우에는 Yes, I'm quite sure. / Yes, I'm positive.라고 하면 되는데 자신이 없을 경우라면 I'm not sure.라고 말하면 됩니다.

유용한 관용 표현
- Are you sure of it?(과연 그럴까?) *Can it be so?
- I'm not sure what you mean.(당신이 무슨 말 하는지 모르겠습니다.)
- Make sure it's you.(반드시 당신을 선택하게 만드십시오.)
- Make sure you fasten your seatbelt.(좌석 벨트를 꼭 매주세요.)

정말입니다. / 확실합니다.

슈어 이너프
■ Sure enough.

Are you sure? 혹은 Can it be true?처럼 사실이나 진실 여부에 관하여 물어올 경우에 사실임을 강조할 경우에 사용하는 표현입니다. 물론 Sure!만으로도 충분하지만 enough를 부가하여 좀 더 확실하다는 점을 부각하려는 의도이다.

맞습니다.

잇 슈어 리즈
■ It sure is.

확실히 그렇다는 의미인데 이와 유사한 응답에는 Indeed. / Of course. / Certainly. / That's right. / You're right. / So it is. / Quite (so). / Sure! / You said it. 등이 있다.

물론입니다. / 확신해.

아이 슈어 두
■ I sure do.

여기서 do는 대동사로서의 역할을 수행하며, sure는 원칙적으로 surely라고 해야 하지만 구어체에서는 그냥 sure라고 사용한다. 가령, "그가 성공할 것은 확실해."라는 표현은 He is sure to succeed. / I am sure that he will succeed. / It is certain that he will succeed.처럼 표현한다.

좋아요. / 그럼요.

슈어 씽
■ Sure thing!

강한 동조를 나타낼 경우에는 Definitely! 혹은 Sure!(그럼요, 그렇고 말고.)이라고 표현하면 된다.

꼭 편지를 써라.

비 슈어 투 롸잇 미
■ Be sure to write me.

물건을 사거나 음식을 먹은 후에 Be sure to get a receipt.(영수증을 꼭 받아.)라는 표현을 즐겨 사용하며, 특히 심부름을 할 때 널리 활용된다.

확실하지요?

아 유 슈 어
■ # Are you sure?

상대방에게 확실한지 그 여부를 확인할 때 사용하는 표현으로 You bet?이라는 관용표현이 널리 사용된다. 이에 대한 응답으로는 I am sure.라고 표현해도 무방하며, 관용표현으로 I betcha.[베챠]라는 표현도 널리 활용된다.

부디 와 주십시오.

비 슈 어 투 컴
■ # Be sure to come.

이러한 표현은 문두에 와서 "부디, 꼭, 반드시"라는 어감으로 표현되는데 뒤에는 to부정사나 문장이 연결되기도 한다. 가령, Be sure and come early.(꼭 일찍 오도록 해라.)라는 표현도 가능하다.

모르겠습니다. / 확실하지 않아요.

아 임 낫 슈 어   메 이 비
■ # I'm not sure. Maybe.

자신이 확신을 하지 못할 경우에 I'm sure.라는 표현의 부정형을 활용하는데 It's possible. / I'm not certain. 등과 같은 어투로 사용된다.

정말입니까?

아 유 슈 어
■ # Are you sure?

상대방에게 확인이나 반문할 때의 어법으로써 Really? / Are you serious? 따위와 같이 물어봐도 되는데 그렇지 않기를 바라는 마음이 더 강하게 작용한다. 물론 이에 대한 응답으로 Sure.나 Of course. 등을 사용하면 된다.

기본회화패턴 1

Sure enough.
정말입니다.

Sure enough.는 「정말이다, 과연」이라는 뜻으로 상대 이야기를 맞장구치는 표현입니다. 이 경우의 enough는 「완전히, 실로」라는 의미로 sure의 의미를 강하게 하기 위한 말입니다.

A : Look outside. It's snowing.
B : **Sure enough.** Just like the weather report said.

A : 밖을 봐. 눈이 내리고 있어.
B : 정말이다. 일기예보대로.

기본회화패턴 2

It sure is.
맞습니다.

It sure is.는 「완전히 그대로입니다」라는 의미입니다. 문법적으로는 It surely is.가 올바르지만, 일상회화에서는 It sure is.가 일반적입니다.

A : It's boiling hot today, isn't it?
B : **It sure is.**

A : 오늘은 지독하게 덥군.
B : 맞아.

기본회화패턴 3

I sure do.
물론입니다.

이 sure는 「확실히, 물론, 반드시」라는 의미로 do를 강조합니다. do는 동사 have의 대동사입니다. 영어에서는 같은 말이 반복되는 것을 싫어하기 때문에 I sure have.라고 하지 않고 I sure do.라고 말합니다. Do you play tennis? I sure do(= play).처럼 have 이외의 동사에서도 같이 do를 씁니다.

A : Do you have a video recorder?
B : **I sure do.**
A : Could you lend it to me?
B : Yes.

A : 비디오 녹화기를 가지고 있습니까?
B : 물론 가지고 있습니다.
A : 빌려 줄 수 있어요?
B : 좋아요.

기본회화패턴 4

Sure.
좋아요.

Sure.는 "네, 좋아요."라고 승낙할 때의 표현입니다. 그밖에 "물론, 그래, 그렇고 말고"라는 의미도 있습니다. Of course. / Why not? / Sure thing!이라는 표현도 함께 알아둡시다.

A : I'm in a hurry. Can I use your bike?
B : Sure. Go ahead.

> A : 급한데, 오토바이 빌릴 수 있겠니?
> B : 좋아요, 여기 있어요.

A : I believe Helen is going to get the first prize at the beauty contest.
B : **Sure.** She's the cutest girl in our school.

> A : 헬렌은 미인 콘테스트에서 1등을 할거야.
> B : 물론이지. 그녀는 학교에서 가장 예쁘니까.

기본회화패턴 5

Be sure to write me.
꼭 편지를 써라.

Be sure to ~.는 「꼭(반드시) ~해 주세요」라는 의미의 명령・지시의 표현입니다. 어조를 부드럽게 하고 싶을 때는 문장 끝에 ~, will you?를 붙여서 Be sure to ~, will you?라고 합니다.

A : It's time to go.
B : **Be sure to write me.**
A : All right. Good-bye.
B : Good-bye.

> A : 이제 갈 시간이야.
> B : 꼭 편지를 써라.
> A : 알았어. 잘 있어.
> B : 잘 가.

의문문 관련 관용구

의문문이라고 함은 평서문(서술문)과 대별되는 개념으로써 일반 의문문, 의문사를 이용한 의문문, 간접 의문문, 부가 의문문 따위로 나눠볼 수 있으며, 여기서는 일반 의문문(Yes/No의문문)을 중심으로 살펴보기로 합시다.

일단 의문문은 타인에게 언명을 요구하는 것으로써 형태상으로는 주어와 동사를 도치시키며, 또한 문장의 끝에 의문부호(?)를 부가하면 어법이 성립됩니다. 내용상으로는 상대방에게 질문을 할 때 주로 의문문(5W1H)을 활용하며, 이에 대한 응답은 yes, no의 형태로 응답이 불가능하다는 점에 유의합시다.

의문문의 표현법

의문문이라고 해서 반드시 의문부호(?)가 붙는 것은 아닌 경우도 있습니다. 가령, 상황에 따라 억양에 의해서도 의문형이 되기도 하며, 또한 동사가 생략되어 의문형이 아닌 형태를 나타내기도 합니다.

그러나 중요한 것은 의문문의 기능에 따른 어순 관계나 의문사(5W1H)의 활용에 주의해야만 하며, 또한 이에 따른 응답 표현법도 아울러 익혀두어야만 할 것입니다.

의문문의 종류
(1) 의문사를 이용한 의문문
(2) 조동사를 이용한 의문문
(3) 대동사(do)를 이용한 의문문
(4) be동사를 이용한 의문문
(5) have동사를 이용한 의문문
(6) 긍정형이나 부정형을 이용한 의문문

기본 관용표현 따라잡기

01 일반 의문문의 용법

영어의 평서문에서는 〈주어 + 동사〉의 어순이 요구되지만 의문문일 경우에는 동사 상당어구를 문두에 오게 하여 주어와 도치시킵니다. 이러한 일반 의문문은 Yes/No로 대답이 가능하므로 Yes/No 의문문이라고도 부릅니다.
be동사가 주어진 의문문에는 be동사를 문두에 오게 하여 〈be동사 + 주어 + 형용사/명사〉의 어순을 취하게 됩니다. 그러나 일반 동사가 주어진 의문문에는 조동사를 문두에 위치시켜 〈조동사 + 주어 + 동사원형〉의 어순을 취하면 됩니다.

A : Are you hungry?
B : Yes, I am. / No, I'm not.

> A : 배가 고프십니까?
> B : 예, 고픕니다. / 아니오, 배고프지 않습니다.

A : Do you have anything else you want?
B : No, that's all.

> A : 또 필요한 것이 있나요?
> B : 아니오, 됐습니다.

유용한 관용 표현
- How are you feeling?(몸은 어떠세요?) *건강이나 기분
- How's your family?(가족들 모두 안녕하시죠?) *How's your business?
- How would you like it?(어떻게 해드릴까요?) *익힘 정도
- How far is it from here?(여기서 얼마나 멀지요?)
- How's the weather today?(오늘 날씨는 어떻습니까?)

기본 관용표현 따라잡기

02 의문사가 있는 의문문

흔히 우리가 알고 있는 5W1H(when, where, who, what, why, how)로 시작하는 의문문을 말하는 것으로써 질문을 할 때 가장 활용도가 높은 질문 표현법입니다. 물론 의문사로 시작되는 의문문에서는 Yes./No.로 응답이 불가능합니다. 왜냐하면 의문사가 구체적인 응답을 요구하기 때문입니다.

A : What time shall we meet tomorrow?
B : Let's meet at this time tomorrow.
   A : 내일 몇 시에 만날까요?
   B : 내일 이 시간쯤에 만납시다.

A : How about going now?
B : Sounds good. Let's go.
   A : 지금 가는 게 어떻습니까?
   B : 좋아요. 지금 갑시다.

기본 관용표현 따라잡기

03 간접 의문문

앞에 Do you know ~?와 Do you think ~?와 같은 일반 의문문이 오고, 뒤에 목적어의 자리에 의문사절(의문사구)이 오게 될 경우를 간접 의문문이라 하는데 이럴 때에는 의문사절은 평서문처럼 〈의문사 + 주어 + 동사〉와 같은 어순을 취하게 됩니다. 또한 완곡한 표현법으로 I wonder ~. / I'm afraid ~. 따위를 활용하기도 합니다.

A : Do you know where the post office is?
B : Yes. It's just around the corner. You can't miss it.
   A : 우체국이 어디에 있는지 알고 계십니까?
   B : 예, 모퉁이를 돌면 바로 찾으실 수 있을 겁니다.

A : I don't believe Mr. Kim got an A on his English test.
B : He was failing the class. I wonder how he did it.
   A : 김 선생이 영어시험에서 A를 받다니 믿을 수가 없어!
   B : 그는 낙제할 것 같았는데 말야. 도대체 어떻게 공부했지?

기본 관용표현 따라잡기

04. 부가 의문문

상대방에게 동의를 구하거나 다짐을 요구할 때 평서문의 바로 뒤에 의문문의 생략형을 덧붙인다고 하여 부가 의문문(tag-question)이라고 합니다. 물론 Yes/No로 응답이 가능합니다.
주절의 시제와 부가 의문문의 시제는 같아야 하며, 주절이 긍정이면 부가 의문문은 부정, 주절이 부정이면 부가 의문문은 긍정이 됩니다. 또한 주절의 주어와 부가 의문문의 주어는 같아야 하는데 부가 의문문에서는 항상 대명사가 쓰여집니다. 어떤 경우에도 주절과 부가 의문문 사이에는 쉼표(,)를 부가해야만 됩니다.

A : You are tired, aren't you?
B : No, I'm not.
    A : 당신은 피곤하시지요?
    B : 아니오, 피곤하지 않습니다.

A : You went to America last year, didn't you?
B : Yes, I did.
    A : 당신은 작년에 미국에 간 적이 있지요?
    B : 예, 그렇습니다.

기본 관용표현 따라잡기

05. 선택 의문문

선택 의문문은 주로 두 개 이상 가운데 특정한 것을 선택하는 표현으로 Which do you like better, A or B?의 문형을 널리 활용하며, Would you like ~?라는 문형으로 대체해도 무방합니다. 가령 A or B? / this or that?처럼 선택의 대상을 구체적으로 나타내면 됩니다.

A : Which do you like better, coffee or tea?
B : I like coffee better.
    A : 커피와 차 중에 어느 것을 더 좋아하십니까?
    B : 커피를 더 좋아합니다.

기본 관용표현 따라잡기

06 부정 의문문

상대방에게 긍정의 응답을 유도하는 표현으로 주로 활용되며, 때로는 다소 따지는 어투로 사용되기도 한답니다. 대표적인 형태로 Why don't you ~?(~하시지 그러세요?) / Don't tell me ~.(설마 ~는 아니겠지요.)라는 표현이 널리 활용되지만 Why don't you ~?는 Please ~.로 바꿔 쓸 수도 있다는 점에도 유의합시다. 또한 Why don't I ~?는 Let me ~.로 대체할 수 있고, Why don't we ~?는 Let's ~.로 대신할 수도 있습니다.

A : Why can't you do it now?
B : Because I'm too busy.

A : 왜 지금 그걸 할 수 없습니까?
B : 제가 너무 바빠서요.

기본 관용표현 따라잡기

우리는 수사 의문문이라고 하면 다소 황당할지도 모르겠으나 설의법을 이용한 관용표현을 의미하는데 이는 듣는 사람으로 하여금 스스로 답변을 구하라는 어투입니다. 가령 Who knows?(누가 알겠는가?) / Who cares?(알게 뭐야?) / What does it matter?(그게 뭐 그리 중요해?) 따위처럼 정반대되는 표현을 유도하게 됩니다.
쉽게 표현하면 제3자적인 태도나 냉소적인 자세를 취하는 것으로써 이미 알고 있는 부분에 관하여 재차 거론하는 형태를 말합니다.

명령문 관련 관용구

관용표현은 사실 외운다고 실생활에서 구사되는 건 아니지만 자주 사용하다보면 저절로 입에 붙게 될 겁니다. 이러한 관용표현은 대개 상황이나 여건에 따라 다양한 뉘앙스를 가지고 있으므로 사용할 때 유의하길 바랍니다.
일반적으로 명령문은 주어 You를 생략하여 동사가 먼저 문두에 오게 되므로 항상 동사원형을 써야만 합니다.

유용한 관용 표현
- Come on! : 어서 빨리 해! / 이리 와!
- Come in! : 들어오시오! *Come in, won't you?
- Look out! : 조심해. *Watch out!
- Be quiet! : 조용히 해!
- Be my guest. : 사양하지 마시고 드십시오.
  *먼저 하세요.(After you.)
- Forget it! : 괜찮아. / 염려 마. *Never mind!
- Go on! : 계속해! *Go ahead.
- Hurry up! : 서둘러! *Step on it./ Make it snappy.
- Take it easy! : 차분하게 해! / 진정해! *Calm down.
- Sleep well! : 잘 자! *Take care.
- Please forgive me. : 용서해 주세요. *Pardon me.

기본 관용표현 따라잡기

01 일반적인 명령문

일반적으로 명령문은 주어인 you를 생략하고, 문두에 원형동사를 두어 『동사원형 + ~』와 같은 문형으로 표현하는데 그 의미는 "~을 해라!" 혹은 "~을 하십시오."와 같은 뜻으로 사용됩니다.
긍정적으로 표현할 때에는 흔히 일반 동사, be동사, 조동사(부정의 명령) 따위를 문두에 위치시켜 표현하게 되는데 구어체 영어에서는 명령의 어투만으로 사용되기보다는 말할 때의 어조나 느낌에 의해 부탁의 표현으로도 널리 활용하는 경향이 있습니다.

기본 관용표현 따라잡기

02 금지형 명령문

단정적인 금지 표현으로는 대동사(조동사) do를 문두에 두어 〈Don't + 동사원형 ~.(~하지 마십시오.)〉라는 문형으로 나타내게 됩니다.
또한 상대방에게 어떤 말이나 행동을 가볍게 저지하고자 할 경우에는 You can't do that.(그러면 안 됩니다.)라고 표현하기도 합니다. 그러나 강하게 충고나 명령할 경우에는 You must go now.(지금 가야만 합니다.)처럼 사용하기도 하죠?

기본 관용표현 따라잡기

03 재귀형 명령문

〈일반 동사 + 재귀대명사〉문형을 적극 활용하는 어법으로써 Enjoy yourself.(즐겁게 보내세요.) / Help yourself.(맘껏 드세요.) / Suit yourself.(좋을 대로 하세요.) / Be yourself!(침착해라.) / Do it yourself.(직접 하세요.) / Make yourself at home.(편히 쉬세요.) / Just bring yourself.(몸만 오세요.) 따위처럼 다양하고 편리하게 사용할 수 있는 표현법입니다.

기본 관용표현 따라잡기

please형 명령문

특히 please라는 말을 문두(Please + 명령문!)나 문미(명령문 + please!)에 덧붙여 부드러운 명령 표현으로 즐겨 사용하기도 합니다. 그러나 이러한 표현은 의뢰나 부탁의 어기가 더 강하다고 보는 것이 타당할 듯싶습니다.
Please!에 만해도 "부탁드립니다."라는 뉘앙스가 내포되어 있기 때문에 Water, please.(물 좀 주세요.)라는 뜻이 되며, 가령, 전화를 바꿔달라고 요청할 경우에도 Hello. May I speak to Harry, please?(여보세요, 해리씨 좀 바꿔주세요.)라는 표현이 사용됩니다.

>   A : Would you like another cup of tea?
>   B : Yes, please.

> A : 차 한 잔 더 드릴까요?
> B : 네, 주십시오.

기본 관용표현 따라잡기

간접 명령문

회화에서 중요한 표현법으로 간접 명령문이 있는데 이는 목적어 앞에 사역동사인 let을 사용하여 청유의 표현으로 Let's go ~, shall we?(~할까요?)라는 문형을 즐겨 사용하며, Let's go shopping.(쇼핑갈까요?) / Let's go Dutch.(각자 계산합시다.) 등처럼 쓰입니다.
또한 상대방에게 부탁이나 허락을 구할 때 활용하는 Let me ask you a question.(질문을 해도 되나요.) / Let me introduce myself to you.(제 소개를 해도 되나요.) 따위와 같은 문형도 널리 활용하곤 합니다.

그밖의 유용한 관용구

본래 관용표현은 그들만의 문화적인 속성이 스며든 표현이기 때문에 어원(출처)을 모르면 금방 이해하기 어려운 점이 있으므로 숙어(idiom)나 슬랭(slang)을 만나더라도 기죽지 말고 모르는 것이 당연하다고 생각하길 바랍니다.
다만 하나씩 정복해 가는 맛을 즐기며 영어회화를 공부하다보면 훨씬 재미있다는 사실을 발견하게 될 것입니다.

게시 용어
For Information : 안내
Admission Free : 무료 입장
Entrance : 입구
Exit : 출구
Knock : 노크
No Smoking : 흡연 금지
No Parking : 주차 금지
Danger : 위험
Keep out : 들어가지 마시오
Speed limit : 제한 속도
Turn right : 오른쪽으로 가시오
Watch out : 조심하시오
Calm down : 조용히 하시오

기본 관용표현 따라잡기

01 구어적인 표현

외국인의 입장에서 영어표현 가운데 가장 어려운 파트가 바로 구어 영어(Colloquial English)인데 그들의 언어습관에 기인된 것이기 때문에 미국의 사회·문화적 특성을 제대로 이해하지 못하면 이해하기 어려우므로 무조건 암기하고 보아야만 합니다.

특히 Why not? / What for? / How come? / So what? / You bet! / Come on! / You said it! 등과 같은 표현을 예로 들면 상황에 따라 여러 가지 뜻으로 사용된다는 점에 주목해야만 합니다.

파든 미
- **Pardon me?** (죄송합니다.)

    상황에 따라 Excuse me.(실례합니다.) / Forgive me.(용서해 주세요.) / What was it?(다시 한번 말씀해 주시겠어요?) 등과 같이 활용된다.

커 몬
- **Come on.** (어서요.)

    Hurry up!(서둘러.) / Of course(물론.) / Go for it!(화이팅.) 등과 같이 다양하게 쓰여진다.

와 이 낫
- **Why not?** (물론이죠?)

    Of course.(물론이죠.) / So what?(어째서죠?) / O.K.(좋아요.) / You do that.(그렇게 하시지요.) 등으로 사용된다.

기본 관용표현 따라잡기

02 반어적인 표현

일반적으로 평서문의 형태로 표현되지만 어투나 뉘앙스는 전혀 다른 느낌으로 사용되는 경우를 경험하였을 겁니다. 앞에서 언급한 구어 표현 가운데 상당 부분도 상황이나 때에 따라서 뜻이 달라집니다. 특히 발음상의 차이에 유념해 보면 차츰차츰 이해가 갈 것입니다.

유 머슷 비 키딩
■ You must be kidding!

(농담이죠?)

You've got to be kidding. / No kidding.(설마.)와 같은 표현으로써 상대방에게 다소 격앙된 표정으로 Are you kidding me?(날 놀리는 겁니까?)라는 표현을 나타낸다. 가령, You're kidding me!(거짓말 하지 마.)라는 표현도 알아두자.

하 우 컴
■ How come?

(어째서죠?)

상대방에게 어떤 결과에 대하여 추궁할 때 구체적인 이유를 물어보는 표현인데 반해 So what?(그래서 뭘?)은 내가 뭘 잘못했다는 것인지? 되묻는 표현법이므로 다소 차이가 있음에 유의하자.

유 벳
■ You bet!

(물론이죠!)

bet에는 내기를 걸어도 좋다는 뉘앙스가 담긴 관용표현이다. 그래서 서부영화에서 부츠를 걸만큼 확실하다는 표현으로 You bet your boots!가 사용되었다.

기본 관용표현 따라잡기

03 명사적인 표현

우리말은 〈동사 중심〉으로 표현되기 때문에 how(어떻게), why(왜)라는 표현을 즐겨 사용하지만 서양인들은 영어가 〈명사 중심〉이기 때문에 what(무엇)을 주된 관점으로 묻게 된다는 겁니다.
또한 우리말식으로 생각하면 "(무엇을) 잘하다"라는 표현을 할 때 부사를 주로 활용하는 반면에 영어에서는 명사를 꾸며주는 형용사를 주로 활용한다는 점만 보아도 영어는 명사적 표현을 선호한다는 사실에 유념하길 바랍니다.

왓 브링스 유 히어
■ What brings you here?

(어떻게 오셨어요?)

상대방에게 용무나 용건이 무엇인지 물어볼 때 묻는 표현법인데 의문사 why를 사용하지 않고 what을 활용하여 표현한다는 점에 유의하자.

왓 츠 이 링 유
■ What's eating you?
(무슨 일 있습니까?)
상대방에게 고민이나 걱정거리가 있는 얼굴을 대면했을 경우에 나눌 수 있는 인사 표현으로써 What's up? / What happened? 등을 활용하면 된다.

댓 쳐 굿 퀘스쳔
■ That's a good question.
(그거 좋은 질문입니다.)
퀴즈 대회에서 사회자가 That's a good guess.라고 하면 "잘 맞추셨습니다."라는 뜻이므로 추리력이 뛰어나다는 본래적 의미에 현혹되어서는 안 될 것이다.

히 이져 헤비 스모커
■ He is a heavy smoker.
(그는 골초입니다.)
He smokes very much.처럼 동사 위주로 표현하는 것을 그다지 선호하지 않는다는 점에 유의해야만 한다. 가령, He tells a lie.라는 표현보다 He is a liar.라고 하는 편이 더 영어답다는 것이다.

유용한 명사적 표현
- rain check 우천 교환권
- good father 대부(마피아 두목)
- mother nature 화장실
- fat chance 불가능 *Zero chance
- shelf life 유통기한 초과
- itchy feet 역마살
- two-income couple 맞벌이
- beer belly 술배
- dead broke 빈털털이
- coming soon 개봉박두
- top secret 일급비밀

기본 관용표현 따라잡기

04 축약형 표현

디지털 사회가 가속화되어 온라인에서는 신조어가 확산되어 의사소통에 문제가 발생되는 것처럼 미국 현지에서 사용되고 있는 영어표현에도 경제적 편리성이라는 원리가 적용되어 짧고 간단하게 의사표현을 전달하려는 의도가 영어에서도 나타나고 있습니다. 동사구로 활용되고 있는 going to를 gonna[고너], want to를 wanna[워너], got to를 gotta[가러]와 같이 표현하며, 한편으로 because를 'cause라고 하며, give me를 gimme라고 하며, come on을 c'mon이라고 약칭하기도 한답니다.

아 야 고너 고
■ Are ya gonna go?
(너 갈 거니?)

Are you going to go?라는 표현을 실생활에서는 이렇게 사용한다는 점에 좀 의아해할 테지만 실제로는 더 심하다고 봐야 할 것이다.

웨어 두 유 워너 고 윗 미
■ Where do you wanna go with me?
(어디 가고 싶니?)

다소 간절히 바라는 경우에 사용되는 want to~(하고 싶다)를 사용한 표현인데 would like to라는 표현으로도 대체할 수 있다.

유 가러 씨 어 닥터
■ You gotta see a doctor.
(의사의 진찰을 받아야 한다.)

구어에서 have got to는 have to의 대용 표현으로 활용되며, 가령, had better나 should와 유사한 뉘앙스로 사용할 수 있다.

김미 화이브
■ Gimme five.
(악수합시다. / 화이팅!)

일반적으로 give me를 구어에서 gimme로 축약해서 발음하는 경향이 있는데 이의 사용은 국한적인 편이다. 골프의 매치플레이에서 상대방에게 Gimme!라고 할 경우가 있는데 이는 이번 퍼트를 놓칠 경우에 게임을 넘겨준다는 의미에서 그렇게 표현한다.

Part 4

표현력을 10배로 길러주는 빈출 표현

반드시 알아야 할 핵심 문형

영어학습자가 공감하는 공통된 고민거리의 하나가 아는 단어는 많은데, 문장으로 표현이 안 된다는 것입니다. 주어와 동사가 안 만들어진다거나 알고 있는 문장을 어떤 상황에서 써야하는지 모르는 것입니다. 우리가 문장패턴을 공부하고 주의해야 하는 목적이 여기에 있습니다. 초등학교나 중학교 영어에도 나오는 간단한 단어와 문장만으로도 일상회화는 정복됩니다. 'wonder'라는 단어 하나만 외우지 말고 wonder를 써서 나타낼 수 있는 문장패턴 자체를 외우십시오. It's no wonder ~, I was wondering if ~ 등 문장을 통째로 외워두십시오. 문장패턴의 암기와 활용은 영어회화의 지름길(shortcut)이 되어 줄 것입니다.

Basic Pattern

01 I am~

나는 ~입니다. / 나는 ~합니다.

가장 기본적인 문장이면서도 사용하기가 결코 쉽지 않습니다. 왜냐하면 be동사의 쓰임새를 제대로 알지 못하면 꿀 먹은 벙어리 신세가 되기 마련입니다. be동사는 주로 개인의 신상과 관련된 〈존재〉, 〈출생〉, 〈신분〉, 〈외모〉, 〈성격〉 따위를 나타내며, 또한 사실과 관련된 표현에서는 어떤 상태나 기분을 나타내게 됩니다.

가령, I am ~의 뒤에는 주로 보어가 오는데 명사나 형용사 상당어구를 주로 사용하게 된다는 사실을 이해하면 금방 활용할 수 있는 힘이 생기게 마련입니다.

축약형 관련 표현법

구어에서는 I am ~을 I'm ~으로, You are ~를 You're ~로, He is ~를 He's ~로, It is ~를 It's ~로, That is ~를 That's ~로, What is ~?를 What's ~?로 축약하여 표현하려는 경향이 강합니다.

아 엠 후럼 코리아
- **I am from Korea.** 저는 한국에서 왔어요.

  고향이나 출신지를 묻는 표현인 Where are you from? / Where do you come from?(어디에서 오셨습니까?)에 대한 응답 표현이다.

아 에머 세일즈맨
- **I am a salesman.** 저는 영업합니다.

  그밖에 I am self-employed.(자영업자) / I am out of work.(실직자) / I am retired.(퇴직) / I am unemployed.(무직) 따위와 같이 표현하기도 한다. What's your job? / What's your occupation? / What kind of job do you have?(직업이 어떻게 됩니까?)에 대한 응답 표현인데 I work for + 장소 (직장)라고 대답하기도 한다.

아 엠 비지
- **I am busy.** 저는 바쁩니다.

  그밖에도 I am single.(독신) / I am separated.(별거) / I am divorced.(이혼) 등과 같이 표현할 수도 있다.
  가령, 감정표현과 관련된 How do you feel?(기분이 어때요?)에 대한 응답으로 I am tired.(피곤합니다.)라는 표현이 가능하다. 뒤에서 설명하겠지만 I'm afraid of ~.의 문형도 마찬가지이다.

아 엠 리빙 인 써울

■ **I am living in Seoul.** 서울에 살고 있습니다.

거주지를 묻는 표현인 Where do you live?(어디에 사십니까?)에 대한 응답표현이다.

아 이 워즈 본 인 써울

■ **I was born in Seoul.** 서울에서 태어났습니다.

출생지를 묻는 표현인 Where were you born?(어디에서 태어나셨어요?)에 대한 응답 표현이며, 또한 Where did you grow up?(어디에서 자라셨어요?)라는 질문에 대해서는 I grew up in Seoul.(서울에서 자랐습니다.)라고 응답할 수 있어야 한다.

아 엠 써리 화이브 (이어스 올드)

■ **I am 35(years old).** 35세입니다.

상대방이 How old are you?(몇 살이세요?)와 같이 나이를 묻는 경우에 해당되는 응답표현이다.

아엠 크레지 어바웃 더 인터넷

■ **I am crazy about the internet.** 난 인터넷에 푹 빠졌어요.

제3자의 상태를 표현하는 She is crazy about music.(그녀는 음악에 취해 있어요.)라는 표현이나 She is crazy about you.(그녀는 너에게 푹 빠졌어.)라는 표현도 가능하다.

아임 어후레이 히 워즈 아우롭 히스 마인

■ **I'm afraid he was out of his mind.**

그는 제 정신이 아니었던 것 같아.

I think ~와 유사하게 활용될 수도 있지만 I'm afraid ~는 내용상 좋지 못한 일이나 상황에서 주로 활용되곤 한다.

아임 인트로버티드

■ **I'm introverted.** 내성적입니다.

면접할 때 상대방의 성격을 묻는 What's your personality like? 질문에 대하여 sociable(사교적이다), active(활동적이다), decisive(결단력이 있다) 등과 같이 표현할 수 있어야만 한다.

기본패턴다지기 1

A : Mrs. Taylor, this is Mr. Gibson.
B : How do you do, Mrs. Taylor?
C : I'm glad to meet you, Mr. Gibson.

A : 테일러 부인, 이분은 깁슨 씨입니다.
B : 처음 뵙겠습니다. 테일러 부인.
C : 만나서 반갑습니다. 깁슨 씨.

* 명사 상당어구와 형용사 상당어구 : glad, nice, pleased

기본패턴다지기 2

A : Where are you living now?
B : I'm living in Seoul.
A : Well, how many are there in your family?
B : There are three in my family.

A : 어디에 사세요?
B : 서울에 살고 있어요.
A : 그럼, 가족은 몇 명이죠?
B : 3명입니다.

국적 및 국어 *국명(나라이름)

Danish : 덴마크인 *Denmark
Dutch : 네덜란드인 *Netherlands; Holland
French : 프랑스인 *France
Greek : 그리스인 *Greece
Spanish : 스페인 *Spain
Persian : 페르시아인 *Persia
German : 독일인 *Germany
English : 영국인 *England
Swedish : 스웨덴인 *Sweden
Turkish : 터키인 *Turkey
Portuguese : 포르투갈인 *Portugal
Irish : 아일랜드인 *Ireland
Italian : 이태리인 *Italy
Russian : 러시아인 *Russia
Norwegian : 노르웨이인 *Norway
Rumanian : 루마니아인 *Rumania
Hungarian : 헝가리인 *Hungary
Bulgarian : 불가리아인 *Bulgaria
Polish : 폴란드인 *Poland

Basic Pattern

02 I have~

나는 ~를 가지고 있습니다.

일반적으로 물건을 소유한다는 개념으로만 생각할 수 있는데 그런 표현보다는 증상, 특징, 경험, (추상적인) 생각이나 견해 따위의 유무를 나타내는 대표적 동사가 have라고 생각하면 됩니다. 특히 I have ~의 뒤에는 〈목적어 상당어구〉가 주로 활용됩니다.
물론 수(數)와 양(量) 모두를 포괄하는 개념으로서 한정된 소유나 상태의 정도를 표현하게 됩니다.
또한 have는 만능동사로서 다양한 동작을 나타내기도 합니다.
가령, have breakfast(= eat breakfast; 아침식사를 먹다) / have some coffee(= drink some coffee; 커피를 좀 마시다) / have a lesson(= take a lesson; 수업을 받다) / have a party(= hold a party; 파티를 열다) / have a cold(= catch a cold; 감기에 걸리다) 등과 같이 다양하게 활용됩니다.
나중에 언급하겠지만 현재완료형(have + p.p)의 〈완료〉, 〈결과〉, 〈경험〉, 〈계속〉의 용법으로도 매우 중요한 어법적인 역할을 수행하게 됩니다.

아 이 해븐 디싸이딧 옛

■ **I haven't decided yet.** 아직 결정하지 못했어요.

웨이터나 동료가 What will you have today?(뭐로 드시겠어요?)처럼 메뉴 선택을 요청할 때 어떤 음식을 먹을 건지 결정하지 못했을 경우의 응답표현이다.

메 아이 해뷰어 네임 플리즈

■ **May I have your name, please?** 성함이 어떻게 됩니까?

공손한 표현이지만 일상적으로 Your name, please?라고 표현해도 되며, 구어에서는 What's your name?이 더 많이 사용되는 편이다.

아이 해브 썸 캐스천스

■ **I have some questions.** 몇 가지 질문이 있습니다.

구어적인 관점에서 Do you have any questions?보다 영어다운 표현은 Have you got any questions?이라는 표현이다.

아이 해브 쓰리 타임즈 어 데이

■ **I have it 3 times a day.** 하루에 3번 있답니다.

How often ~?은 빈도나 횟수를 묻는 표현에 주로 활용되며, 물론 How often do you have airlines for Jeju?보다는 How often are there airplanes to Jeju-do?(제주행은 얼마나 자주 있습니까?)라는 표현이 더 영어답다.

기본패턴다지기 1

A : Could you show me your passport?
B : Yes, of course.
A : Do you have anything to declare?
B : I have nothing particular (to declare).

A : 여권 좀 보여주시겠어요?
B : 네, 그러죠.
A : 신고할 만한 것이 있습니까?
B : 특별한 것은 없습니다.

기본패턴다지기 2

A : Hi, may I help you?
B : I'd like to check in, please.
A : Did you have a reservation?
B : I made one in Korea.

A : 어서오세요?
B : 체크인 좀 부탁합니다.
A : 예약을 하셨습니까?
B : 한국에서 했습니다.

Basic Pattern

03 This is~.

이분은 ~입니다. / 이것은 ~입니다.

This is ~(이것은 ~입니다)는 매우 간단한 문장이면서도 자주 쓰이는 패턴문형입니다. 여기서는 사람을 소개할 때와 전화로 이름을 댈 때 쓰는 법을 익혀 둡시다. 첫 대면인 사람을 소개할 때는 He is ~(그는 ~입니다)나 She is ~(그녀는 ~입니다)라고는 하지 않습니다. This is ~ + 〈사람 이름〉으로 "이분은 ~입니다"라고 소개하는 표현이 됩니다. 또, 전화로 자신의 이름을 밝힐 때는 I'm Mun-pill Lee.(저는 이문필입니다.)가 아니라, This is Mun-pill Lee.(저는 이문필입니다.)라고 말합니다. 자연스럽게 This is ~가 입에서 나올 때까지 큰소리로 연습하세요. this는 지시대명사로써 사람이나 물건을 지칭하기도 하지만 경우에 따라서 〈때〉와 〈장소〉를 나타내기도 합니다.

■ 디씨즈 미숫 테일러
 This is Mr. Taylor.
 이분은 테일러 씨입니다.

■ 디씨즈 포드 스피킹
 This is Ford speaking. (전화 용어)
 저는 포드입니다.

■ 디씨즈 마이 뉴 카
 This is my new car.
 이것은 저의 새 차입니다.

■ 두 잇 라익 디스
 Do it like this.
 이런 식으로 하시오.

기본패턴다지기 1

A : Mr. Kim, this is Mrs. Taylor. Mrs. Taylor, this is Mr. Kim.
B : How do you do, Mrs. Taylor?

A : 김 씨, 이분은 테일러 부인입니다. 테일러 부인, 이분은 김 선생님입니다.
B : 처음 뵙겠습니다. 테일러 부인.

Basic Pattern

04 It's about time to~

이제 ~할 시간입니다.

It's about time to ~.은 "이제 ~할 시간입니다" 라는 의미로 시간이나 시점의 도래를 나타내는 표현입니다. 그러나 실제로는 시간의 경과를 지적할 때도 사용됩니다. about를 붙여서 "슬슬 ~할 시간"이라는 뉘앙스를 띱니다. 이러한 문형 뒤에는 〈to부정사, 형용사절, for + 명사〉 따위가 주로 활용됩니다.
주로 상황의 임박을 나타낼 때 It's about time to start.(떠날 시각이 거의 됐다.)처럼 활용하면 되며, be about to do는 가까운 예정이나 계획을 표현하기도 합니다.

잇쳐바웃 타임 투 고 투 벳
- **It's about time to go to bed.**
  이제 잘 시간입니다.

잇쳐바웃 타임 투 와치 더 베이스볼 게임
- **It's about time to watch the baseball game.**
  이제 야구 중계를 볼 시간입니다.

잇쳐바웃 타임 투 고 투 스쿨
- **It's about time to go to school.**
  이제 학교에 갈 시간입니다.

기본패턴다지기 1

A : It's about time to get up!
B : What time is it?
A : It's seven-thirty.
B : Really? Why didn't you wake me up earlier?

A : 이제 일어날 시간이야!
B : 몇 시?
A : 7시 반이야.
B : 정말? 왜 더 일찍 깨워 주지 않았어요?

Basic Pattern

05 It's too~

너무 ~합니다.

It's too ~(너무 ~합니다)는 감상이나 의견을 대답해야 할 때 지나치거나 부담스러움 등을 나타낼 경우에서처럼 광범위하게 쓸 수 있는 문장패턴입니다. too는 「너무나도, 유감스럽게도 너무 ~하다」라는 의미입니다. 뒤에는 모양이나 상태를 나타내는 형용사가 들어갑니다. It's를 사람을 나타내는 주어로 바꾸면 He is too young.(그는 너무 젊습니다.) / I am too skinny.(나는 너무 말랐습니다.)처럼 사람에 대해서도 「너무 ~합니다」라고 부정적인 뉘앙스를 나타낼 수 있답니다.

기본적으로 too는 긍정문에 쓰며, 부정문에는 either를 씁니다만 too는 의미적으로 형용사나 전치사 앞에 쓰여 〈의미의 비약이나 과장〉을 나타냅니다.

잇 츠 투 핫
- **It's too hot.**
  너무 덥습니다.

잇 츠 투 플 레 인
- **It's too plain.**
  너무 수수합니다.

잇 츠 투 화
- **It's too far.**
  너무 멉니다.

잇 츠 투 익 스 펜 시 브
- **It's too expensive.**
  너무 비쌉니다.

잇 쳐 투 디 피 컬 프 라 블 럼 퐈 미
- **It's a too difficult a problem for me.**
  그것은 내게 너무 어려운 문제였어요.

잇 츠 투 타잇 어라운더 웨이슷
- # It's too tight around the waist.
  그건 허리가 너무 꽉 낍니다.
  *It's too loose ~(너무 느슨하다)

잇 츠 투 헤비
- # It's too heavy.
  그건 너무 무겁습니다.

잇 츠 투 홰슷
- # It's too fast.
  그건 너무 빠릅니다.

잇 츠 투 크루얼 오뷰
- # It's too cruel of you.
  그건 정말 잔인합니다.

기본패턴다지기 1

A : Will you taste this soup?
B : It's too salty. I can't eat this.
A : Is it? Then I'll add some hot water.

A : 이 수프 맛 좀 볼래?
B : 너무 짜요. 먹지 못하겠어요.
A : 어머, 그래? 그럼 조금 물을 부을게.

기본패턴다지기 2

A : How do you like this one?
B : It's too expensive.

A : 이것은 어떻습니까?
B : 그건 너무 비쌉니다.

It's too expensive

Basic Pattern

06 It's a pleasure to~
~하는 것이 기쁩니다.

It's a pleasure to ~는 「~하는 것이 기쁩니다, 즐겁습니다」라는 감사의 마음을 전하기 위한 문장입니다. 매우 격식을 차린 느낌이므로 윗사람이나 공식적인 상황에서 쓰도록 합니다. 보통은 I'm glad to ~(~하는 것이 기쁩니다)라는 문형으로 표현하곤 합니다.
어떤 결과를 통하여 감정의 상태를 나타내므로 〈결과(원인이나 판단의 근거)〉를 나타내는 to부정사를 항상 동반합니다.

잇쳐 플레줘 투 미츄
- **It's a pleasure to meet you.**
  당신을 만나서 기쁩니다.

잇쳐 플레줘 투 해브 디너 윗 유
- **It's a pleasure to have dinner with you.**
  당신과 저녁을 함께 해서 기쁩니다.

잇쳐 플레줘 투비 유어 스튜던(트)
- **It's a pleasure to be your student.**
  당신의 제자가 되어 기쁩니다.

잇쳐 플레줘 투 톡 윗주
- **It's a pleasure to talk with you.**
  너하고 이야기하고 있으면 참으로 유쾌합니다.

기본패턴다지기 1

A : Thank you for coming.
B : It's a pleasure to attend your birthday party.

A : 와 주셔서 고맙습니다.
B : 당신 생일 파티에 올 수 있어서 기쁩니다.

Basic Pattern

07 It's a wonder~

~라니 놀랍군요.

It's a wonder ~를 직역하면 「~은 이상합니다, 놀랍습니다」가 됩니다. 매우 놀라거나 예상하지 않았던 일에 대해서 사용합니다. It's a wonder you won a prize in a lottery ticket.(용케도 복권에 당첨되었네.)라는 식으로 「용케도 ~」라는 뉘앙스도 있습니다. 반면에 「~라는 건 놀랄 일도 아니다, 당연하다」는 It's no wonder ~.로 쓸 수 있습니다.
또한 자신의 의구심이나 의혹을 드러낼 경우에는 I wonder ~.라는 문형을 사용하여 "혹시 ~일까요?"/ 혹시 ~ 아닐까요? 라는 의미로 활용됩니다. 물론 뒤에는 의문사절, if절을 동반한답니다.

- **It's a wonder he passed the entrance exam.**
  그가 입시에 합격했다니 놀랍다.

- **It's a wonder she married.**
  그녀가 결혼했다니 놀랍다.

- **It's a wonder that picture was sold.**
  저 그림이 팔렸다니 놀랍다.

- **It's no wonder the store went out of business.** 그 가게가 망한 건 놀랄 일도 아니야. *당연해!

- **I wonder if he knows about the case.**
  그가 혹시 그 사건에 관하여 알고 있지 않을까!

기본패턴다지기 1

A : It's a wonder she returned to her parents' house.
B : It is. I thought she enjoyed living alone very much.

A : 그녀가 친정으로 돌아오다니 깜짝 놀랐어요.
B : 그래요. 나는 그녀가 독신생활을 즐기고 있다고 생각했어요.

Basic Pattern

08 No wonder~

어쩐지 ~합니다. / 과연 ~하는군요.

It's a wonder ~를 직역하면 「~인 것도 이상하지 않다, 지당하다」라는 의미입니다. 무슨 이야기를 듣고 당연하다는 생각이 들 때 사용합니다. No wonder!만으로도 "당연해. / 어쩐지. / 과연. / 무리도 아니군!"이라는 맞장구로도 사용됩니다. 물론 앞의 It's는 일반적으로 생략됩니다.

앞에서 제시한 It's wonder ~라는 문형과 의미상에서 서로 상반된 뉘앙스를 풍기는 것은 wonder라는 품사가 놀라움을 나타내기 때문에 이에 대한 부정형인 no가 있으므로 당연히 놀라울 것이 없다는 개념이 됩니다.

■ (It's) No wonder it's so expensive.
어쩐지 비싸더라.

■ (It's) No wonder he speaks good English.
과연 그는 영어를 잘합니다.

■ (It's) No wonder she hasn't shown up at this party. 어쩐지 그녀가 파티에 얼굴을 내밀지 않더라.

기본패턴다지기 1

A : Did you know Mr. Kim is going to get married this fall?
B : No wonder he looks happy.

A : 김선생님이 이번 가을에 결혼하는 것을 알고 있니?
B : 어쩐지 그분이 행복해 보이더라.

기본패턴다지기 2

A : I can't sleep.
B : It's no wonder you can't sleep. You drank too much coffee.

A : 잠이 오지 않아.
B : 잠 못자는 게 당연하지. 커피를 엄청 마셔댔잖아.

Basic Pattern

09 I have something to~   ~하는 것(일)이 있습니다.

to 부정사 즉, to 다음에 쓰고 있는 동사만 잘 활용하면 여러분이 원하는 다양한 문장을 만들 수 있는 유용한 표현입니다. 가령, 상대방에게 제공하거나 해야 할 일 따위와 같은 것에 관하여 표현하고자 할 때 활용되는 문형인데 무엇인가를 밝히고 싶지 않음을 간접적으로 드러내는 표현법입니다. 때로는 상대방에게 이야기하고자 할 때 밝히기를 꺼려하거나 주저하는 듯한 인상을 풍기기도 합니다.
의문문·부정문에서는 보통 something을 쓰지 않고, anything(nothing)을 쓰는데 긍정의 대답을 기대하거나 상대방에게 무엇을 권할 때에는 something을 사용하게 됩니다.

아이 해브 썸씽 투 잇
■ I have something to eat.
먹을 것이 좀 있는데요.

아이 해브 썸씽 투 기뷰
■ I have something to give you.
당신에게 줄 것이 있습니다.

아이 해브 썸씽 투 텔유
■ I have something to tell you.
당신에게 말씀드릴 말이 있습니다.

아이 해브 썸씽 투 디스커스 위쥬
■ I have something to discuss with you.
당신하고 의논할 것이 좀 있습니다.

아이 해브 썸씽 투 두 위릿
■ I have something to do with it.
난 그것과 관련이 있어요.
*I want nothing to do with him.(그 사람에 관해서 상관하고 싶지 않아요.)

아이 해브 썸씽 투 쇼 유
■ I have something to show you.
너한테 보여 줄게 있어요.

아이 해브 낫씽 투 두 위릿
■ I have nothing to do with it.
나는 그것과 전혀 관련이 없습니다.

기본패턴다지기 1

A : I don't want to have something to say about that.
B : Why not?

A : 저는 그것에 관해서 말하고 싶지 않아요.
B : 왜죠?

기본패턴다지기 2

A : I have something to show you.
B : What is it?
A : Here are some pictures I took in L.A.

A : 보여 주고 싶은 것이 있어.
B : 뭔데?
A : L.A.에서 내가 찍은 사진이야.

기본패턴다지기 3

A : I have something to tell you.
B : What is it?
A : I have to quit this job.

A : 당신에게 할 말이 있습니다.
B : 그게 뭔데?
A : 이번 일을 그만둬야겠어요.

Basic Pattern

10 All you have to do is~ 당신은 ~하기만 하면 됩니다.

All you have to do is ~.의 직역은 「당신이 하지 않으면 안 되는 일은 ~하는 것입니다」가 됩니다. 즉 "지금 가장 해야 할 일은 ~입니다"라는 일종의 충고나 권유의 성향을 가진 문장입니다. all은 한정형 주어로, you have to do는 all을 수식하는 형용사절입니다. you가 3인칭의 he나 she가 되면 have to는 has to로 바뀌므로 주의합시다. 또 All you can do is to ~라고 말하면, 「당신은 ~하는 것 이외에 방법이 없다」라는 의미가 됩니다.

올 유 해 브 투 두 이 즈 웨 잇 훠 힘
■ All you have to do is wait for him.
당신은 그를 기다리고 있기만 하면 됩니다.

올 유 해 브 투 두 이 즈 콜 러
■ All you have to do is call her.
당신은 그녀에게 전화를 하기만 하면 됩니다.

올 유 해 브 투 두 이 즈 싸 인 히 어
■ All you have to do is sign here.
당신은 여기에 서명하기만 하면 됩니다.

기본패턴다지기 1

A : I feel dizzy.
B : Are you sick?
A : No. I stayed up all night last night.
B : All you have to do is get some sleep.

A : 어지러운데.
B : 몸이 안 좋니?
A : 아냐, 어제 밤을 새웠어.
B : 지금 네가 해야 되는 일은 잠을 좀 자두는 일이야.

Basic Pattern

11 I'll surely~

반드시 ~하겠습니다.

「반드시 ~하겠습니다」라고 결의와 결심을 나타낼 때는 I'll surely ~.이라는 문장 패턴을 씁니다. I'll의 will은 의지미래를 나타내고, surely는「확실히, 정말로」라는 의미입니다. 그런데 부정문으로 표현하면 "설마!" 라는 뜻으로 완전히 다른 의미가 됩니다. 예를 들면 Surely you will not leave me.는 "설마 나를 버리지는 않겠지요." 입니다. 이 때 surely는 문장 앞이나 문장 뒤에 오니까 주의하세요.

아일 슈어리 메이큐 해피

■ I'll surely make you happy.
반드시 당신을 행복하게 하겠습니다.

아일 슈어리 썩시드 엣 마이 뉴 비지니스

■ I'll surely succeed at my new business.
반드시 새로운 일로 대성공을 거두겠습니다.

아일 슈어리 비 히어 엣 나인 어클락 투마로우 모닝

■ I'll surely be here at nine o'clock tomorrow morning.
내일 아침 9시에 반드시 이리 오겠습니다.

기본패턴다지기 1

A : You're late again!
B : I'm sorry I overslept.
A : You overslept? I can't believe it!
B : I'll surely be on time next time.

A : 또 지각이야!
B : 미안해요. 늦잠을 자서요.
A : 늦잠이라니? 믿을 수 없어!
B : 다음엔 절대로 늦지 않을게요.

* be on time 정각에

Basic Pattern

12 I'm supposed to do ~
~하기로 되어 있습니다.

be supposed to ~는 「~하기로 되어 있다, ~할 예정이다」라는 뜻입니다. 자신의 의지보다는 주위 상황에 따라 그렇게 될 〈예정〉이라는 뉘앙스가 담겨 있는 표현입니다. supposed는 자동사로 쓰여 예정을 나타내는 표현으로서 be going to(~할 생각입니다)나 I will ~(~할 것입니다)보다도 완곡한 표현이 됩니다. 즉, supposed to는 [서포즈터]라고 한 음절로 발음하는 것에 주의합시다.

아임 스포즈터 고 스킹 듀링 윈터 베케이션
- **I'm supposed to go skiing during winter vacation.**
  겨울 휴가 동안 스키를 타기로 되어 있습니다.

아임 스포즈터 히어 후롬 힘 투마로우
- **I'm supposed to hear from him tomorrow.**
  내일 그의 답변을 듣기로 되어 있습니다.

아임 스포즈터 어텐드 허 웨딩
- **I'm supposed to attend her wedding**
  그녀의 결혼식에 참석하기로 되어 있습니다.

와래마이 스포즈터 두
- **What am I supposed to do?**
  어떻게 하면 좋을까요?
  * What shall we do? (어쩌면 좋죠?)

유 아 낫 스포즈터 두 댓
- **You are not supposed to do that.**
  당신은 그런 짓을 하는 게 아닌데.
  * "~하지 말아야 했다"는 완곡한 표현법이다.

■ What am I supposed to do while waiting for you?

기다리는 동안에 제가 무얼하면 좋죠?

■ When is he supposed to go out?

그는 언제 떠날 예정입니까?

■ Dad says I'm supposed to help you.

아빠가 저더러 엄마 도와드리라고 그러셨어요.

기본패턴다지기 1

A : How will you spend next Sunday?
B : I'm supposed to go to the beach with my friends. How about you?
A : I'll fool around and do nothing at home all day.

A : 다음주 일요일은 어떻게 지낼 생각이니?
B : 친구와 해변에 가기로 되어 있어. 너는 어떠니?
A : 하루 종일 집에서 빈둥빈둥 아무것도 하지 않고 지낼 생각이야.

* fool around 빈둥빈둥 지내다, 시간을 낭비하다

Basic Pattern

13 That's the best way to ~

~하는 것이 가장 좋은 방법입니다.

That's the best way to ~는「그것이 ~하려면 가장 좋은 방법입니다?」라는 뜻입니다. 이 경우의 way는 "길"이 아니라 "방법"이라는 의미로, that이 to 이하의 내용을 가리키고 있습니다. To ~ is the best way.라고 하지 않는 것은 영어에서는 문장 앞에 긴 주어를 피하기 때문입니다.
유사한 관련 표현법으로 That's the reason ~ / That's why ~(그게 ~하는 이유입니다.) 따 위와 같은 패턴표현도 널리 활용되므로 익혀둡시다.

댓츠 더 베스트 웨이 투 겟 오버 콜드
■ That's the best way to get over a cold.
그것이 감기를 고치는 가장 좋은 방법입니다.

댓츠 더 베스트 웨이 투 메이커 해피
■ That's the best way to make her happy.
그것이 그녀를 행복하게 하는 가장 좋은 방법입니다.

댓츠 더 베스트 웨이 투 루즈 웨잇
■ That's the best way to lose weight.
그것이 다이어트를 하는 가장 좋은 방법입니다.

댓츠 더 웨이 올 코리언 우먼 유스투 휠
■ That's the way all Korean women used to feel.
그 점이 한국여성들이 늘 느끼는 점입니다.

기본패턴다지기 1

A : How do you study English?
B : I try to speak English by myself every day.
A : That's the best way to learn how to speak.

A : 어떤 식으로 영어를 공부를 하고 있습니까?
B : 매일 영어를 혼자서 말하는 것입니다.
A : 말을 배우려면 그것이 가장 좋은 방법이겠군요.

Basic Pattern

14 I'm looking forward to ~   ~을 학수고대합니다.

I'm looking forward to ~는 「~을 학수고대합니다, ~을 기대합니다」라는 의미입니다. 명사 또는 동사의 -ing형태가 들어갑니다. I'm looking forward to your reply.(답장의 기대하고 있습니다.)처럼 편지의 마지막에 맺는말에도 많이 쓰이는 문장입니다. to다음에는 〈명사 또는 동사 + -ing〉가 들어가야 합니다.

가령, Are you looking forward to seeing Ann again?(앤을 다시 보고 싶습니까?)라는 질문표현도 가능하며, 이런 표현을 완곡하게 나타내면 I can't wait for ~(~하는 걸 더 이상 기다릴 수 없어요.)라는 표현으로도 대체할 수 있을 것입니다.

아임 루킹 포워드 투 씽 유
■ I'm looking forward to seeing you.
당신을 만나뵙기를 기대합니다.

아임 루킹 포워드 투 썸머 베케이션
■ I'm looking forward to summer vacation.
여름휴가를 고대하고 있습니다.

아임 루킹 포워드 투 유어 레러
■ I'm looking forward to your letter.
당신의 편지를 기대하고 있습니다.

아임 루킹 포워드 투 더 파리 투나잇
■ I'm looking forward to the party tonight.
오늘밤 파티가 기다려지는군요.

엘리스 이즈 리얼리 루킹 포워드 투 고잉 투 하와이
■ Alice is really looking forward to going to Hawaii.
엘리스는 정말로 하와이에 가고 싶어합니다.

아 임 루 킹 포 워 드 투 히 어 링 후 럼 유
■ I'm looking forward to hearing from you.
그럼 귀하의 회답을 기다리겠습니다.

아 임 루 킹 포 워 드 투 런 닝 투 드 라 이 브
■ I'm looking forward to learning to drive.
운전배우는 걸 낙으로 삶고 있습니다.

기본패턴다지기 1

A : Can you come to my party?
B : Of course. I'm looking forward to it very much.

  A : 내 파티에 올 수 있니?
  B : 물론, 무척 기대하고 있어.

기본패턴다지기 2

A : Won't you come to Sting's concert with me?
B : I will. When?
A : Next Saturday.
B : Ok. I'm looking forward to it already.

  A : 나랑 스팅 콘서트에 가지 않을래?
  B : 가지 뭐. 언제인데?
  A : 다음 주 토요일이야.
  B : 좋아, 벌써부터 기다려진다.

Basic Pattern

15 ~is just around the corner.
머지않아 ~이 다가옵니다.

~ is just around the corner.(곧 ~이 다가옵니다, ~은 금방입니다)는 즐거운 일을 마음속으로 기다리고 있을 때 쓰는 표현입니다. around는 round라고도 대용합니다. 이러한 표현이 진정으로 영어다운 표현이라 할 수 있을 것입니다.

around라는 어휘에만 시간적인 도래나 임박을 나타내는 뉘앙스가 담겨 있는데 게다가 just라는 강조부사를 덧붙여 표현함으로써 just around라는 표현은 시적인 표현에 가깝습니다.

스프링 이즈 져숫 어롸운더 코너
- Spring is just around the corner.
  봄이 곧 다가옵니다.

크리스마스 이즈 져숫 어롸운더 코너
- Christmas is just around the corner.
  곧 크리스마스가 다가옵니다.

뉴 이어즈 데이 이즈 져숫 어롸운더 코너
- New Year's Day is just around the corner. 머지않아 설이 다가옵니다.

더 썸머 할러데이 이즈 져숫 어롸운더 코너
- The summer holiday is just around the corner. 머지않아 여름방학이 다가옵니다.

기본패턴다지기 1

A : Did you get your bonus?
B : Not yet, but my bonus day is just around the corner.
A : How are you going to spend it?
B : I'm going to put it in my savings account.

A : 보너스는 나왔니?
B : 아직 나오지 않았어. 하지만 곧 나올 거야.
A : 어떻게 쓸거니?
B : 저축할 생각이야.

* savings account 저축예금

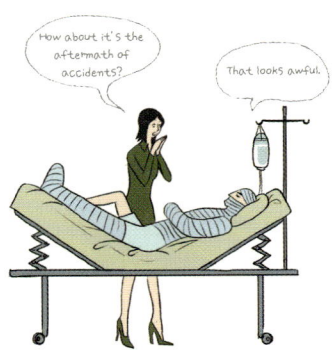

Basic Pattern

16 That looks~

~인 것 같습니다.

That looks ~는 「~인 것 같습니다, ~처럼 보입니다」라고 눈으로 본 것에 관하여 look이라는 상태를 나타내는 자동사(뒤에 보어를 수반)를 활용하여 판단이나 견해를 피력하는 표현입니다. That looks ~의 뒤에는 That looks nice.(멋지군요.) / That looks different.(달라 보입니다.)처럼 형용사를 활용합니다.

그러나 상대방에게 다소 불확실한 사실이나 상태를 피력할 때 사용하는 표현으로써 It sounds like ~ / It seems like ~ / It looks like ~ 따위의 문형으로 대용할 수도 있습니다.

댓 룩 스 굿
- **That looks good.**
  좋은 것 같습니다.

댓 룩 스 인 터 레 스 팅
- **That looks interesting.**
  재미있는 것 같습니다

댓 룩 스 아 펄
- **That looks awful.**
  심각한 것 같습니다.

잇 싸 운 즈 라 익 잇 츠 고 잉 투 레 인
- **It sounds like it's going to rain.**
  마치 비가 올 것 같군요.

기본패턴다지기 1

A : That roller coaster looks exciting.
B : It sure does.
A : We've got to try it.

A : 저 롤러 코스터는 대단한 것 같아.
B : 정말이야.
A : 꼭 타 봐야겠는데.

* have got to / have to(~하지 않으면 안 된다)의 구어 표현이다.

Basic Pattern

17 I can almost say~
~라고 해도 과언이 아닙니다.

I can almost say ~를 직역하면 「나는 거의 ~라고 말할 수가 있다」입니다. 즉 "~라고 해도 과언이 아니다" 라는 의미가 됩니다. I can almost say 뒤에는 that이라는 접속사가 있지만, 회화에서는 생략되는 것이 보통입니다.
시간의 접근성을 나타낼 경우엔 It's almost three o'clock.(거의 3시이다.), 주어를 종속시킬 때는 Almost all the people came out.(거의 모든 사람들이 밖으로 나왔다.), 여기서처럼 한정용법으로 쓰여 Dinner is almost ready.(저녁 준비가 거의 다 되었다.) 등과 같이 활용됩니다.

아이 캔 올모슷 세이 쉬이즈 더 모슷 뷰리풀 걸 인 아워 스쿨
- **I can almost say she is the most beautiful girl in our school.** 그녀는 학교에서 제일 미인이라고 해도 과언이 아닙니다.

아이 캔 올모슷 세이 어 셀폰 이즈 어 니세스티 옴 라이프
- **I can almost say a cell phone is a necessity of life.** 휴대 전화는 생활필수품이라고 해도 과언이 아닙니다.

*휴대전화를 mobile phone, cellular phone이라고 부르는데 그냥 cell phone 이라고도 한다.

아이 캔 올모슷 세이 불링 이저 빅 쏘셜 프러블럼
- **I can almost say "bullying" is a big social problem.** 지금 왕따는 커다란 사회문제라고 해도 과언이 아닙니다.

기본패턴다지기 1

A : Did you hear Robert was accepted to the New Yok Collection?
B : Yes, I did.
A : I can almost say he's the hero in our school.

A : 로버트가 뉴욕 콜렉션에 입상한 소식 들었니?
B : 응, 들었어.
A : 그는 우리 학교의 영웅이라고 해도 과언이 아냐.

Basic Pattern

18 I understand how~   얼마나 ~인지 알겠습니다.

I understand how ~는 「얼마나 ~한지 이해할 수 있습니다」라는 의미로써 상대방이 기분을 이야기했을 때 자신도 「나는 그것을 충분히 이해하고 있다」라고 전달하기 위한 표현입니다. understand 대신에 know(알고 있다, 알다)를 써서 I know how ~라고 해도 대개 같은 의미가 되지만, understand가 훨씬 깊은 공감이나 이해를 나타내는 느낌을 줍니다.
물론 구어에서는 I know ~ / I see ~ 등과 같은 단순 표현이 유사하게 활용되지만 I understand ~처럼 이해한 결과를 강조하지는 않습니다.

아이 언더스탠(드) 하우 해피 유 아
■ I understand how happy you are.
얼마나 당신이 행복한지 알겠습니다.

아이 언더스탠(드) 하우 디피컬팃 워즈
■ I understand how difficult it was.
얼마나 그것이 어려웠는지 알겠습니다.

아이 언더스탠(드) 하우 유 럽힘
■ I understand how you love him.
얼마나 당신이 그를 사랑하고 있는지 알겠습니다.

기본패턴다지기 1

A : I'm so sorry to hear your father passed away.
B : We all miss him very much.
A : I understand how sad you are.

A : 아버님이 돌아가셨다는 이야기를 듣고 정말 애석했습니다.
B : 우리 모두 아버님을 아주 많이 그리워합니다.
A : 여러분이 얼마나 슬픈지 알겠습니다.

Basic Pattern

19 I'm thinking of -ing…   ~하려고 생각하고 있습니다.

I'm thinking of ~(~하려고 생각하고 있습니다, ~하려고 생각 중입니다)는 자신이 생각하고 있는 것을 말하기 위한 문형입니다. of 뒤에는 명사형이 오기 때문에 동사의 경우는 -ing을 붙여서 동명사로 만듭니다.
유사한 표현으로 I'm planing ~ / I intend to ~라는 구체성을 띤 〈계획〉을 나타내는 문형도 있지만 I'm thinking of ~는 〈검토〉나 〈고려〉 정도에 그친다는 점에 유의해야만 합니다. 가령, I'm planning to go to Europe.이나 I intend going to go to Europe.을 비교하여 봅시다.

아임 씽킹 옵 고잉 투 하와이 디스 썸머
■ **I'm thinking of going to Hawaii this summer.**
올 여름에는 하와이에 가려고 생각하고 있습니다.

아임 씽킹 옵 러닝 차이니즈
■ **I'm thinking of learning Chinese.**
중국어를 배우려고 생각하고 있습니다.

아임 씽킹 옵 워킹 인 더 화이낸스 인더스터리
■ **I'm thinking of working in the finance industry.** 금융업계에서 일하려고 생각하고 있습니다.

기본패턴다지기 1

A : Where do you want to work after graduation?
B : I don't know yet. How about you?
A : I'm thinking of working at a bank.

A : 졸업 후에는 어디에서 일하고 싶니?
B : 아직 모르겠어. 너는 어때?
A : 나는 은행에서 일하려고 생각하고 있어.

Basic Pattern

20 I'm up for~ anytime.   언제든지 ~할 수 있습니다.

up에는 「(기세가) 증가하여, 활기에 차서」의 기분의 충만된 상태를 나타내는 뜻입니다. I'm up for ~ anytime.은 「나는 언제든지 ~을 위한 기운이 있습니다」라는 의미입니다. ~에 들어가는 사항이 가장 자신 있고, 무척 좋아하기 때문에 "언제든지 ~에 관해서는 좋다"라고 전하고 싶을 때의 구어적 표현입니다.

여기서 up은 be동사의 보어(형용사)로 쓰였으며, 가령, The team is up for the game.(경기를 앞두고 그 팀이 기세가 등등하다.)라고 표현할 수도 있겠습니다.

*Road Up 《게시용어》 도로 공사중 *통행 금지

아 임 업 훠 햄 버 거 즈 에 니 타 임
■ I'm up for hamburgers anytime.
언제든지 햄버거는 먹을 수 있습니다.

아 임 업 훠 비 어 에 니 타 임
■ I'm up for beer anytime.
언제든지 맥주는 마실 수 있습니다.

아 임 업 훠 휘 싱 에 니 타 임
■ I'm up for fishing anytime.
언제든지 낚시를 갈 수 있습니다.

기본패턴다지기 1

A : I'm stuffed. I'll just have some coffee.
B : I'd like an apple pie.
A : You eat a lot!
B : I'm up for dessert anytime.

A : 배가 무척 부른데. 커피만 마시자.
B : 나는 애플파이를 먹고 싶어.
A : 많이 먹는구나.
B : 언제든지 디저트는 먹을 수 있어.

Basic Pattern

21 No one~

아무도 ~이 아닙니다.

"아무도 ~아니다(없다)"라고 말하고 싶을 때는 〈No one + 긍정문〉이라는 문장을 씁니다. 문장 앞에 no를 써서 문장 전체를 부정문으로 강조하게 됩니다. no one 대신에 nobody, 사물일 경우 nothing을 쓸 수도 있습니다.
주어나 목적어 앞에 no를 사용하지만 해석상에는 전체 부정의 뜻으로 통합니다.

반대 · 금지 표현

- No Militarism 〈군국주의 반대〉
- No Entry 〈출입 금지〉
- No Compromise 〈타협 반대〉
- No Credit 〈외상 사절〉
- No Objection 〈이의 없음〉
- No Excuses 〈변명 소용없음〉
- No Parking 〈주차 금지〉
- No Smoking 〈금연〉
- No Graffiti 〈낙서 금지〉
- No Thoroughfare 〈통행 금지〉
- No talking 〈잡담 금지〉

노 원 노-즈 더 트루스
- **No one knows the truth.**
  아무도 진실을 모릅니다.
  *Nobody knows the truth.라고 표현해도 무방하다.

노 원 앤서 더 폰
- **No one answered the phone.**
  아무도 전화를 받지 않았습니다.

노 원 헬프트 힘 윗 히스 웍
- **No one helped him with his work.**
  아무도 그의 일을 거들지 않았다.

노 원 워즈 투 비 씬 인 더 스트릿
■ **No one was to be seen in the street.**
거리에 사람이라고는 보이지 않았다.

기본패턴다지기 1

A : Mr. William opted for early retirement.
B : You're kidding! No one would have expected that.
A : I hear he'll start a business of his own.
B : I hope it succeeds.

A : 윌리엄 씨는 조기 퇴직을 선택했어.
B : 정말? 그가 그렇게 하리라고는 아무도 생각하지 않았어.
A : 윌리엄은 자기 일을 시작한대.
B : 잘 되었으면 좋겠는데.

* opt for ~을 고르다, ~을 취하다

입국심사에서의 여행 목적

입국할 때 심사관이 What's the purpose of your visit?(입국 목적은 무엇입니까?)라고 질문할 때의 응답 요령입니다.

포 사이트시잉
■ For sightseeing.(관광하러 왔습니다.)

포 비지니스
■ For business.(비즈니스 (일)로 왔습니다.)

투 스터디 잉글리쉬
■ To study English.(영어 공부하러 왔습니다.)

투 시 마이 프렌즈
■ To see my friends.(친구를 만나러 왔습니다.)

훨 어 버케이션
■ For a vacation.(휴가차 왔습니다.)

Basic Pattern

22 I can hardly~

거의 ~할 수 없습니다.

hardly는 이 말 자체에 「거의 ~이 아니다 / ~하지 않다」라고 부정의 의미를 포함하고 있는 부사입니다. I can hardly ~.는 「나는 거의 ~할 수 없다, 하지 않다」라는 부정 의미가 내포되어 있기 때문에 I can't hardly ~.라고 부정을 이중으로 넣지 않도록 주의하세요.
이러한 부정 의미가 포함된 어휘인 hardly는 여유가 전혀 없음을 나타내며, 거의 부정의 뜻에 가깝습니다. scarcely도 대체로 같은 뜻이지만 hardly가 더 일반적으로 쓰이며, barely는 다소 이들보다는 부정적인 뜻은 약합니다.

■ I can hardly believe in UFOs.
UFO의 존재는 거의 믿을 수 없습니다.

■ He can hardly control this machine.
그는 거의 이 기계를 조작할 수 없습니다.

■ I can hardly believe such a funny story.
그런 이상한 이야기는 거의 믿을 수 없습니다.

기본패턴다지기 1

A : It's about time to go home. You're working very hard. Will you work overtime today?
B : I'm exhausted. I can hardly stay awake.

A : 이제 슬슬 돌아갈 시간이야. 열심히 일하고 있네. 오늘 잔업을 하거니?
B : 녹초야. 거의 일어나서 있을 수 없어.

Basic Pattern

23 It's impossible for…to~

~하는 것은 …한테는 불가능합니다.

It's impossible for to … ~.라는 문형은 「…(사람)에 있어서 ~하는 것은 불가능합니다」라는 표현입니다. 간단히 I can't ~.라고 말하는 것보다 강조 표현입니다. impossible은 "불가능한, 도저히 있을 수 없는, 믿기 어려운"이라는 의미로 상당히 "할 수 없는" 정도나 확률이 비교적 높은 경우에 씁니다. for ~(~에 있어서)라는 것이 분명한 경우에는 이 부분을 생략해도 상관없습니다.

잇츠 임파시블 훠 미 투 솔브 더 프라블럼

■ **It's impossible for me to solve the problem.**
그 문제를 해결하는 것은 저에게는 불가능합니다.

잇츠 임파시블 훠 힘 투 피니시 더 웍

■ **It's impossible for him to finish the work.**
그가 그 일을 마무리하는 것은 불가능합니다.

잇츠 임파시블 훠 베이비즈 투 쎄이 왓 데이 원

■ **It's impossible for babies to say what they want.** 아기가 자기들이 원하는 것을 말할 수는 없습니다.

기본패턴다지기 1

A : Can I still change my itinerary? I'd like to visit Boston while I'm in New York.
B : I'm sorry, but it's impossible (for us) to do that.

A : 아직 여행 일정을 바꿀 수 있습니까? 뉴욕에 있는 동안에 보스턴으로 가고 싶은데.
B : 죄송하지만, 그것은 불가능합니다.

Basic Pattern

24 I don't feel like -ing…   ~하고 싶지 않습니다.

I feel like -ing(~하고 싶은 마음이 생기다)의 부정문입니다. I don't feel like -ing.는 「~할 마음이 생기지 않습니다」라는 의미가 됩니다. 예를 들면 "너와는 춤추고 싶은 마음이 없어."는 I don't feel like dancing with you.라고 하며, "그 파티에는 갈 마음이 내키지 않아"는 I don't feel like going to the party.가 됩니다.
가령, I wouldn't like to ~나 I hate to ~ / I won't try ~라는 문형도 유사하게 사용되지만 활용도는 I don' feel like -ing ~가 독보적으로 많습니다.

아 이 돈 휠 라 익 잇 팅
■ **I don't feel like eating.**
먹고 싶지 없습니다.

아 이 돈 휠 라 익 고 잉 아 웃
■ **I don't feel like going out.**
외출하고 싶지 없습니다.

아 이 돈 휠 라 익 해빙어 드링(크) 윗 힘
■ **I don't feel like having a drink with him.**
그와는 한 잔 할 마음이 없습니다.

기본패턴다지기 1

A : I don't feel like working today.
B : Are you feeling sick?
A : No. Today is Monday. That's all.

A : 오늘은 일을 할 마음이 없어.
B : 컨디션이 안 좋니?
A : 오늘은 월요일이라서. 단지 그것뿐이야.

* feel sick 몸이 안 좋다

Basic Pattern

25 You don't have to~   ~할 필요는 없습니다.

don't have to는 have to(~하지 않으면 안 된다)의 부정형입니다. 우리말의 "~할 필요가 없다"라고 해석하면 됩니다. 주어가 he나 she인 3인칭 단수의 경우는 He(She) doesn't have to ~.가 됩니다.

물론 I don't need to ~ / I need hardly ~ / I need scarcely ~ 따위와 같이 사용할 수도 있을 것입니다. 따라서 He doesn't need to come.와 He doesn't have to come.는 의미상의 차이는 거의 없다고 볼 수 있을 겁니다.

유 돈 해브 투 휘니시 디스 웍 투데이
■ You don't have to finish this work today.
이 일은 오늘 중에 끝낼 필요는 없습니다.

유 돈 해브 투 리슨 투 히스 서제스천
■ You don't have to listen to his suggestion.
그의 제안을 들을 필요는 없습니다.

유 돈 해브 투 메익 에니 모어 카피스
■ You don't have to make any more copies.
이 이상 복사할 필요는 없습니다.

기본패턴다지기 1

A : What kind of restaurant are we going to?
B : A French restaurant.
A : Do I need to dress up?
B : No. You don't have to.

A : 우리는 어떤 식당에 가는 거니?
B : 프랑스 레스토랑에 갈 거야.
A : 정장(옷단장)할 필요가 있니?
B : 아냐, 그럴 필요는 없어.

Basic Pattern

26 I don't have enough time to~
~할 시간이 충분히 없습니다.

I don't have enough time to ~.는 「~할 충분한 시간이 없다」라는 의미입니다. enough는 「필요한 만큼의, 충분한?」이라는 뜻의 형용사입니다. "~할 시간이 전혀 없다"라고 말하고 싶을 때는 I have no time to ~.라는 문장이 됩니다.
동사가 아닌 명사(구, 절)인 경우에는 I don't have enough time for lunch today.(오늘은 점심시간이 충분하지 않습니다.)처럼 for를 사용합니다.

아이 돈 해브 이너프 타임 투 리더 뉴스페이퍼
- I don't have enough time to read the newspaper. 신문을 읽을 시간이 충분하지 않습니다.

아이 디든 해브 이너프 타임 투 슬립
- I didn't have enough time to sleep.
잘 시간이 충분하지 않았습니다.

아이 디든 해브 이너프 타임 투 플레이 테니스 투데이
- I didn't have enough time to play tennis today. 오늘은 테니스를 칠 시간이 충분하지 않았습니다.

기본패턴다지기 1

A : Are you ready for the exam?
B : Not really. I don't have enough time to study.
A : How come?
B : Because I started working part time after school.

A : 시험 준비는 다 됐니?
B : 그렇지도 않아. 공부할 시간이 충분히 없어.
A : 왜?
B : 방과 후, 아르바이트를 시작했어.

* work part time 파트타임으로 일하다, 시간제로 일하다

Basic Pattern

27 Would you like to~? ~하고 싶으세요?

Would you like to ~?(~하고 싶으세요?)는 Do you want to ~?(~하고 싶어요?)를 정중히 말한 표현으로써 상대방에게 〈의향〉을 묻거나 〈권유〉를 할 때 쓰는 표현입니다. 가게나 식당 등에서는 손님에게 자주 사용하게 되며, 일상회화에서는 윗사람이나 예의를 지켜야 할 경우에 쓰도록 합니다.
Would you like to ~?는 상대방의 의사나 견해에 초점이 있지만 Would you mind ~?는 자신의 견해가 이미 내포된 표현이기 때문에 사용할 때 유념해야 합니다.

우 줄 라 익 투 해브 썸씽 투 드링(크)
- **Would you like to have something to drink?**
  무얼 마시고 싶으세요?

우 줄 라 익 투 해브 스시
- **Would you like to have sushi?**
  초밥을 드시고 싶으세요?

우 줄 라 익 투 테이커 브레익
- **Would you like to take a break?**
  잠깐 쉬고 싶으세요?
  *take a break 휴식을 취하다

기본패턴다지기 1

A : Would you like to have another cup of coffee?
B : No, thank you. I've had enough.

A : 커피 한 잔 더 마시겠습니까?
B : 괜찮습니다. 충분히 마셨습니다.

Basic Pattern

28 Would you mind -ing~? ~해 주실 수 없습니까?

Would you mind -ing ~?(~해 주실 수 없겠습니까?, ~해도 괜찮습니까?)의 mind는 「꺼려하다」라는 뜻입니다. 직역하면 "당신은 ~하는 것을 꺼려하십니까?" 입니다. 상대의 의사를 묻는 의문문이므로 Will you ~?나 Would you ~? 등의 직접적인 표현보다는 정중한 뉘앙스를 가지게 됩니다.
당연히 「~을 꺼립니까?」라고 질문을 받고 있으므로 응답시 Yes.가 "꺼리다", No.가 "꺼리지 않다, 괜찮다" 라는 의미로 활용됩니다.

우 쥬 마인 티칭 미 잉글리시
■ Would you mind teaching me English?
저에게 영어를 가르쳐 주실 수 없겠습니까?

우 쥬 마인 웨이링 히어 훠러 모먼-
■ Would you mind waiting here for a moment? 여기서 잠시 기다려 주실 수 없겠습니까?

우 쥬 마인 고잉 샤핑 윗미
■ Would you mind going shopping with me?
저와 쇼핑을 가 주실 수 없겠습니까?

기본패턴다지기 1

A : Would you mind opening the window?
B : Not at all.

A : 창문을 열어도 될까요?
B : 좋아요.

Basic Pattern

29 How soon will~?

언제쯤 ~할까요?

How soon ~?을 직역하면 "곧 ~합니까?" 입니다. 「언제쯤, 언제까지」라고 〈시간〉이나 〈기한〉을 물을 때 사용하는 편리한 표현입니다. 일상생활에서 Coming Soon(개봉박두)이라는 말을 많이 들어 보았을 텐데 "곧 온다, 임박하다"의 뉘앙스로 쓰입니다.
관용표현으로 How soon can I expect you?(얼마나 빨리 와 주겠습니까?) / How soon should I get it done?(언제까지 받아야 하죠?) 따위가 활용되므로 익혀 둡시다.

하우 쑨 윌 히 비 백
■ **How soon will he be back?**
그는 언제쯤이면 돌아옵니까?

하우 쑨 윌 유 리브
■ **How soon will you leave?**
당신은 언제쯤 떠날 겁니까?

하우 쑨 윌 더 콘서(트) 비긴
■ **How soon will the concert begin?**
콘서트는 언제쯤이면 시작됩니까?

기본패턴다지기 1

A : How soon will this class be over?
B : We have about twenty more minutes.

A : 언제쯤 이 수업은 끝나니?
B : 이제 20분 정도 있으면 되요.

Basic Pattern

30 Won't you~?

~하지 않겠어요?

상대방에게 Won't you ~?(~하지 않겠어요, ~하지 않을래?)는 의견, 권유, 초대 등을 나타낼 때 쓰이는 구어적인 표현입니다. 같은 will을 사용한 표현이라도 Will you ~?나 Would you ~? 보다도 간편하게 쓰는 표현입니다.
굳이 부정형으로 표현할 이유가 있는가?라는 의문을 품는 독자도 있을 텐데 우리말에도 마찬가지이지만 좀 구체적이고 희망이나 바람의 뉘앙스가 강조된 느낌의 어투라고 이해하면 좋을 것입니다.

온 츄 씻 다운 히어
■ Won't you sit down here?
여기에 앉으시지 않겠습니까?

온 츄 해브 썸 티
■ Won't you have some tea?
차를 드시지 않겠습니까?

온 츄 고 훠러 드라이브 윗 미
■ Won't you go for a drive with me?
저와 드라이브를 하지 않겠습니까?

기본패턴다지기 1

A : Do you have any plans this weekend?
B : Not really.
A : Won't you stay until Monday?
B : Thanks. I'd love to.

A : 주말에 무슨 계획이 있니?
B : 특별히 없어.
A : 월요일까지 머물지 않을래?
B : 고마워. 기꺼이 그럴게.

Basic Pattern

31 What do you think about~?
~에 대해서 어떻게 생각하세요?

상대방의 의견이나 견해를 물어볼 때 가장 많이 쓰는 표현으로써 정중하면서도 직접적으로 상대방의 의견을 물어보는 패턴이라고 하겠습니다. 구어체에서 상대방에게 제안할 때 How about ~?(~하는 게 어때?)이나 What about ~?도 자주 사용됨을 알 수 있는데 do you think를 생략한 표현이라고 생각하면 됩니다.
물론 권유할 때의 Why don't you ~?(~하시죠?)처럼 직설적으로 묻는 경우는 친한 사이에만 가능하겠죠?, 또한 You had better ~(~하는 편이 좋겠어요.)처럼 충고하는 듯한 뉘앙스를 풍깁니다.

- **What do you think about raising children?**
  아이 키우는 일에 대해 어떻게 생각해?

- **What do you think about this company?**
  이 회사에 대해 어떻게 생각하세요?

- **What do you think about marriage?**
  결혼에 대해서 어떻게 생각해?

유용한 관련 표현
- What do you think of my idea?
  (내 아이디어 어때?)
- What do you think of his offer?
  (그의 제안은 어때?)
- What do you think of the project?
  (그 프로젝트는 어때?)

기본패턴다지기 1

A : What do you think about this restaurant?
B : I like it. The food is delicious and the service is good, too.

A : 이 식당에 대해서 어떻게 생각하세요?
B : 맘에 들어요. 음식도 맛있고 서비스도 좋거든요.

기본패턴다지기 2

A : Can I call you soon?
B : Yes, of course. I'd love to go out again.
A : What do you think about my giving you a kiss?
B : You can if you want to.

A : 전화해도 되요?
B : 그럼요. 또 당신과 데이트하고 싶어요.
A : 제가 키스하는 것에 대해 어떻게 생각하세요?
B : 원한다면 하세요.

영문 여자이름 알아두기

Agatha (아가사)
Agnes (아그네스)
Alice (앨리스)
Amy (에이미)
Angela (앤젤러)
Beatrice (베아트리스)
Bridget (브리지트)
Catherine (캐서린)
Dorothy (도로시)
Elizabethe (엘리자베스)
Esther (에스더)
Florence (플로렌스)

Frances (프랜시스)
Helen (헬렌)
Issabel (이자벨)
Judith (쥬디스)
Lucy (루시)
Margaret (마거리트)
Mary (메리)
Matilda (마틸다)
Naomi (나오미)
Rebecca (레베카)
Sophia (소피아)

Basic Pattern

32 What do you say to -ing? ~하면 어떨까요?

What do you say to -ing ~?는 How about ~?과 마찬가지로 "~은 어때?"의 의미로 활용되며, 제안이나 권유, 상대의 마음이나 의견을 묻는 표현입니다. to 뒤에 동사를 접속하면 "~하는 것은 어때?, ~은 어때요?"라는 표현이 됩니다.
구어에서는 의외로 상대방의 견해를 물어볼 때 how보다 what을 선호하는 경향이 있는 듯한데 그 이유는 그들의 언어적인 습관에 기인된 문제로써 구체성을 드러낼 경우에 으레껏 사용한답니다.

왓 두 유 쎄이 투 이링 아웃 투나잇
■ **What do you say to eating out tonight?**
오늘밤은 외식하면 어떨까요?

왓 두 유 쎄이 투 스타팅 어퍼 컴퍼니 윗 미
■ **What do you say to starting up a company with me?** 저와 사업을 시작하면 어떨까요?

왓 두 유 쎄이 투 케링 아웃 디스 플랜
■ **What do you say to carrying out this plan?**
이 계획을 실행하면 어떨까요?

기본패턴다지기 1

A : What do you say to going fishing this weekend?
B : That sounds good, but I don't have fishing tackle.
A : I can lend you mine.

A : 주말에 낚시를 가는 건 어때?
B : 좋아, 하지만 나 낚시 용품이 없는데.
A : 내 것을 빌려 줄게.

Basic Pattern

33 Tell me more about~   ~에 대해 더 이야기해 줘요.

Tell me more about ~(~에 대해 더 이야기해 줘요.)는 상대방에게 이야기를 재촉할 때 씁니다. about 뒤에는 이야기해 주었으면 하는 사항을 넣습니다. 예를 들면 「가족에 대해서 이야기해 줘요」는 Tell me more about your family.라고 표현하며, 「대학 생활에 대해서 더 이야기해 줘요」는 Tell me more about your college life.가 됩니다. Tell me about more.라고 하지 않도록 어순에 주의하세요.

영화 제목에서 〈Tell me Something〉을 들어보았을 텐데 이는 "재밌는 얘기 좀 해줘" 정도의 앙증맞은 표현인데 연인에게 호감이나 관심을 표명하는 표현이죠?

텔 미 모 어 어바웃 유어 보이 프렌(드)
■ **Tell me more about your boyfriend.**
네 남자 친구에 대해 더 이야기해 줘.

텔 미 모 어 어바웃 유어 패밀리
■ **Tell me more about your family.**
네 가족에 대해서 더 이야기해 줘.

텔미 모 어 어바웃 유어 하비스
■ **Tell me more about your hobbies.**
네 취미에 대해 더 이야기해 줘.

기본패턴다지기 1

A : Tell me more about your trip to the States.
B : Okay. Where were we?
A : You went to the Grand Canyon and then…
B : That's right.

A : 미국 여행에 대해 더 이야기해 줘.
B : 좋아. 어디까지 이야기했지?
A : 그랜드 캐니언에 가서, 그리고 ….
B : 그랬지.

Basic Pattern

34 Don't tell me~

설마 ~하지 않겠지요.

Don't tell me ~의 직역은 "나에게 ~라고 말하지 마세요" 입니다. 가급적 상냥한 어조로 말해야지 강한 어조로 말하면 명령문의 "~라고 하지 마." 라고 오해의 여지가 있을 테니까요.
물론 〈금지〉와 〈요구〉를 나타내는 표현으로 자신에게 더 이상 요구하지 않길 바라는 뉘앙스가 내포되어 있으니까 역으로 생각하면 상대방을 〈염려〉할 경우에도 활용됩니다.

돈 텔 미 유어 앵그리 윗 미
- **Don't tell me you're angry with me.**
  설마 나를 화나게 하고 있는 것은 아니겠지요.

돈 텔 미 유어 헝그리
- **Don't tell me you're hungry.**
  설마 배가 고픈 건 아니겠지요.

돈 텔 미 유어 타이어드
- **Don't tell me you're tired.**
  설마 피곤한 건 아니겠지요.

기본패턴다지기 1

A : Ahchoo!
B : Don't tell me you caught a cold.
A : I'm okay. My nose just became sensitive.

A : 에취!
B : 설마 감기가 든 건 아니겠지.
A : 괜찮아. 코가 좀 과민해졌을 뿐이야.

Basic Pattern

35 Try and see if you can~
~을 할 수 있는지 없는지 해 봐라.

Try and see if you can ~은 「~할 수 있는지 없는지 해 보거라.」라는 의미입니다. 이 경우의 try는 "시험하다", see는 "조사하다" 라는 의미입니다. 자신이 해 볼 경우에는 I(나)를 주어로 하여 I'll try and see if I can ~이라고 말합니다. 예를 들어 I'll try and see if I can go up that tree.는 「저 나무에 오를 수 있는지 없는지 해 보겠습니다.」가 됩니다.
우리말에도 상대방에게 자랑이나 시범을 보여달라고 〈종용〉할 때의 표현으로써 맘껏 시도해보라는 뉘앙스가 내포되어 있습니다. 앞에서 제시한 Go (and) get him.(가서 데려와.)와 유사한 표현법입니다.

트라이앤 씨 이퓨 캔 플레이 디쏭 온 더 피애노
- Try and see if you can play this song on the piano. 이 노래를 피아노로 칠 수 있는지 없는지 해 봐라.

트라이앤 씨 이퓨 캔 리취 댓 브랜치
- Try and see if you can reach that branch.
저 가지에 닿을 수 있는지 없는지 해 봐라.

트라이앤 씨 이퓨 캔 스윔 바이 유어쎌
- Try and see if you can swim by yourself.
혼자서 헤엄칠 수 있는지 없는지 해 봐라.

기본패턴다지기 1

A : Talk to Scott in English. Try and see if you can make yourself understood.
B : I don't think I can.
A : Come on. Just try it.

A : 스콧에게 영어로 말을 걸어 봐. 네 영어가 통하는지 아닌지 시험해 보렴.
B : 할 수 없어.
A : 무슨 소리야. 해 보렴.

* make oneself understood 자신을 이해시키다, 통하다

Basic Pattern

36 Let me~
제가 ~해도 될까요? / 제가 ~하겠습니다.

Let me ~.라는 문형은 「제가 ~하도록 허락해 주세요」라고 상대방에게 허가를 구하는 표현입니다. Let me 뒤에는 주로 동사원형이 옵니다. Let me have ~.라는 표현에서는 아래 예처럼 have라는 동사가 여러 가지 의미로 쓰이므로 주의해야만 합니다.
가령, Let me ask you a question.(제가 질문 좀 드려도 될까요?) / Let me take care of that.(제가 그건 알아서 처리할게요.) 따위의 표현처럼 활용해 봅시다.

렛 미 고 샤핑
- Let me go shopping.
  쇼핑을 가게 해 주세요.

렛 미 두 더 웍
- Let me do the work.
  그 일을 시켜 주세요.

렛 미 테이크 케어 롭 더 포 니 플 리 즈
- Let me take care of the pony, please.
  부디 그 망아지를 보살피게 해 주세요.

렛 미 체 큐 어 홈 웍
- Let me check your homework.
  네 숙제 좀 보자.

렛 미 체 카 웃 히 스 토 리
- Let me check out his story.
  그 사람 얘기를 확인해 볼게요.

기본패턴다지기 1

A : Let me help you prepare dinner.
B : Thanks. Would you slice the onions?
A : Sure. Is this all right?
B : Fine.

A : 저녁 준비를 거들게 해 주세요.
B : 고맙다. 이 양파를 썰어 주겠니?
A : 알겠어요. 이런 식으로 하면 돼요?
B : 좋아.

기본패턴다지기 2

A : Are you free for lunch on Friday?
B : Let me check my schedule.
A : We haven't had lunch together in a long time.
B : I know. We've both been busy.

A : 금요일 점심 때 시간 있어?
B : 스케줄 좀 확인해볼게.
A : 우리 함께 식사한 지가 너무 오래되었잖아.
B : 그래. 우리 모두 너무 바빠서 그렇지.

영문 남자이름 알아두기

Aaron (아론)
Abraham (아브라함)
Adam (아담)
Albert (앨버트)
Alfred (앨프레드)
Alexander (알렉산더)
Andrew (앤드류)
Anthony (안서니)
Arnold (아놀드)
Benedict (베네딕트)
Benjamin (벤자민)
Charles (찰스)
Daniel (다니엘)
David (데이비드)
Donald (도널드)
Douglas (더글러스)
Duncan (던컨)
Edgar (에드가)

Edmund (에드문드)
Edward (에드워드)
Edwin (에드윈)
Ferdianand (페르디난드)
Frederick (프레드릭)
Gabriel (가브리엘)
George (조지)
Gilbert (길버트)
Gregory (그레고리)
Harold (해럴드)
Henry (헨리)
Issac (아이작)
Jacob (제이콥)
Jerome (제롬)
John (존)
Lawrence (로렌스)
Leonard (레오나드)
Lewis (루이스)

Martin (마틴)
Matthew (매튜)
Michael (마이클)
Nicholas (니콜라스)
Oscar (오스카)
Owen (오웬)
Patrick (패트릭)
Paul (폴)
Peter (피터)
Philip (필립)
Richard (리처드)
Robert (로버트)
Samuel (사무엘)
Thomas (토머스)
Vincent (빈센트)
William (윌리엄)

Basic Pattern

37 Let me know if~

~하는지 알려 주세요.

일종의 간접 명령문이라고 볼 수 있는데 Let me know if ~ / Let me know what ~ / Let me know how ~ 등의 표현법을 알아보기로 합시다. 앞에서 배운 소개할 때의 Let me introduce myself.와 같은 표현은 구어에서는 매우 빈번히 쓰이는 표현입니다.
가령, Let me know when you have passed the test.(시험에 합격하면 내게 알려 주시오.) / Let me know by mail as soon as possible.(가능한 한 빨리 서신으로 통보해 주시면 감사하겠습니다.) 따위도 함께 알아둡시다.

렛 미 노 이퍼 유 니드 에니씽
■ Let me know if you need anything.
필요한 게 있으면 알려 줘.

렛 미 노 왓 유 아 씽킹
■ Let me know what you are thinking.
네 생각을 알려 줘.

렛 미 노 하우 잇 웍스 아웃
■ Let me know how it works out.
그게 어떻게 작동되는지 알려 줘.

렛 미 노 유어 아피니언 온 디스 매러
■ Let me know your opinion on this matter.
이 문제에 대한 당신의 의견을 내게 말해 주시오.

기본패턴다지기 1

A : Are you coming to this Sunday's soccer game?
B : I think so.
A : Let me know if you change your mind.
B : I will.

> A : 이번 일요일 축구 게임에 올 거야?
> B : 그럴 것 같은데.
> A : 마음이 바뀌면 내게 알려 줘.
> B : 그럴게.

기본패턴다지기 2

A : Are you ready to order?
B : No, not yet.
A : No problem. Let me know what you want whenever you are ready.
B : I just need a few more minutes.

> A : 주문하시겠어요?
> B : 아니, 아직요.
> A : 주문할 준비가 되면 알려주세요.
> B : 금방 주문할게요.

A : When is your meeting with Edward?
B : We are having a lunch meeting today.
A : Let me know how it turns out.
B : I will.

> A : 에드워드와 미팅은 언제입니까?
> B : 오늘 점심 미팅을 할 예정인데요.
> A : 어떻게 결론이 나는지 알려주세요.
> B : 그럴게요.

유용한 관련 표현

- Let me know a day and time that works for you.
  (편한 날짜와 시간을 알려 주세요.)
- Let me know if this presents any problem.
  (이렇게 할 경우 무슨 문제가 있는지 알려주세요.)
- Let me know by mail as soon as possible.
  (가능하다면 서신으로 알려 주세요.)

Basic Pattern

38 Be careful not to~ ~하지 않도록 주의하세요.

Be careful not to ~은 「~하지 않도록 주의하세요」라는 〈주의〉를 당부하는 문형입니다. careful은 "주의 깊게, 조심스럽게"라는 의미이므로 Be careful.(조심하세요. / 잘 가요.)만으로도 헤어질 때 인사로써 많이 쓰입니다.
상대방에게 주의를 요청하는 표현으로써 Be careful with the fire.(불 조심해라.) / Be careful of those steps.(계단을 조심하시오.) / Be careful how you act[talk].(행동[입놀림]을 조심해라.) 따위의 표현도 익혀 둡시다.

비 케어풀 낫 투 코저 트래픽 액씨던

■ **Be careful not to cause a traffic accident.**
교통사고를 일으키지 않도록 주의하세요.

비 케어풀 낫 투 스필 커피 온 더 플로어

■ **Be careful not to spill coffee on the floor.**
바닥에 커피를 엎지르지 않도록 주의하세요.

비 케어풀 낫 투 오버슬립 터마로 모닝

■ **Be careful not to oversleep tomorrow morning**
내일 아침에는 늦잠을 자지 않도록 주의하세요.

기본패턴다지기 1

A : I'll go skiing in Mujoo with my friends tomorrow.
B : Oh, will you? Be careful not to break your leg.

A : 내일 친구와 무주에 스키를 타러 가.
B : 어머, 그래? 발이 부러지지 않도록 조심해.

Basic Pattern

39 I've always wanted to~
전에부터 ~하고 싶었습니다.

I've always wanted to ~는 「이전부터 ~하고 싶었습니다」라는 마음을 전하기 위한 표현입니다. 하고 싶었던 일이 실현될 것 같을 때 사용합니다. 현재완료의 I've wanted ~는 그 마음이 과거의 시점부터 현재까지 계속 이어지고 있는 모습을 나타냅니다.
가령, For myself, I have wanted to live in the country.(내 개인적으로는 시골에서 살고 싶다고 생각해 왔다.) / I wanted to see you very badly.(대단히 당신을 만나고 싶었다.) / I wanted to get a look at the real thing.(나는 실물을 보고 싶었다.) / That is what I wanted to say.(그건 내가 말하고 싶었던 것이다.) 따위에 쓰일 수 있는 표현입니다.

아브 올웨이즈 원티드 투 미츄
■ I've always wanted to meet you.
이전부터 만나 뵙고 싶었습니다.

아브 올웨이즈 원티드 투 리드 디스 북
■ I've always wanted to read this book.
이전부터 이 책을 읽고 싶었습니다.

아브 올웨이즈 원티드 투 바이 언 엠피쓰리 플레이어
■ I've always wanted to buy an MP3 player.
이전부터 MP3 를 사고 싶었습니다.

기본패턴다지기 1

A : Are you looking forward to going to New York?
B : Yes. I've always wanted to visit there.

A : 뉴욕에 가는 것이 기대됩니까?
B : 예. 뉴욕에는 전부터 가고 싶었습니다.

Basic Pattern

40 It's been so long since I've~
아주 오랫동안 ~하지 않았습니다.

It's been so long since I've ~의 직역은 「~한 이후로 매우 오랜 시간이 지났습니다」입니다. It's(= It has) been ~은 현재완료의 〈계속〉을 나타내는 표현입니다. 오랫동안 소원하거나 만나지 못했을 때 다소 아위움을 나타낼 때 쓰는 표현입니다.
경우에 따라서는 현재완료에 부정형을 취해도 마찬가지 뜻이 되므로 I haven't seen you for a long time.(뵌 지가 오래되었군요.)라는 표현도 가능할 것입니다.

잇츠 빈 쏘 롱 씬스 아이브 빈 투 어 콘섯

■ It's been so long since I've been to a concert. 무척 오랫동안 콘서트에 가지 않았습니다.

잇츠 빈 쏘 롱 씬스 아이브 해더 메디컬 체컵

■ It's been so long since I've had a medical check-up. 무척 오랫동안 건강 진단을 받지 않았습니다.

잇츠 빈 쏘 롱 씬스 아이브 쎈 힘 언 이메일

■ It's been so long since I've sent him an e-mail. 무척 오랫동안 그에게 E-mail을 보내지 않았습니다.

기본패턴다지기 1

A : It's been so long since I've had Chinese food.
B : Me, too. Let's go to a Chinese restaurant tonight.
A : Why not?

A : 무척 오랫동안 중국요리를 먹지 않았어.
B : 나도 마찬가지야. 오늘밤은 중국집에 갈까?
A : 그렇게 하자.

＊Why not? "왜 안 됩니까?(안될 리가 없죠.)"라는 의미의 반어적인 수락의 표현.

Basic Pattern

41 ~have(has) been -ing   (계속) ~하고 있습니다.

have(has) been + ing[동사]의 문장은 과거부터 현재까지 계속된 동작을 나타내고 있습니다. 정도에 따라 문장 끝에 since(~이후로, ~부터)나 for(~의 동안)를 붙이기도 합니다. 예를 들면 They have been working since 8 o'clock in the morning.(그들은 오전 8시부터 일하고 있습니다.)나 She has been waiting for her boyfriend for an hour.(그녀는 남자 친구를 1시간이나 기다리고 있습니다.)처럼 됩니다.

아이브 인 와칭 티비 씬스 디스 모닝
- I've been watching TV since this morning

  나는 오늘 아침부터 (쭉) 텔레비전을 보고 있습니다.

히즈 빈 스타딩 훠 러 퓨 아워즈
- He's been studying for a few hours.

  그는 3~4시간 (계속) 공부를 하고 있습니다.

잇츠 빈 스노잉 씬스 라슷 나잇
- It's been snowing since last night.

  어젯밤부터 (계속) 눈이 내리고 있습니다.

기본패턴다지기 1

A : What have you been doing?
B : I've been making a model plane.
A : Do you need some help?
B : No, thanks, Mom. I'd like to finish it up by myself.

A : 무얼 하고 있니?
B : 모형비행기를 만들고 있어요.
A : 도움이 필요하니?
B : 괜찮아요, 엄마. 혼자서 완성시키고 싶어요.

Basic Pattern

42 Have you ever p.p~? ~한 적이 있습니까?

〈경험〉을 물을 때는 현재완료형을 사용합니다. Have ever + p.p(과거분사) ~?(~한 적이 있습니까?)이라는 문형입니다. ever는 「지금까지, 예전부터」라는 의미입니다. "~에 간 적이 있습니까?" 라고 묻고 싶을 때는 have[has] been to ~를 사용합니다. 또 have[has] gone to ~이라고 go의 과거분사형을 쓰면 "이미 가버려서 여기에는 없겠지요?" 라고 묻고 있는 것이 됩니다.

해 브 유 에 브 빈 투 뉴욕
■ Have you ever been to New York?
뉴욕에 간 적이 있습니까?

해 브 유 에 버 플레이드 골프
■ Have you ever played golf?
골프를 친 적이 있습니까?

해 브 유 에 버 빈 투 차이나
■ Have you ever been to China?
중국에 간 적이 있습니까?

해 브 유 에 버 리튼 어 레러 인 잉글리시
■ Have you ever written a letter in English?
영어로 편지를 쓴 적이 있습니까?

기본패턴다지기 1

A : Have you ever built a doghouse?
B : No, I haven't.
A : I'm making one for my dog.
B : Are you? Let me see it.

A : 개 집을 만든 적이 있니?
B : 아니, 없어.
A : 난 만들고 있는 중이야.
B : 그래? 보여줘.

Basic Pattern

43 That's because~

그것은 ~때문입니다.

That's because ~는 「그것은 ~때문입니다」라고 직접적인 이유나 원인을 말하기 위한 문장입니다. that(그것은)은 앞에 말한 사항을 가리키고 그 내용을 받아서 because(왜냐하면) 뒤에 원인이나 이유를 말합니다.
That's because ~라는 문형에 그럴 듯한 이유나 단서를 덧붙일 경우에 활용되는 표현법으로 not을 사용한 It is not that I haven't got money.(돈이 없어서가 아닙니다.)라는 표현도 가능할 것입니다.

댓 츠 비코즈 쉬 라익스 힘
■ **That's because she likes him.**
그것은 그녀가 그를 좋아하기 때문입니다.

댓 츠 비코즈 유 워 래잇
■ **That's because you were late.**
그것은 당신이 지각했기 때문입니다.

댓 츠 비코즈 더 파리 워즈 펀
■ **That's because the party was fun.**
그것은 파티가 즐거웠기 때문입니다.

기본패턴다지기 1

A : Everybody likes Jane.
B : That's because she is always kind to others.

A : 제인을 모두 좋아해.
B : 그건 그녀가 누구에게나 항상 친절하기 때문이야.

기본패턴다지기 1

A : I heard you didn't make it to the party.
B : That's because I got into a car accident.
A : Was anyone hurt?
B : No, but my car is totaled.

A : 파티에 못 갔다고 하던데.
B : 교통사고 났기 때문이었죠.
A : 누구 다친 사람은 없었나요?
B : 다친 사람은 없었고 제 차만 완전히 망가졌어요.

Basic Pattern

44 Even though~ 　　비록 ~이라도, 비록 ~일지라도

Even though ~는「비록 ~이라도」라는 문장이므로 Even if ~도 같은 의미가 됩니다. even though를 포함한 문을 뒤로 하고 The festival will carry out even though it is raining.(비가 내린다고 해도 축제는 진행됩니다.)로 해도 상관없습니다.
어법적으로 〈양보〉를 나타내는 문형으로 even if 보다도 뜻이 더 강합니다. 가령, Even though you do not like it, you must do it.(비록 싫더라도 너는 그것을 해야 합니다.)처럼 표현할 수 있겠지요?

이본 도 아이 해버 휘버 아이 해브 투 고 투 웍
- **Even though I have a fever, I have to go to work.** 비록 열이 있긴 해도 나는 일하러 나가야 합니다.

이본 도 히 이즈 비지 히을 헬퍼스
- **Even though he is busy, he'll help us.**
  비록 바빠도 그는 우리를 거들어 줄 것입니다.

이본 도 유 럽 힘 히 메이낫 러 뷰
- **Even though you love him, he may not love you.** 비록 그를 좋아해도 그가 당신을 좋아하지 않을지도 모릅니다.

아이 러브더 스토리 이본 도 잇 워즈 토털리 픽티서쓰
- **I loved the story, even though it was totally fictitious.**
  그 이야기가 비록 완전히 꾸며낸 것일지라도, 나는 그 이야기를 좋아해요.

기본패턴다지기 1

A : Carrots again! I don't want to eat them.
B : Even though you don't like them, you must eat them.

A : 또 당근이야! 난 먹고 싶지 않아.
B : 싫어도 먹어야 해요.

기본패턴다지기 2

A : He looks so tired.
B : Sure. He is so busy with filming on location everyday.
A : I heard even though he is a busy man, he always has time to write a reply to any letter.

A : 그는 매우 피곤해보여.
B : 물론 그럴 거야. 매일 야외촬영하느라 너무 바쁘거든.
A : 그렇게 바빠도 시간을 내어 편지에 답장을 써준다고 들었어.

be동사의 명령문

"~ 하세요"라는 뜻으로 사용되며, 주어(you)가 생략된 표현이며, am, are, is는 명령문에서는 be로 대용합니다. 대개 〈be동사 + 형용사〉의 형태로 나타내며, 의외로 회화에서는 be동사를 활용하는 명령문이 그다지 많지 않은 편입니다.
강조할 경우에는 앞에 do를 쓰기도 합니다.

- Be careful. (조심하세요.)
- Be patient. (좀 참으세요.) *성급하게 굴지 마라.
- Be quiet! (조용히 하세요.) *Do be quiet.라고 표현하기도 한다.
- Be quick! (빨리 하세요.)
- Be good! (얌전하게 굴어라.)
- Be happy! (행복하세요.)

Basic Pattern

45 Every time~　　~하면 항상(언제나), ~할 때면 줄곧

Every time ~이라는 문장으로 시작되면 「~하면 항상」이라는 뜻입니다. every time이 접속사처럼 쓰이고 있는 예입니다. 문두에서도 문중에서도 쓸 수 있지만, 문장 첫머리로 가지고 오면 「~하면 항상」을 강조한 표현이 됩니다.
이런 표현은 조건절에 사용되어 Every time I looked at him, he was yawning.(그를 볼 때마다 그는 하품을 하고 있었다.)처럼 활용됩니다.

에브리 타임 아이 고 아웃 잇 레인즈
■ **Every time I go out, it rains.**
　내가 외출하면 항상 비가 내립니다.

에브리 타임 히 해즈 후리 타임 히 리슨즈 투 뮤직
■ **Every time he has free time, he listens to music.** 한가할 때는 항상 그는 음악을 들으며 즐기고 있습니다.

에브리 타임 유 고 훠러 드라이브 메익 슈어 투 첵더 오일
■ **Every time you go for a drive, make sure to check the oil.** 드라이브할 때는 항상 오일을 점검해거라.

기본패턴다지기 1

A : This coffee shop is very nice.
B : Do you like it here?
A : Sure. The coffee tastes good, too.
B : Every time I come to Gangnam, I drop in here.

　A : 이 다방은 좋은데.
　B : 이 가게 마음에 들었니?
　A : 물론. 커피도 맛있어.
　B : 나는 강남에 갈 때마다 여기에 들러.

＊Do you like it here? 이 문장 가운데 it은 주위의 상황을 막연하게 가리키는 it입니다.

Basic Pattern

46 When it comes to~ ~할 경우가 되면, ~할 때면

When it comes to -ing[동사] ~?라고 하면 "~하게 되면, ~할 경우가 되면"이란 뜻입니다. to는 전치사이므로 뒤에 동명사가 와야 합니다. when으로 시작하는 절은 I get nervous when it comes to singing a song in public.(나는 긴장하게 됩니다. 사람 앞에서 노래를 부르게 되면.)처럼 뒤로 빼도 상관이 없습니다.

가정법에서는 어떤 〈결과〉를 염두에 둔 상황이 연출된다는 점에 유의해야 하는데 when 대신에 if를 사용해도 무방하며, 가령, It's different when it comes to education.(교육에 대해서라면 이야기는 달라진다.)라는 표현도 가능합니다.

웬 잇 컴즈 투 드링킹 히 올웨이즈 드링스 라이커 휘시
- **When it comes to drinking, he always drinks like a fish.** 술을 마시게 되면 그는 항상 과음을 합니다.

아 엠 이스페셜리 슈퍼스티셔스 웬 잇 컴즈 투 (플레잉) 테니스
- **I am especially superstitious when it comes to (playing) tennis.**
나는 테니스 경기를 할 때가 되면 특히 미신을 믿게 된다.

웬 잇 컴즈 투 컴퓨터, 아임 아우롭 마이 엘러먼
- **When it comes to computers, I'm out of my element.** 컴퓨터라고 하면 내게는 전혀 영역이 다르다.

기본패턴다지기 1

A : A foreigner asked me how to get to the nearest station yesterday.
B : You made yourself understood in English.
A : When it came to speaking English I got nervous and I couldn't speak it well.

A : 어제 외국인이 가장 가까운 역에 어떻게 가는지 물었어.
B : 영어로 통했겠지?
A : 영어로 말하게 되면 떨려서 능숙하게 말하지 못했어.

Basic Pattern

47 ~, though.

하지만 ~입니다.

앞에 말한 내용을 부정하고 싶을 때는 but(그러나)라고 하고 난 다음 이야기를 계속하는 것이 일반적입니다. 일상회화에서는 먼저 처음에 부정적인 내용을 말하고 나서 문장 끝에 though를 써서「하지만, 그러나」를 추가하는 경우가 종종 있습니다.

though는 '양보'를 나타내는 종속접속사로서 although와 같은 뜻이지만 although보다 구어적이며, 또한 although와는 달리 however의 뜻의 부사로도 쓰입니다. 상황의 반전을 꾀하는 〈역접〉의 접속사는 최종 상황이나 결론을 연출하게 됩니다.

■ **He's honest, though.**
하지만 그는 정직합니다.

■ **I can't agree with it, though.**
하지만 나는 그것에 동의할 수 없습니다.

■ **There's some truth in his opinion, though.**
하지만 그의 의견은 일리가 있습니다.

기본패턴다지기 1

A : Isn't she beautiful?
B : Yes, she is. I like her taste in clothes, too.
A : She is stuck-up, though.

A : 그녀는 미인이지.
B : 그래. 그녀의 옷에 대한 취미도 좋아해.
A : 하지만, 거만하잖아.

* stuck up(성깔 있다, 새침미를 떼다)라는 뜻의 구어 표현.

Basic Pattern

48 ~, I tell you.

~이에요.

상대방에게 자신의 생각이나 말이 「절대로 ~이에요, 정말로」라고 내용을 강조하고 싶을 때는 문장 끝에 I tell you를 붙입니다. I can tell you. / Let me tell you.라고 해도 같은 뉘앙스가 됩니다.
명령형으로 사용하면 Do as I tell you.(내가 말하는 대로 하세요. / 내가 시키는대로 하세요.)라는 표현이 가능하며, 확신을 가지고 진실을 밝히고자 할 때 He did it, I tell you.(그것은 틀림없이 그의 짓이야.)라고 할 수 있겠죠?

아워 유즐 레스터런 이즈 클로즈드 투데이 아이 텔 유
- Our usual restaurant is closed today, I tell you.
  오늘은 단골 레스토랑은 쉬어요.

유 드 베러 낫 트러슷 힘 아이 텔 유
- You'd better not trust him, I tell you.
  그는 믿지 않는 게 좋아요.

쉬 갓 더 훨숫 프라이즈 엣 더 뷰티 컨테슷 아이 텔 유
- She got the first prize at the beauty contest, I tell you.
  그녀가 미인 콘테스트에서 일등을 했어요.

기본패턴다지기 1

A : Did you have a hard time finding my house?
B : Yes. I was lost. The map you gave was wrong, I tell you.

A : 우리 집을 찾는 데 힘들었습니까?
B : 예. 길을 헤맸습니다. 당신이 준 지도는 잘못되었어요.

Basic Pattern

49 Suppose~

만약 ~한다면

가정법에 사용하는 suppose는 ?만약 ~라면?이라는 의미로써 문두에 쓰여 Suppose ~/ Supposing ~이라는 문장 패턴으로 사용되어 ?만약 ~한다면?이라는 가정의 의미가 됩니다. 가정의 조건을 나타내는 if ~와 유사하게 활용되며, 일상회화에서 Suppose ~는 If ~ 대신 많이 사용됩니다.

문장의 형태는 명령문처럼 suppose동사를 문두에 두어 마치 Let's ~의 용법과 거의 흡사함을 느낄 수 있을 것입니다. 가령, Suppose we go for a walk.(산책하러 가면 어떻겠어요.)라고 표현해도 무방하며, 이러한 느낌에 의해 I suppose not.(그렇지는 않을 거야.)라는 응답표현도 가능합니다.

*Provided(수동형)라는 동사도 유사하게 활용된다.

스포즈 유 로슷 유어 퍼스 왓 우쥬 두

■ Suppose you lost your purse, what would you do? 만약 지갑을 잃는다면 어떻게 합니까?

스포즈 댓 히 리퓨지즈 왓 쉘 위 두

■ Suppose that he refuses, what shall we do?
만일 그가 거절한다면 어떻게 하겠는가?

스포즈 유어 보스 갓 앵그리 왓 우쥬 쎄이

■ Suppose your boss got angry, what would you say? 만약 상사가 화가 나면 뭐라고 말합니까?.

기본패턴다지기 1

A : Suppose you're transferred to the branch office in Indonesia, what would you do?
B : I'd have no choice except to go there. What about you?
A : I'd quit.

A : 만약 인도네시아 지사로 전근 간다면 어떡하지?
B : 갈 수밖에 없지. 너는 어떻게 할래?
A : 나는 회사를 그만두겠어.

* have no choice except ~이외에 선택의 여지가 없다

Basic Pattern

50 If I were you, I'd~
내가 너라면 ~할 거야.

If I were you, I'd(I would) ~(만약 내가 당신이라면 ~할 것입니다)라는 가정법 문장은 〈충고〉나 〈제안〉을 할 때 자주 씁니다. 주어에 상관없이 be동사는 were가 됩니다. 「만약 내가 당신이었더라면」은 동등한 입장의 상대나 친한 사람에 대해서 쓰는 것이 무난합니다.
이러한 가정표현은 과거에 대한 아쉬움이나 후회를 나타내기 때문에 항상 주절에는 현재 사실에 반대되는 표현을 하게 됩니다. 가령, If I were you, I would not do so.(나 같으면 그런 짓은 안했을 텐데.)라는 표현처럼 나타내게 됩니다.

■ If I were you, I'd talk to Jenny.
내가 너라면 제니에게 말할 거야.

■ If I were you, I'd call him again.
내가 너라면 다시 한 번 그에게 전화할 거야.

■ If I were you, I'd cancel the appointment
내가 너라면 그 약속을 취소할 거야.

기본패턴다지기 1

A : Where is your computer?
B : I sent it to a repair man.
A : Again? If I were you, I'd buy a new one.

A : 당신의 PC는 어디에 있어요?
B : 수리하러 보냈어요.
A : 또? 나라면 새 것을 사겠어요.

51 I wonder if I can~

~를 할 수 있을까?

I wonder if I can ~.(나는 ~할 수 있을까?)은 자신이 없을 때 혹은 의구심을 표출하는 표현입니다. I wonder if I can take a day off next Monday.(다음 월요일에 휴가를 얻을 수 있을까요?)처럼 완곡하게 요청할 때도 쓸 수 있습니다. 또 하나 중요한 표현은 I was wondering if ~(~하는 게 어떨까요?)로 역시 완곡하고 공손하게 물어보는 말입니다.
이 표현법은 가능성이 약한 경우에 사용되는 경향이 있으며, 가령, Can that be true?라고 표현해도 상관없지만 I wonder if it is true.함으로써 상대방에게 확신에 더한 믿음성을 희석시키는 작용을 하게 됩니다.

■ I wonder if I can swim across this river.
이 강을 헤엄쳐 건널 수 있을까?

■ I wonder if I can finish this work this week.
이 일을 이번 주에 끝낼 수 있을까?

■ I wonder if I can get a seat.
자리를 잡을 수 있을까?

■ I was wondering if you would give me another chance. 저에게 기회를 한번만 더 주시면 어떨까요?

■ I wonder if I might trouble you to open the window. 죄송하지만 창문 좀 열어 주시겠습니까?

기본패턴다지기 1

A : I wonder if I can get on the last train.
B : Don't worry. I'll give you a ride.

A : 마지막 전철을 탈 수 있을까?
B : 걱정 마. 내가 차로 태워다 줄게.

기본패턴다지기 2

A : What did you want to talk to me about?
B : I was wondering if I could take the day off tomorrow.
A : Sure, no problem.
B : Thanks, I appreciate it.

A : 자네 나한테 무슨 말을 하려고 했지?
B : 제가 내일 하루 쉬었으면 해서요.
A : 그렇게 하게.
B : 고맙습니다.

일반 동사의 명령문

일반적으로 명령, 경고, 부탁, 금지 등을 나타낼 경우에는 〈동사원형〉으로 시작하여 주어 you를 생략하여 표현한다. 또한 문두에 Let's ~나 Let ~을 사용하여 제3자에게 간접명령문을 사용하기도 합니다.

Do not disturb! (깨우지 마시오.) *호텔
Do try more. (좀 더 드시지요.)
Calm down. (진정하세요.)
Have a seat. (앉으세요.)
Stop it! (멈춰라.)
Take your time. (천천히 해라.)
Watch out! (조심해라.) *Look out!
Fallow me, please. (따라 오세요.)
Make you ready! (준비하시오.)
Let me see. (글쎄, 뭐랄까.)
Let me introduce myself. (제 소개를 하겠습니다.)
Let's go Dutch. (각자 계산합시다.)
Let's call it a day. (오늘은 그만 합시다.) *일이나 수업 따위

Basic Pattern

52 I would like you to~
~해 주셨으면 합니다만.

I would like you to ~(당신이 ~해 주셨으면 합니다만)는 정중한 부탁의 표현입니다. 회화에서는 I would를 줄여서 I'd like you to ~라고 말하는 것이 보통입니다. 물론 I should like you to ~를 활용해도 되며, 친구끼리 혹은 친한 사이라면 I want you to ~(당신이 ~해 주었으면 해요)를 써도 무방합니다.
가령, 상대방에게 I'd like to have a word with you.(한 말씀 드리고 싶습니다.) / I'd like to speak Mr. Olson, please.(올슨 씨하고 통화하고 싶은데요.)라고 요청할 수도 있을 겁니다.

아이 웃 라이큐 투 콜 미 업 엣 나인 어클락
- **I would like you to call me up at nine o'clock.** 9시에 전화를 주셨으면 합니다만.

아이 웃 라이큐 투 두 더 웍
- **I would like you to do the work.**
  당신이 그 일을 해 주셨으면 합니다만.

아이 웃 라이큐 투 어텐드 터마로우즈 미팅
- **I would like you to attend tomorrow's meeting.** 내일 회의에 출석해 주셨으면 합니다만.

기본패턴다지기 1

A : I would like you to help me with my work.
B : Sure. I'd be glad to.

A : 일을 거들어 주셨으면 합니다만.
B : 좋아요. 기꺼이 해 드리겠습니다.

Basic Pattern

53 I'd rather~ 어느 쪽인가 하면 ~쪽이 좋다, 차라리 ~하는 편이 낫다

I'd(I would) rather ~.는 「어느 쪽이냐 하면 ~입니다」라고 자신의 희망사항을 피력할 때 나타내는 표현입니다. rather는 「오히려, 어느 쪽이냐 하면」 뜻을 가진 부사어입니다. 부정형으로 쓰여 상대에게 〈충고〉를 하고 싶을 때 '~하지 않는 게 좋아요'라는 뜻의 〈I would rather + not + 동사~〉를 활용합니다.

다소 불확실한 자기 의사를 나타내는 표현법이지 뒤에 나오는 비교의 표현인 I'd rather A than B와는 다르므로 사용상 유의해야 합니다. 응용해 보면 I would rather not go.(나는 별로 가고 싶지 않다.) / I would rather tell the truth.(차라리 내가 진실을 말하는 편이 낫겠어요.) 따위와 같이 활용폭이 넓어질 것입니다.

아 드 래더 해브 그린 티
■ **I'd rather have green tea.**
어느 쪽이냐 하면 녹차를 마시고 싶습니다.

아 드 래더 플레이 싸커
■ **I'd rather play soccer.**
어느 쪽이냐 하면 축구를 하고 싶습니다.

아 드 래더 고 바이 트레인
■ **I'd rather go by train.**
어느 쪽이냐 하면 열차로 여행을 하고 싶습니다.

아 드 래더 낫 씨 댓 무비
■ **I'd rather not see that movie.**
나는 그 영화 보지 않는 게 더 나아.

아 드 래더 낫 씽커바우릿
■ **I'd rather not think about it.**
그것을 생각하지 않는 게 더 나아요.

기본패턴다지기 1

A : Which do you like better, swimming or skiing?
B : I'd rather swim.

A : 수영과 스키 중에 어느 쪽을 좋아합니까?
B : 어느 쪽이냐 하면 수영을 좋아합니다.

기본패턴다지기 2

A : Do you want to go to the bar with me?
B : I'd rather not go out tonight.
A : Why is that?
B : I'm too tired to go out.

A : 나랑 바에 함께 갈래?
B : 오늘 밤엔 외출하지 않는 게 나은 것 같아.
A : 왜?
B : 너무 피곤해서 그래.

애매한 응답 표현법

- Can you finish it by tomorrow? 내일까지 끝낼 수 있어?
  - 아마도. Maybe.
  - 그렇다고 생각해. I guess so.
  - 확실하게는 말 못하겠어. I can't say exactly.
  - 시간과 장소에 따라서 틀립니다. It depends.
  - 잘 모르겠는데. I'm not sure.
- Will it snow this afternoon? 오후부터 눈이 내릴까?
  - 그럴 거 같아. I think so.
  - 잠깐 생각 좀 하게 해 줘. Let me think about it.
  - 검토하겠습니다. I'll consider it.
  - 그럭저럭. So so.
- Are you happy? 행복해?
  - 그렇다고도 할 수 없어. Not exactly.

Basic Pattern

54 I'd rather…than~

~보다 …이 더 좋다.

어떤 선택의 상황이나 둘을 상호 비교할 때 사용하는 유용한 표현법입니다. 한 문장에서 두 가지를 비교하는 경우에 I'd rather A than B를 써서 나타내는데 A, B는 동사위주로 표현하므로 명사위주로 사용하지 않도록 유념해야 합니다.
일반적으로 I prefer death to surrender.(죽을지언정 항복하지 않겠다.)라고 표현해도 되지만 I would rather[sooner] die than surrender.라고 하면 훨씬 뜻이 강조됩니다. 가령, I would rather fail than cheat.(낙제를 할지언정 컨닝은 안 한다.) / I would rather sleep than play.(나는 놀기보다는 자고 싶다.)처럼 활용해 봅시다.

아 이 드 래 더 해 브 그 린 티 댄 해 브 커 피
■ **I'd rather have green tea than have coffee.**
커피보다는 녹차를 마시고 싶습니다.

아 이 드 래 더 리 슨 댄 톡
■ **I'd rather listen than talk.**
난 말하는 것보다 듣는 게 좋아.

아 이 드 래 더 드 라 이 브 댄 플 라 이
■ **I'd rather drive than fly.**
나는 비행기 타는 것보다 운전해서 가는 게 좋아.

기본패턴다지기 1

A : Where would you like to have dinner tonight?
B : I'd rather stay home than go out.
A : Why?
B : I just feel like eating a home cooked meal.

A : 오늘 저녁 어디서 먹고 싶어?
B : 외식하지 말고 집에서 먹는 게 좋겠어.
A : 왜?
B : 그냥 집에서 만든 음식을 먹고 싶어서 그래.

Basic Pattern

55 It might be a good idea to~
~하면 좋을 것 같습니다.

It might be a good idea to ~(~하면 좋을 것 같습니다)는 〈충고〉나 〈제안〉을 말하기 위한 표현입니다. 조동사의 might(~일지도 모른다)이고, a good idea는 「좋은 생각」이라는 뜻이죠. it는 to 이하를 가리키는 가주어입니다.
원래 may(might)는 불확실한 추측을 나타내는 표현에 주로 사용되지만 여기서는 간접화법으로 상대방에게 〈허가〉를 구하는 느낌으로 사용되었답니다.

잇 마잇 비 어 굿 아이디어 투 턴 더 볼륨 다운

■ It might be a good idea to turn the volume down.
볼륨을 낮추는 게 좋을 것 같습니다.

잇 마잇 비 어 굿 아이디어 투 첵 디 어드레스

■ It might be a good idea to check the address.
그 주소를 확인하는 게 좋을 것 같습니다.

잇 마잇 비 어 굿 아이디어 투 잇 모어 베지터블

■ It might be a good idea to eat more vegetables.
야채를 더 많이 먹는 게 좋을 것 같습니다.

기본패턴다지기 1

A : You look tired.
B : I am. I've been working overtime since Monday.
A : It might be a good idea to take a day off.

　　A : 피곤해 보이는데.
　　B : 그래. 월요일부터 쭉 초과 근무를 하고 있어요.
　　A : 하루 휴가를 얻는 게 좋은 생각일 것 같아.

Basic Pattern

56 I am sure~

난 ~할 거라고 확신해.

Sure.는 "물론, 당연하지"의 뜻으로 상대방의 질문에 대답하는 것으로 흔히 잘 알려져 있습니다. 여기에 I'm sure ~라고 하면 '난 ~할 거라고 확신해', '분명히 ~일 거야', '확실히는 모르겠어'라고 할 때도 두루 쓰이는 표현입니다. 부정문으로 고치면 I am not sure ~라고 씁니다. 문장이 아닌 단어나 구가 올 때는 I am (not) sure of ~의 문형을 씁니다.

아엠 슈어 (댓) 아이 캔 핸드릿
- **I am sure (that) I can handle it.**
  내가 해결할 수 있어.

아엠 슈어 유 해브 돈 유어 베슷
- **I am sure you have done your best.**
  넌 분명 최선을 다했을 거야.

아엠 낫 슈어 왓 쉬 쎄드
- **I am not sure what she said.**
  그녀가 무슨 말을 했는지 확실히 모르겠어요.

아엠 낫 슈어롭 더 리절
- **I am not sure of the results.**
  그 결과에 대해서는 확실치는 않아.

아엠 낫 슈어롭 위치 웨이 투 턴
- **I am not sure of which way to turn.**
  어느 길에서 돌아야 하는지 난 잘 모르겠어.

기본패턴다지기 1

A : I can't believe Jenny is really leaving this country.
B : Do you think she might change her mind?
A : I am sure that she won't change her mind.
B : I am really going to miss her.

> A : 제니가 이 나라를 떠나 이민을 간다니 믿을 수가 없어.
> B : 그녀가 마음을 바꿀지도 모르잖아?
>
> A : 안 바꿀 거라고 확신해.
> B : 정말 보고 싶을 거야.

기본패턴다지기 2

A : Does anyone have any questions?
B : I am not sure what you want us to read.
A : I want you to read chapters one through four.
B : Oh, okay.

> A : 질문 있어요?
> B : 어느 부분을 읽어야 하는지 확실히 모르겠는데요.
> A : 1과부터 4과까지 읽어 보세요.
> B : 아, 알겠습니다.

Basic Pattern

57 Be sure to~

꼭 ~하세요.

미국인들은 누군가에게 일을 시키면서 '절대 까먹지 말고 명심해.' 혹은 '꼭(틀림없이, 반드시) ~하세요' 라는 말을 하고 싶을 때 즉, don't forget의 의미로 이 문장 패턴을 씁니다. 잊지 말고 꼭 하라는 가벼운 의미의 명령문으로 아주 흔하게 쓰이는 표현입니다.

■ Be sure to study for the test.
비 슈어 투 스타디 풔 더 테슷
시험에 대비해서 공부 꼭 하세요.

■ Be sure to keep in touch.
비 슈어 투 킵인 터치
연락 꼭 하세요.

■ Be sure to drive carefully.
비 슈어 투 드라입 케어플리
꼭 조심 운전하세요.

기본패턴다지기 1

A : I'm going out now.
B : Be sure to bring a jacket. It's going to get chilly.
A : I've got a jacket.
B : Okay.

A : 저 지금 나가요.
B : 재킷 꼭 가지고 나가거라. 밖이 추워진다.
A : 가지고 있어요.
B : 알았다.

기본패턴다지기 2

A : What should we order?
B : How about apple pie?
A : Sounds good to me.
B : Be sure to order blended coffee, too.

A : 뭘 먹을까?
B : 애플파이 어때?
A : 좋아.
B : 원두커피 주문하는 것도 잊지 마.

Basic Pattern

58 Do you mind if I~?
제가 ~해도 괜찮을까요?

mind는 명사로는 '마음', 동사로는 '꺼리다'는 뜻입니다. "~해도 될까요?"로 물을 때 Do you mind ~?의 문장을 씁니다. 이 때 대답은 Yes.로 하면 '꺼리다' 즉 '안 됩니다'가 되어 버리고 No.라고 해야 '괜찮아요'가 됩니다.
동사 mind를 써서 여러 가지 표현을 익혀봅니다. 동사 mind는 〈동사 + ing〉형태가 온다는 사실도 알아두기 바랍니다.

두 유 마인 이파이 유즈 유어 폰
■ **Do you mind if I use your phone?**
제가 당신 전화를 좀 써도 될까요?

두 유 마인 이파이 스목 히어
■ **Do you mind if I smoke here?**
여기에서 담배를 좀 피워도 될까요?

두 유 마인 드라이빙
■ **Do you mind driving?**
운전하는 거 괜찮으세요?

기본패턴다지기 1

A : Do you mind if I take my break a little early?
B : No, go ahead. We're not very busy.
A : Thanks.
B : Be sure you are back in thirty minutes.

> A : 조금 일찍 휴식 시간을 가져도 될까요?
> B : 그러세요. 그렇게 바쁘지는 않으니까.
> A : 고맙습니다.
> B : 30분 안에 돌아오는 거 명심해야 해.

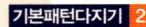

A : Did you finish your report?
B : Yes. Do you mind reading it?
　　I'd like to know what you think.
A : I'd be happy to read it.
B : Thanks.

A : 보고서는 다 썼어요?
B : 네, 한번 읽어주시겠어요? 의견을 듣고 싶어서요.
A : 저도 읽고 싶어요.
B : 고마워요.

Basic Pattern

59 If you don't mind~   괜찮으시다면, ~하고 싶어요.

조건절에 사용되는 If you don't mind ~(괜찮으시다면 ~)은 한번에 외워두고 "~하고 싶다"고 덧붙이면 됩니다. 아주 정중하고 깍듯한 표현입니다. 이 때 대답을 해야 할 경우라면 I don't mind.(괜찮아.)라고 해주면 더 자연스럽다. 주절에는 I'd like …, I'm going …, I think … 등의 문형이 따라옵니다.

이 퓨 돈 마인 아이드 라익 투 테이커 택시
■ If you don't mind, I'd like to take a taxi.
괜찮으시다면 택시를 타고 싶어요.

이 퓨 돈 마인 아이드 라익 투 레슷 히어
■ If you don't mind, I'd like to rest here.
괜찮으시다면 여기서 쉬고 싶네요.

두 유 마인 이파이 씻 히어
■ Do you mind if I sit here?
여기 앉아도 될까요?

기본패턴다지기 1

A : Would you turn off the light?
B : If you don't mind, I'd like to finish this chapter.
A : Are you almost done?
B : Yes, I just have a few more pages.

A : 불을 좀 꺼줄래?
B : 괜찮다면, 이 장을 마저 끝내고 싶은데.
A : 거의 다 했니?
B : 몇 페이지만 더 하면 돼.

기본패턴다지기 2

A : If you don't mind, I think I'll clean the house.
B : Why would I mind that?
A : Because it might disturb your studying.
B : No, I don't mind at all. I think I'll help you.

A : 괜찮다면, 내가 집 청소를 할게.
B : 왜 괜찮냐고 물어보는 거냐?
A : 네 공부를 방해할지도 모르니까 그렇지.
B : 괜찮아. 내가 도와줄게.

Basic Pattern

60 Do you mean~?

~이라는 말이에요?

동사 mean은 '의미하다'는 뜻입니다. 하지만 일상회화에서는 '의미하다'는 무거운 느낌보다는 '~라는 뜻이야, 그게 ~라는 말이야'로 쓰입니다. 상당히 자주 쓰이는 말입니다. Do you mean ~?은 상대방의 말과 의사를 확인할 때 쓸 수 있는 표현입니다.

■ What do you mean?
그게 무슨 뜻이야?

■ Is that what you meant?
그게 바로 네가 말했던 거야?

■ I have no idea what this word means.
나는 이 단어가 무슨 뜻인지 도무지 모르겠다.

기본패턴다지기 1

A : It's all over between Tom and me.
B : Do you mean you broke up?
A : Yes. We broke up last night.
B : I'm sorry to hear that.

A : Tom하고 나 이제 끝났어.
B : 헤어졌다는 말이니?
A : 그래. 어젯밤에 헤어졌어.
B : 저런. 유감이다.

기본패턴다지기 2

A : I don't think I'll accept your offer.
B : Do you mean to refuse me?
A : I'm just saying I can't.
B : Think about it one more time.

A : 당신 제안을 받아들일 수 없어요.
B : 나에게 대들 셈인가?
A : 그게 아니에요. 그저 할 수 없다는 말입니다.
B : 다시 한번 생각해보게.

Basic Pattern

61 I didn't mean to~
~하려고 그런 건 아니었어요.

오해를 받았거나 고의적인 행동이 아니었을 경우 상대방에게 양해를 구할 상황에서 쓸 수 있는 문장 패턴입니다. 이런 말을 은근히 쓸 기회가 많을 겁니다. to 이하를 하려고 했던 것이 아니었다' 는 말입니다.

아 이 디 든 민 투 허 츄어 휠 링 즈
- **I didn't mean to hurt your feelings.**
  네게 상처를 주려고 한 것은 아니었어.

아 이 돈 민 투 스 케 어 유
- **I didn't mean to scare you.**
  널 놀라게 하려고 했던 건 아니야.

아 이 디 든 민 투 스 펜 쏘 머 치 머 니
- **I didn't mean to spend so much money.**
  그 많은 돈을 다 쓰려고 한 것은 아니었어.

기본패턴다지기 1

A : Where have you been?
B : I've been shopping. I didn't mean to be gone so long.
A : What did you buy?
B : I bought some clothes for the kids.

> A : 어디 갔었어?
> B : 쇼핑했어요. 그렇게 오래 외출하려고 한 것은 아니었는데.
> A : 뭐 샀는데?
> B : 아이들 주려고 옷 좀 샀어요.

기본패턴다지기 2

A : I don't appreciate what you said about me.
B : I'm sorry. I didn't mean to hurt your feelings.
A : I accept your apology.
B : I'm glad.

> A : 네가 내게 한 말 정말 기분 나빠.
> B : 미안해. 네 맘을 상하게 하려고 한 말은 아니었어.
> A : 사과하니 받아줄게.
> B : 고마워.

Basic Pattern

62 That's what I meant to~
그게 ~하려던 것이에요.

상대방의 말을 재차 확인이나 해명을 할 때 쓸 수 있는 말로서 '내 말이 바로 그거라니까'의 뜻으로 쓰입니다. to 다음에 동사를 쓰면 됩니다. meant는 mean의 과거형이다.

댓 츠 왓 아이 멘 투 쎄이
- **That's what I meant to say.**
  바로 그 말을 하려고 했어요.

댓 츠 와 라이 멘 투 두 훠 허
- **That's what I meant to do for her.**
  그녀를 위해서 하려던 것이 바로 그거에요.

댓 츠 낫 와 라이 멘
- **That's not what I meant.**
  그런 뜻이 아니었어요.

기본패턴다지기 1

A : I thought you were going to the office today.
B : That's what I meant to do.
A : What happened?
B : I'm not feeling well.

> A : 오늘 회사에 간 줄 알았는데요.
> B : 가려고 했어요.
> A : 무슨 일 있었어요?
> B : 컨디션이 안 좋아서요.

기본패턴다지기 2

A : I thought you were going to give Susan her graduation gift.
B : That's what I meant to give her.
A : Why didn't you?
B : I couldn't find the kind she likes.

> A : 수잔의 졸업 선물을 사러 간 줄 알았는데.
> B : 그러려고 했었지.
> A : 근데 왜 안 그랬어?
> B : 수잔이 좋아하는 선물을 찾을 수가 없었어.

특별부록

미국식 영어발음
무조건 따라잡기

· · · · · · · · · · · · ·

영어회화의 절반은 발음에 있다고 해도 과언이 아닙니다. 왜냐하면 영어회화의 출발은 발음에서 시작되고, 또한 발음에 자신감을 가져야만 실력이 향상되기 때문입니다. 특히 요즘의 미국 영어발음은 규칙보다 쓰임새에 중점을 둠으로써 발음의 변화가 심화되어 효율적인 의사소통에 어려움을 초래하고 있습니다.

만약 독자 여러분이 영어에 자신감이 없다면 냉정하게 과연 내 자신이 정확한 발음을 몇 퍼센트 정도 구사한다고 생각하는지부터 파악해 보아야만 합니다. 아래 제시한 필자 나름대로의 규칙에 전혀 이해가 가지 않는다면 본문으로 들어가지 말고 발음법부터 익혀 봅시다.

미국식 영어발음 따라잡기 [Wram up]

01 영어발음을 위한 워밍업

구어의 발음 변화의 원리는 대개 문장 속에서 단어와 단어 사이에서 《음운의 변화 현상》과 문장 속에서의 《음운의 축약·생략 현상》으로 대별되는데 이 또한 발음의 관용적인 습관에 의한 현상이라고 할 수 있습니다.

여러분이 영어를 통한 의사소통시 유의해야 할 점은 발음의 핵심에는 반드시 모음의 음운(vowel sound)이 발음 문제를 야기시킨다는 사실이며, 특히 이중모음 현상은 여러분의 발음에 가장 큰 장애 요인이 될 것입니다. 따라서 모음의 음운 현상에 유의하지 않는다면 듣기(hearing)와 말하기(speaking)의 실력은 결코 향상되지 않습니다. 영어의 단어에서 기껏해야 모음(vowel)은 [a, e, i, o, u] 따위가 전부인데 자음(consonant)과 적절한 조합으로 어휘가 구성되어져 있습니다.

그럼 기초적인 모음의 발음 원리를 제시하겠으니 항시 염두에 두고 듣기 훈련과 말하기 훈련에 어떻게 반영되는지 학습자 스스로 느껴 보길 바랍니다.

① 단모음
   짧고 강하게 발음해야 한다.

② 장모음
   길게 끌어서 발음해야 한다.

③ 이중모음
   하나의 모음처럼 발음하되, 앞의 모음만을 강하게 발음해야 한다.

④ 약모음
   짧고 약하게 발음하거나 거의 발음하지 않아야 한다.

여기서 유의해야 할 점은 사전상의 발음이라기보다는 실제 대화에 있어서의 발음 원리를 요약한 것이며, 영국식 발음이 아니라 미국식 발음법에 기초한 것입니다.

따라서 미국식 발음 원리를 어느 정도 터득한다면 여러분이 영어로 대화함에 있어서나 외국인을 만나더라도 결코 주눅들지 않을 것이며, hearing하는데 상당한 도움을 주리라 확신하는 바입니다.

1) 음운의 변화 현상

(1) 파열음 d가 모음 사이에 오면, [r·ㄹ]로 발음한다.
   ambassador[앰베쩌러] Edison[에뒤슨] Nevada[네바러] product[프라럭]
   road again[로러게인] somebody[썸바리] candidate[캔디래잇]

(2) d 또는 de 다음에 s가 오면, 즉 -ds, -des는 [z · 즈]로 발음한다.
   besides[비싸이즈] regards[뤼가즈] islands[아일런즈] hands[핸즈]
   aids[에이즈] beds[베즈] sounds[싸운즈]

(3) 파열음 t가 h와 만나면 [r · 르]로 발음한다.
   meet him[미럼] at home[애롬] get here[게리어] get him[게림]
   what happened[와래픈] that had[대래드] righth and side[롸이랜 싸잇]

(4) t가 모음과 모음 사이에 올 때 [r · ㄹ(ㄷ)]로 발음한다.
   better[베러] pattern[패런] cut it out[커리라웃] hospital[하스삐럴]
   notice[노뤼스] total[토럴] photograph[포러그램] battery[배러리]
   waiter[웨이러] native[네이뤼브] letter[래러] matter[매러]

(5) 단어 끝의 t가 이어지는 단어의 첫음절 y와 만나면 [tʃ · 츄]로 발음한다.
   meet you[미츄] but you[벗츄] about you[어바우츄] wouldn't you[우든츄]
   hurt your[허츄어] want you[원츄] don't you[돈츄]

(6) be-로 시작되는 단어는 [bə · 버]로 발음하는 경향이 있다.
   beside[버싸잇] between[버튀인] believe[벌립]
   because[버코우즈] betray[버트레이] bestow[버스토우]

(7) 단모음 i가 자음 사이에 올 경우 [e · 에]에 가까운 발음을 낸다.
   minute[메닛] dinner[데너] ticket[테킷] opinion[어페니언]

8) s가 겹쳐질 경우 뒤의 s발음을 강하게 발음한다.
   gas station[개쓰테이션] Yes, sir[예씨]
   ghost story[고쓰토리] house speaker[하우쓰피커]

(9) 악센트가 있는 모음 다음의 p는 된소리로 발음한다.
   operate[아뻐래잇] stop it[스따삣] Jupiter[쥬뻐러] hop in[하삔]
   topic[타삑] zipper[지뻐] Japanese[재뻐니즈]

(10) s다음의 p, t, k, q, ch는 각각 [ㅃ, ㄸ, ㄲ]음으로 발음한다.
   spice[스빠이스] star[스따] step[스뗍] sky[스까이]
   school[스꿀] skin[스낀] spoon[스뿐] squeeze[스뀌즈]
   *파열음 중에서 k, t, p는 된소리로 발음한다. 그러나 파열음 /p, t, k/음을 발음할 때 pay, tie, key 따위에서는 [h]음을 수반하게 된다.

2) 음운의 축약·생략 현상

(1) t, d, k, g, p, b(파열음)가 단어의 끝에 오면 밑받침으로 발음한다.
   sack[쌕] ship[쉽] grasp[그래습] fat[팻]
   rug[럭] would[우웃]

(2) p, s, t, d 다음에 자음이 오면 그 음은 소멸한 것처럼 들린다.
   sandwich[쌘위치] postman[포슷맨] shipment[쉬먼] napkin[내킨]

(3) l뒤에 오는 d의 발음은 거의 약화되거나 소멸한다.
   cold[코올-] gold[고옳-] should[슈우-] mild[마일-]
   old[오올-] would[웃-] seldom[쌜럼] scolding[스코링]

(4) 단어 끝에 s다음에 파열음 t가 올 경우에 t발음은 약화되고 대신 s발음을 강하게 발음한다.
   adjustment[어져슷먼] must[머슷] largest[라지숫] request[리퀘슷]

(5) 모음사이의 -nt-, 단어의 끝에 n과 t가 함께 오면 t의 발음은 거의 소멸된다.
   hunting[허닝] center[쌘너] complement[컴플리먼] twenty[퇴에니]
   development[디벨롭먼] excellent[엑설런] urgent[어젼] statement[스테이러먼]
   * 모음사이의 -nd의 경우도 마찬가지로 d의 발음이 생략된다.
   ex) bandage, dependent, individual, handed

(6) 단어 첫머리에 강세가 없는 약모음(a, e, o)이 올 경우 거의 발음되지 않는다.
   advance[어드밴스] adjourn[어젼] election[일렉션] assist[어씨슷]
   administration[어드미니스트레이션] objective[오브젝티브]
   electronic[일렉트로닉] Elizabeth[엘리자베스]

(7) 단어의 끝에 -ll이 오는 경우 거의 발음되지 않는다.
   call[코(울)-] ball[보(울)-] all right[오롸이] sell[세(울)-]

(8) k 다음에 h가 올 경우 h의 발음은 거의 생략된다.
   like him[라이킴] take her[테이커] like her[라이커] make him[메이킴]

(9) n(비음)뒤에 th, t, h가 오면 거의 발음되지 않는다.
   in there[이네어] isn't her[이즈너] in here[이니어] down there[다우네어]

(10) 인칭대명사 him, her, them의 h, th음은 약화되어 거의 발음되지 않는다.
   some of them[써뭄럼] put them in[푸렘인] beat him up[비림업]
   go get him[고게림]

(11) 어미의 끝에 -ion, -al의 발음은 생략된다.
  invitation[인비테이셔] education[에쥬케이셔] question[케스쳐] nation[네이셔]
  chemical[케미커] technical[테크니커] medical[메리커] practical[프래리커]

(12) 단어 사이의 접속사 and의 [d] 발음은 거의 발음되지 않는다.
  hit and run[히테넌] bread and butter[브랜버러] this and that[디샌댓]
  coffee and milk[커핸밀] in and out[이네나웃] nice and cool[나이샌쿨]
  up and down[어팬다운] hand and foot[해낸풋]

(13) 특정 어구의 관계를 연결해 주는 of는 음이 약화되거나 축소된다.
  a lot of problems[어라럽 프라브럼] a kind of salesman[어카이놉 쎄일즈맨]
  one of these days[워놉디스 데이즈] get out of here[게라롭 히어]
  end of the world[애놉더 월] a glass of water[어그래쏩 워러]
  a couple of days[어커프롭 데이즈] plenty of pictures[플레니옵 픽쳐스]

미국식 영어발음 따라잡기 [Stress ; Accent]

02 영어의 강세

영어는 우리말에 비해 음의 고저(高低)·장단(長短)현상에 의한 성조의 변화가 있으므로 그 만큼 음의 변화가 많다고 볼 수 있을 것입니다. 영어를 배울 때 어휘마다 악센트(accent)의 여부를 주의하며 단어를 암기하였으나 회화의 문장에서는 단문이든 장문이든 말하는 이가 강조하고자 하는 곳에 강세를 두고 이외에는 그다지 강세를 두지 않는 경향이 있습니다.

우리말에서도 마찬가지이지만 강조해야 할 부분에서는 그 음절을 강하고 약간 길게 음을 끌어주며 그 밖의 음절은 음을 약하게 발음하고 될 수 있는 대로 짧고 빠르게 발음합니다.

영어의 문장에서 주로 강세가 오는 부분은 내용어(content words ; 명사, 동사, 형용사, 부사, 지시사, 의문사 등)이며 기능어(function words ; 관사, 전치사, 대명사, 접속사, be동사, 조동사 등)에서는 문장 속에서 앞뒤를 연결시켜 주는 문법적 기능만 하므로 발음의 변화가 많이 나타납니다. 다시 말하면 내용어는 분명하고 또렷하게 발음하고, 기능어는 대충 빠르게 발음하는 습관을 길러야 합니다.

1) 단어의 강세

우리는 강세를 흔히 accent 혹은 stress라고 하는데 단어에 오는 강세는 2음절 이상으로 이루어진 단어에 오게 되며, 사전에서 표기하는 방법은 모음 위에 표시를 하게 되며, 단어 속에서 강세가 오는 음절은 거의 두 군데 있는데 그 중에 강한 것을 제 1강세(´)라 하며, 보다 약한 것을 제 2강세(`)라고 합니다.

● 강세의 규칙

여기서는 편의상 제 1강세만을 들어 강세의 규칙을 설명하도록 하겠습니다.

(1) 2음절어에는 대부분 첫음절에 80% 이상 강세가 온다.
   business[bíznis] workshop[wə́ːkjòp] Sunday[sʌ́ndei] breakfast[brékfəst]

(2) 복합명사에는 앞쪽에 강세가 오며, 복합동사는 뒤쪽에 강세가 온다.
   newspaper[njúːzpèipə] classroom[klǽsrùː(ː)m] childhood[tʃáildhùd] interview[íntəvjùː]
   understand[ʌ̀ndəstǽnd] become[bikʌ́m] transform[trænsfɔ́ːm] overlook[òuvəlúk]

(3) 일반적으로 접두사와 접미사에는 강세가 오지 않는다.
   postpone[poustpóun] attribute[ətríbjuːt] forecast[fɔ́ːkæ̀st] interrupt[ìntərʌ́pt]
   formulate[fɔ́ːmjəlèit] respectable[rispéktəbəl] immortal[imɔ́ːtl] careless[kɛ́əlis]

(4) 어원상 의미의 핵심이 있는 곳에 강세가 온다.
anything[éniθiŋ] something[sʌ́mθiŋ] nothing[nʌ́θiŋ] everything[évriθiŋ]
myself[maisélf] sixteen[sìkstíːn]

(5) 명사형 접미사(-ity, -tion, -ic, -ical, -sion, -ian) 앞에는 강세가 있다.
musician[mjuːzíʃən] creation[kriːéiʃən] brevity[brévəti] economics[ìːkənémiks]
biology[baiélədʒi] diplomatic[dìpləmǽtik] logical[lédʒikəl]

2) 어구의 강세

특정한 어구를 이루고 있을 경우에도 단어와 마찬가지로 주로 내용어에 강세가 오게 되며, 기능어에는 강세가 오지 않습니다.

(1) 〈동사 + 부사〉의 형태
동사와 부사가 한 어구를 이룰 때 주로 부사(주된 내용어)에 강세를 두는 경향이 있다.
come back get up work hard sit down turn off

(2) 〈동사 + 전치사〉의 형태
동사와 전치사가 한 어구를 이룰 때 주로 동사(내용어)에 강세를 두게 된다.
look at listen to think of wait for talk about

(3) 〈명사 + 명사〉의 형태
명사와 명사가 한 어구를 이룰 때 주로 앞의 명사가 강세가 온다.
gas station book club digital computer space station

(4) 〈부사 + 형용사〉의 형태
부사와 형용사가 한 어구를 이룰 때 흔히 형용사에 강세가 온다.
very important early reply so hot deeply hurt

3) 문장의 강세

앞에서도 언급했지만 단어 속에서도 음의 강약이 존재하듯이 문장 속에서도 마찬가지로 특정 단어를 강하게 발음하는 경향이 있습니다. 이는 다음에 설명할 리듬(rhythm)과 밀접한 관련이 있으므로 항시 강세를 염두에 두어야 할 것입니다.

(1) 내용어(content words)
일반적으로 다음과 같은 내용어에는 강세가 있다.

① 명사 : What's your shoes size?
② 동사 : Can you speak English?
③ 형용사 : The line's busy.
④ 부사 : I get up early. / Take it easy. / That's too bad.
⑤ 지시어 : Can you buy that?
⑥ 의문사 : What do you think about it?

(2) 기능어(function words)
  일반적으로 다음과 같은 기능어에는 강세가 없다.
  ① 관사 : I am a Korean.
  ② 대명사 : What time is it?
  ③ 전치사 : It's over there. / It's on your left.
  ④ 접속사 : He and I are good friends.
  ⑤ 조동사 : May I go there?
  ⑥ be동사 : I am a boy. / Boys be ambitious.

(3) 강조어, 대조어, 핵심어
  다음과 같은 기능어에는 강세가 없으나 예외적으로 강조어, 대조어, 핵심어, 선택어 따위에 강세를 두기도 한다.
  ① 강조어 : I do hate him. / Yes, I do.
  ② 대조어 : Hurry up, or you will be late.
  ③ 핵심어 : How are you? / Who is he?
  ④ 선택어 : Are you American or English?
  ⑤ 비교어 : Tom studies better than I do.

영어의 리듬

[Rhythm]

모든 문장은 언어의 리듬상 하나 또는 그 이상의 단어에 강한 박자(beat)를 가지고 있는 반면 어떤 단어에는 약하고 짧게 발음이 되기도 합니다. 그래서 외국인이 영어로 말을 할 때 강약의 리듬이 잘 어우러져 언어에 생동감이 느껴지는 것을 알 수 있습니다. 영어를 청취할 경우 강세의 부분을 중심으로 리듬감을 타고 유연하게 발음을 할 수 있다면 그것이 곧 유창한 영어를 구사하는 것입니다.

이러한 리듬감은 특히 중국어(中國語)에서 느낄 수 있습니다. 왜냐하면 그들은 사성(四聲)이라는 음의 고저현상에 의해 모든 어휘들이 발음되기 때문입니다. 그러나 한국어, 일본어, 이태리어 등에서는 이런 강약 리듬을 찾을 수 없답니다.

1) 우리말과 영어의 리듬 차이

한국어는 언어의 속성상 표음문자이기 때문에 음의 굴곡이나 강세가 미약하여 다소 단조로움을 느낄 수 있는데 비해 영어는 모음의 변화가 심하여 문자와 실제 발음 사이에는 상당한 차이를 나타냅니다.

다시 말하면 한국어는 발음상 거의 일정하게 규칙적인데 반해 영어는 상당히 불규칙적이며, 문장 속에서도 강세가 있는 부분이 있는가 하면 강세가 없는 부분은 실제 대화를 할 때는 짧고, 빠르게 발음하여 음의 약화 현상이 두드러집니다.

2) 리듬과 문장의 강세

우리말은 말하는 속도와 길이가 음절(syllable)의 수가 많으냐? 아니면 적으냐?에 따라서 결정되지만 영어의 속도와 길이는 문장 속에서 강세(stress)가 얼마나 많은가?에 따라 리듬감이 달라지게 됩니다.

따라서 영문을 읽을 경우에는 강세의 흐름을 파악하여 음의 강약 구조를 얼마나 리듬감 있게 표현하느냐?의 문제가 중요하므로 항시 스스로 악기를 연주하듯 습관적?의도적으로 훈련할 필요가 있습니다.

생동감 있는 영어는 리듬, 강약, 억양 등의 3박자가 잘 조화를 이룰 때 가장 자연스럽고, 유창한 영어가 되는 것입니다.

리듬의 훈련 －팝송－

When I Need You

by Leo Sayer

When I need you
I just close my eyes and I'm with you
And all that I saw wanna give you
It's only a heartbeat away
When I need love
I hold out my hands and I touch love
I never knew there was so much love
Keeping me warm night and day

- 중략 -

영어의 억양

[Intonation]

우리가 노래를 부를 때면 리듬이나 강약 못지않게 음의 고저를 중요시하는 것을 보게 되는데 여기 말하는 억양(Intonation)은 음악의 음정(音程)을 의미한다 하겠습니다. 물론 억양은 문장의 강세, 리듬과 직접적인 관련이 있습니다.

영어에서의 억양이라 함은 경상도, 전라도, 충청도, 제주도, 강원도 등의 사투리로 생각하면 쉽게 이해가 갈 것입니다. 더구나 서양인들은 말뿐만 아니라 표정의 연기에도 능숙하므로 회화를 배울 때는 무엇보다 생동감 있는 표현력을 구사하기 위해 파도를 타듯 언어의 리듬(rhythm)과 강약(stress)을 적절하게 활용할 수 있어야 합니다.

(1) 내림조(Falling Intonation)의 형태
   평서문, 감탄문, 명령문, 부가 의문문이나 의사문로 시작하는 의문문 등의 끝부분은 대개 내려서 발음을 한다.
   ① What do you want? ↘
   ② Hurry up! ↘
   ③ You want some money, don't you? ↘
   ④ Excuse me. ↘
   ⑤ What a pity! ↘
   ⑥ Yes, I am. ↘

(2) 올림조(Rising Intonation)의 형태
   일반 의문문, 평서문이지만 의문을 나타낼 경우 끝부분에서는 음을 끌어 올려 준다.
   ① Do you like it? ↗
   ② I beg your pardon. ↗ / May I help you? ↗
   ③ Are you going to help me or not? ↗
   ④ Mr. Kim! ↗
   ⑤ I like music, poems, and sports. ↗
   ⑥ Will you read it for me? ↗
   ⑦ Do you like music, don't you? ↗

(3) 혼합음조(mixing Intonation)
   비슷한 어구를 나열할 때, 선택 의문문(or), 부가 의문문(의문의 뜻), 호격어 등에 있어 혼합된 억양을 사용한다.
   ① I like baseball, soccer↘, and basketball. ↗
   ② Coffee↘ or tea? ↗
   ③ He likes sports↘, doesn't he? ↗
   ④ Come here↘, Mr. Kim. ↗
   *부가의문문에서 자신의 생각을 피력할 때는 내림조, 질문을 할 때는 올림조로 한다.

미국식 영어발음 따라잡기 [Reduced Forms]

05 음의 축약현상

영어권의 사람들은 일상 대화에서 습관적으로 강세가 없는 음절의 모음을 약하고, 가볍고, 짧게 발음하거나 거의 발음을 하지 않는 경향이 있으며, 문장 속에서 될 수 있는 대로 앞뒤의 단어들을 연결하여 발음을 하려고 하다보니 이러한 음의 축약 현상이 일어나게 됩니다. 특히 약모음인 "[ə]"가 두드러집니다.

구어에서는 강세가 없는 음절은 약하게 발음되어 거의 알아들을 수 없을 정도입니다. 왜냐하면 그들의 언어 습관에 기인된 현상이나 무엇보다도 발음의 편이상의 필요에 의해 빠르고, 쉽게 발음하려는 경향에서 비롯되기 때문입니다.

음의 축약 현상이 두드러지게 표현되는 것은 앞에서도 언급했지만 기능어에 국한된 것이므로 일상 대화에서 음의 단축, 음의 탈락, 음의 동화 등 음의 약화 현상을 염두에 두고 학습에 임한다면 청취력의 향상을 가져오게 될 것입니다.

(1) be 동사(am, are, is, was)의 축약음

〈be + 주어〉 또는 〈의문사 + be + 주어〉는 축약하여 발음하는 경향이 있다.
① Where am I?
② Where're you?
③ Are you new here?
④ What are you doing?
⑤ When is it?
⑥ How's it coming along?
⑦ Is there something wrong?

(2) 조동사의 축약음

『조동사 + 주어』 또는 『의문사 + 조동사 + 주어』는 대개 약하고 빠르게 한 덩어리로 발음하는 경향이 있다.
① How do you feel?
② Do you have the time?
③ What do you mean by that?
④ When does it start?
⑤ Where does he live in Busan?
⑥ How long does it take to get there?
⑦ When did he come here?
⑧ Have you ever been there?

(3) 인칭대명사의 축약음

대명사 또한 기능어로서 회화에서는 약음화한다.
① I'll call you later.

② Take your time.
③ I'll do it for you.
④ They're at work.
⑤ Put them away.
⑥ Call her right away.
⑦ Make them stop.

(4) 전치사의 축약음

전치사가 대개 가볍고 빠른 속도로 말할 때는 약음화한다.

① Thanks for calling.
② Look at that.
③ I go to school in New York.
④ I'd like to go to the party.
⑤ What kind of music do you like?
⑥ It's all because of me.
⑦ In spite of my care, the dog died.
⑧ Both of them are responsible for this.
⑨ Call me. I'll be at home this afternoon.

(5) 접속사의 축약음

접속사는 앞 단어의 음에 이어져 약화되거나 거의 탈락된다.

① I heard you all right, but I don't see any point.
② Let's go and see him off.
③ Which one do you like, coffee or tea?
④ I first met him when I was in college.
⑤ Now that I know the whole truth.
⑥ He can't go because he lives out of town.

(6) 동사구의 축약음

특정한 동사구는 구어에서는 관용적으로 축약하여 사용하곤 한다.

① Are you gonna go? *going to[고너]
② I wanna go. *want to[워너]
③ He hasta go there. *has to[해스터]
④ They hafta leave now. *have to[햅터]
⑤ I've gotta join them. *got to[가러]
⑥ We usta meet here. *used to[유스터]

미국식 영어발음 따라잡기 **[Elusion]**

06 음의 생략현상

두 개 이상의 어휘를 연결하여 발음할 경우 같은 자음이 겹치거나 유사한 자음이 연속될 때 발음의 편리와 부드러움을 위해서 앞의 자음이 발음되지 않거나 거의 생략되는 현상을 의미합니다.
다시 말하면 음의 충돌이 일어나 발음상의 문제에 부담감이 생기지 않게 하기 위해서 습관적으로 생략하고 있는데 이 또한 음운 현상의 하나로 인식되어야 합니다. 특히 이러한 현상은 구어에서 두드러지므로 반복적인 학습을 통하여 익히는 수밖에 없습니다.
일반적으로 발음을 할 때 무조건 발음하기 어려운 부분은 연음의 원리와 마찬가지로 쉽게 발음이 되도록 의도적으로 부드럽게 발음하도록 노력할 필요가 있습니다.

(1) 두개의 똑같은 자음이 겹칠 경우
　같은 음이 겹칠 경우에 앞의 자음을 발음하지 않는다.
　cold drink[콜드링] big game[비게임] drink coffee[드링커피]
　can not[캐낫] next time[넥쓰타임] bus stop[버쓰탑]

(2) 조음점이 같은 자음이 겹칠 경우
　발음할 때 혀끝의 위치가 같거나 아주 가까운 자음이 이어질 경우 앞의 자음은 뒷자음에 동화되어 편의상 발음되지 않는다.
　sit down[씻다운] answered the phone[앤서더 폰] finished the work[피니쉬더 웤]
　great deal[그레잇 딜] get down[겟다운]

(3) 자음 사이의 'd' 음의 경우
　주로 l, n뒤에서 자주 탈락되어 거의 들리지 않는다.
　world news[월뉴스] old-fashioned[올패션] cold night[콜나잇] round-trip[라운트립]

(4) 자음 사이의 't' 음의 경우
　't' 음은 자음 뒤에서 끝나거나 자음 사이에 올 때 생략되는 게 예사이다.
　isn't it[이즈 닛] don't worry[돈워리] soft drink[쏩드링] different from[디풔런 후럼]

(5) 3개 이상의 자음이 올 경우
　자음이 여러 개가 연속될 때 중간의 자음은 모음이 없어서 발음하기 불편하므로 생략하여 발음한다.
　drinks[드링스] stamps[스탬스] kindly[카인리] mildly[마일리]
　recently[리쓴리] directly[디렉리]

(6) 약모음 앞에서의 'h' 경우
　대화할 때 'h' 음은 약모음 앞에서 그 음이 소실되는 경향이 있다.

what happened[와래픈] come here[커미어] give him[기빔] let her[레러]
when is[웨니즈] of his mistake[오휘스 미스테익]

(7) 약모음 앞에서의 'th' 음의 경우
    빠른 대화시 'h'음은 약모음 앞에서 축약되어 발음된다.
    make them help[메이커럼 헬프] some of them[써뭄럼]
    both of them[보쏨럼] all of them[오롬럼]

(8) '-ing' 다음에 모음으로 시작되는 경우
    "-ing"가 모음과 만나 연음될 때 주로 'g'음이 생략된다.
    having a good time[해비너 굿타임] taking a trip[테이키너 추립] staying in[스떼이닌]
    nothing else[낫씨넬스] thinking of it[씬코빗] getting there[게린데어]

(9) 모음사이의 'r'음의 경우
    대화할 때 강모음과 약모음 사이에서 'r'의 음은 거의 탈락되어 나타난다.
    generally[제너리] Maryland[메리랜드] entirely[인타이리] primarily[프라이머리]
    * 모음사이의 -d, -rd-, -rt-음 따위도 약화되어 단타음으로 발음된다.

(10) 『강모음 + 약모음 + 약모음』이 올 경우
    가운데 약모음은 소실되며, '이중모음'이 올 경우 앞의 모음만 길게 발음한다.
    interesting[인터래씽] history[히쓰리] business[비즈니스] again[어게인]
    potato[포레이로] serious[씨리어스]

미국식 영어발음 따라잡기 **[Dissimilation]**

07 이화현상

같은 자음이 겹치거나 인접해 있을 때 음의 충돌이나 반복을 피하려고 두음 중 앞에 있는 음을 생략하거나 다른 음으로 바꾸어 발음하려는 경향을 의미하는데 주로 'r' 음에서 발생합니다.
secretary[쎄크러리] governor[가버너] laboratory[래버터리] temperature[템퍼어춰]

* 주의 : 음위전환(Metathesis ; 두 개의 음의 위치가 바뀌는 것)과 유사함.
  예) promote, asked him, from

미국식 영어발음 따라잡기   **[Liaison]**

08 연음현상

발음 현상의 전반적인 내용은 거의 연음 현상의 범주에서 파악하면 쉽게 이해될 것입니다. 왜냐하면 특정 문장 속에서 어구와 어구를 연결시켜 줄 경우에 〈유성음 + 무성음〉 따위의 자연스런 조화를 바탕으로 발전한 것이기 때문입니다.
특히 일정한 단어나 어구에서도 문제이지만 문장의 흐름상 내용어와 기능어의 상대적인 구조에서 변화되는 음운 현상이 발음 규칙의 제 1원리로 작용합니다.
앞 단어 끝의 자음과 뒤 단어의 약모음을 연속적으로 발음(linking)하여 마치 한 단어처럼 발음하는 현상을 의미하는데 한국인이 가장 어렵게 느끼는 부분입니다. 특히 말하기(speaking)에서도 문제가 되지만 듣기(hearing)에서 가장 문제가 됩니다.

(1) 약모음이 자음에 연음이 될 경우
  get away[게러웨이] think about[씽커바웃] not a bit[나러빗] first of all[퍼쏘볼]

(2) 자음이 모음에 연음이 될 경우
  could you[쿠쥬] here is[히어리즈] come on[커몬] not at all[나래롤]

● **연음 현상의 발음 훈련**

(1) 어구의 연음

  next time[넥스타임]
  this year[디씨어]
  just a moment[저숫 모먼]
  right now[롸이나우]
  last station[라슷테이션]
  all right[오롸잇]
  not at all[나래롤]
  wait a minute[웨이러 미닛]
  a lot of[어라롭]
  not a bit[나러빗]
  think of it[씬코빗]
  some of them[써몹럼]
  like him[라이킴]
  take a seat[테이커씨잇]
  there is[데어리즈]
  here is[히어리즈]

shut up[셔럽]
shut off[셔도프]
up and down[어팬 다운]
cup and saucer[커팬 쏘우서]
a cup of coffee[어카옵 코피]
figure it out[피거 라웃]

(2) 동사구의 연음
want to[워너]
got to[가러] *got a와 발음이 같다.
going to[고우너]
used to[유스타]
had better[해러베러]
should be[슛비]
must be[머슷비]

(3) 의문사의 연음
When is it?
Who is it?
Where I ~?
How about ~?
What are you ~?
Why don't you ~?

(4) 접속사 및 숙어의 연음
If I ~
but I ~
because I ~
as far as I know ~
get out of
first of all
in stead of
take it easy
look forward to
out of order

(5) 문장의 연음
Take your time. There's no hurry.
What did you say?
I'd like to take a little walk.

Don't worry about it.
How do you feel about it?
It's nice of you to say that.
Do you want to see me today?
Are you ready to go now?
How long does it take to get there?
What are you doing now?
May I use your phone?
It doesn't matter.
Will you connect me with him?
I'm glad to be here.
What do you have for lunch?
Is there something wrong?
What am I going to do?
Is it true?
I'll tell you later.
I'll do it for you.
You like music, don't you?
Would you mind if I smoke?
May I ask a favor of you?

[Assimilation]

09. 동화현상

강모음과 약모음 사이에 자음(주로 d, t, rd, rt, ld, it, nd, nt)이 올 경우 양쪽의 모음으로 인하여 자음이 부드럽게 파열되어 r[ㄹ]음으로 변하게 되는데 이러한 현상을 음의 동화현상이라고 합니다. 특히 미국식의 영어 발음은 영국의 발음에 비해 훨씬 자연스럽고 부드럽게 들리는 것입니다.

(1) 모음사이의 't' 음의 경우
letter[레러] getting[게링] meeting[미링] operator[아뻐래이러]

(2) 모음사이의 'd' 음의 경우
somebody[썸바리] decided[디싸이리드] instead of[인스테롭] made of[메이롭]

(3) 모음사이의 'rd' 의 경우
murder[머러] disorder[디쏘러] regarded[뤼가리드] ordered it[오러릿]

(4) 모음사이의 'rt' 의 경우
comfortable[컴포러블] thirty[써리] importing[임포링]
departed[디파리드] start it[스따릿] part of[파롭]

(5) 모음사이의 'ld' 의 경우
building[빌링] seldom[쎌럼] colder[콜러] sold it[쏠릿]

6) 모음사이의 'lt' 의 경우
difficulty[디피컬리] felt it[펠릿] felt a loss[펠러로스] multiply[멀리플라이]

(7) 모음사이의 'nd' 의 경우
stand up[스탠넙] sending[쌘링] find out[화인나웃] kind of[카인롭]

(8) 모음사이의 'nt' 의 경우
want to[워너] interview[이너뷰] point of view[포인노뷰] account of[어카운놉]

10 첨가현상 [Addition]

모음 i, e, ei 음 뒤에 l, r음이 오면, 약모음인 [ə]가 첨가되는 것을 의미하는데 모음 뒤에 l음은 혀를 약간 위로 오므린 상태에서 발음하므로 일어나는 현상입니다.

still[스띨] bill[벨] feel[휄] spoil[스포엘]
meal[멜] small[스몔] animal[애니멜]

영어 이름 따라잡기

독자여러분 가운데에도 혹시 사람이름에도 의미가 부여되어 있다는 사실을 기억하고 계신지요? 이렇듯 영어 이름에도 출처가 있는 만큼 자신이 좋아하는 영문 이름 정도는 하나쯤 가지면 어떨까요?

● 여자 이름

Agatha [애거서] 선량한
Agnes [애그니스] 정숙한
Aileen [아일렌] 빛, 기품 있는, 아름다운
Alice [앨리스] 기품 있는
Amy [에이미] 사랑받는
Angela [앤젤러] 천사와 같은
Beatrice [비아트리스] 축복받은, 행복한
Bridget [브리지트] 불화살, 인질
Catherine [캐서린] 청순한
Cordelia [코딜리어] 바다의 보석
Dorothy [도로시] 신이 보낸 선물
Edith [에디스] 행복한, 유복한
Elizabeth [엘리자베스] 신에게 맹세하다, 신의 숭배자
Emery [에머리] 순결한
Emma [엠마] 유모, 사랑받는 자
Esther [에스더] 별, 행운, 성경 에스더서의 주인공
Florence [플로렌스] 꽃이 핀, 흰, 아름다운
Frances [프랜시스] 자유스런
Gertrude [게르트루드] 대단히 정숙한, 사랑받은
Helen [헬렌] 빛, 등불
Irene [이레인] 평화의 여신
Isabel [이자벨] 정숙
Judith [쥬디스] 찬미하다
Lucy [루시] 빛
Margaret [마거리트] 진주
Martha [마샤] 귀부인
Mary [메리] 고통, 슬픔
Matilda [마틸다] 기품 있는 처녀
Naomi [나오미] 나의 기쁨
Phyllis [필리스] 잎이 무성한 가지
Rebecca [레베카] 남을 농락하는 여자
Rosemary [로즈메리] 바다의 이슬, 추억

Sabina [사비나] 덕이 있는 여성
Silvester [실베스터] 산림속의
Sophia [소피아] 영특한 지혜
Winifred [윈프레드] 평화를 쟁취하다

● 남자 이름

Aaron [아론] 산에 사는 사람 [모세의 형]
Abraham [에이브러햄] 군중의 아버지
Adam [아담] 남자, 땅
Albert [앨버트] 대단히 뛰어난
Alexander [알렉산더] 조력자
Alfred [앨프레드] 평화 그 자체, 강자, 조언자
Allan [앨런] 사냥개, 조화
Andrew [앤드류] 남자다운, 용감한
Antony [안토니] 잴 수 없을 만큼 큰
Arnold [아놀드] 명예를 중시하는
Arthur [아서] 뛰어난 사람, 곰
Benedict [베네딕트] 축복받은
Benjamin [벤저민] 행운아
Cecil [세실] 장님
Charles [찰스] 남자다운
Claude [클라우드] 뛰어난
Conrad [콘라드] 적절한 조언자
Daniel [다니엘] 신을 대신하는 재판관
David [데이비드] 사랑받는
Donald [도널드] 용감한 자
Douglas [더글러스] 짙은 회색
Duncan [던컨] 족장
Edgar [에드가] 행복을 만드는 자
Edmund [에드먼드] 행복을 지키는 자
Edward [에드워드] 행복의 옹호자
Edwin [에드윈] 행복한 정복자
Enoch [에녹] 신에게 바쳐진
Eugene [유진] 명문의
Evelyn [이벌린] 개암나무 열매
Ferdinand [퍼디낸드] 이해가 빠른 사람, 평화
Frederick [프레더릭] 힘센 옹호자
Gabriel [가브리엘] 신의 힘
Geoffrey [제프리] 신의 평화, 강력한 보호자

George [조지] 농부
Gilbert [길버트] 금처럼 빛나는
Gregory [그레고리] 신념이 굳은
Harold [해럴드] 용감한 자, 승리자
Henry [헨리] 가장
Hugh [휴] 정신적으로 높은
Humphrey [험프리] 평화의 옹호자
Isaac, Isiac [아이작] 웃음
Jacob [제이쿱] 함정을 파는 자, 비겁한 놈
Jerome [제롬] 성스러운 법, 성스러운 이름
John [존] 신이 준 자
Kenneth [케니스] 온화한 사람
Lawrence [로렌스] 월계관을 쓴, 뛰어난 전사
Leonard [레오나드] 사자처럼 힘센 남자
Leslie [레슬리] 작은 목장
Lewis, Louis [루이스] 뛰어난 전사 *로렌스의 애칭으로도 쓰임
Martin [마틴] 호전적인, 중세 기사의 수호성인
Matthew [매튜] 신의 선물
Michael [마이클] 신과 닮은, 대천사
Nicholas [니콜라스] 정복자
Noel [노엘] 크리스마스
Oliver [올리버] 올리브 나무
Oscar [오스카] 뛰어난 행정관
Owen [오웬] 젊은이
Patrick [패트릭] 기품 있는
Paul [폴] 키가 작은
Peter [피터] 바위
Philip [필립] 말을 좋아하는
Richard [리처드] 대단히 강한
Robert [로버트] 붉은 수염
Roland [롤런드] 시골 신사
Samuel [사무엘] 신의 말을 알아듣는
Sebastian [세바스챤] 숭배 받는
Theodore [씨어도르] 신의 선물
Thomas [토머스] 쌍둥이
Vincent [빈센트] 정복하다
Vivian [비비안] 웅덩이
Wallace [월리스] 이국의
Walter [월터] 강력한 영주
William [윌리엄] 평화의 옹호자